爱和自由

孙瑞雪幼儿教育演讲录

二十周年全新修订版

孙瑞雪　著

中国妇女出版社

著名儿童教育专家
孙瑞雪告诉你

真正的教育，
真正的爱

这是
“爱”孩子的书，
而不是
“教”孩子的书！

如果儿童要创造自己，他必须生活在爱和自由中，
他必须拥有时间、空间，必须拥有爱的照顾和支持，
这样，他才拥有创造自己的机会。

孙瑞雪

中国著名的教育家、儿童心理学家；

“爱和自由，规则与平等”教育精神的创始人；

“完整的人和完整的成长”教育思想的创始人；

在蒙特梭利提出的“儿童敏感期”概念和五个敏感期现象的基础上延伸、发展和创立了完整的“儿童敏感期理论”；

著有教育专著《爱和自由》《捕捉儿童敏感期》《完整的成长》《在爱中成长》；

诗集《我看见了你》成为支持女性成长的疗愈书；

多次做客中央电视台《人物新周刊》《心理访谈》《半边天》等栏目，讲述“爱和自由”的教育；

2006年、2007年，中央电视台走进孙瑞雪教育机构幼儿园，连续拍摄16集《敏感期》专题片；

2009年，被评选为“中国教育杰出人物”；

2023年，被中国家庭教育学会授予“家庭教育公益形象大使”；

连续多年上榜当当网“影响力·教育名家”。

在孙瑞雪老师的带领下，“爱和自由”教育团体深深根植于中国本土文化，以蒙特梭利、卢梭、皮亚杰等经典教育学、现代心理学理论为基础，30余年高度专注于教育实践和科学研究，创造、建构、发展和不断完善着“爱和自由，规则与平等”的思想理论系统、教育教学系统，“完整的人和完整的成长”教育思想系统，敏感期理论系统，以及“爱和自由”学校教育体制、教学管理系统，建立和实践出不断更新的适用于家庭建设、父母自我支持和帮助养育者了解儿童的“在家爱和自由”父母课程。

“爱和自由”公众号　　孙瑞雪聊教育视频号　　“爱和自由”教育基地　　“爱和自由”父母课堂

幸福和快乐感一定要在童年经历。
经历了，体验了，感觉了，就会对幸福和快乐有了认识，将来就会拥有这些。
这正是幸福成长的内涵。
幸福也是要成长的。

沙介于生命与物质之间，如水一般，既是固体的，又是流体的，
它变化无常又易于掌握，它无穷尽的形态和用之不尽的玩法，
从本质上满足了人创造和想象的本性。
没有任何一种玩具比得上沙的奇妙，除了水之外，
也没有任何一种玩具能如此满足孩子成长的需要。

绘画是儿童天然的表达方式，
但开始一定是从线条发起，
从色彩感觉开始，
每一笔都是自由而奔放的。

1年12个月，1个月4周，1周1次，
孩子可以到社会的各个领域去观看，一年就是48次。
这是一种生活。
这种生活可以让孩子看到、感觉到，进而发现这个世界的宏大，
这种宏大便包容到了孩子的生命之中。
这就是学习的心路历程。

写在第五版前

我意识到，要小心使用这本书

2007 年，因为一个机缘，我和先生第一次读《爱和自由》这本书。

这个机缘就是我生了孩子。

之后，我们一家人的生活陷入了“众所周知”的混乱：

看着躺在小床上的婴儿，我们第一次对自己产生重大怀疑。我们不知道该如何养育这个孩子。

我们小心翼翼却笨拙地照看着这个孩子，看着他爬，观察他玩水和沙，陪着他一遍遍地将扔下的东西捡起来，扔下，再捡起来，再扔下。

有时，看着那个胖乎乎的长得像老太太的 6 个月大的孩子，靠坐在沙发的一角，累得快瘫倒的我们有种时空错乱的感觉：他是谁？我们这是在干什么？

“噩梦”还没有结束。一切只是刚刚开始。

我们搬了家，离开了刚刚入住一年的新房子，租住到上海孙瑞雪幼儿园所在的小区里。而在这之前，我们花了近8个月的时间装修我们的房子。

我的先生决定终止他近3年的哲学博士研究生的学习，退学了。

伴随着大量已经快被我遗忘的“噩梦”，我还产生了一些怪异的行为：送书。

刚开始，只要是有朋友生孩子，我就送一本《爱和自由》给她。

慢慢地，我的送书范围扩大到只要有朋友谈恋爱、结婚、怀孕、住院、高考、夫妻吵架等，我都会买这本书，像送巧克力蛋糕般送给他们。

再后来，伴随着孩子一天天地长大，我和先生在孩子身上真切地看到那些从前我们在书中常常看到的“自由”。

我们为此感到惊讶。

有一天，我无意中在先生的书桌上看到他随手写的一张小纸条：关于孩子的教育，我在自己养育孩子过程中所经历和看到的，一再地向我证明，精神自由、人格独立不仅仅是书上的字和学者嘴里的话，它可以并且真的已经被有意识地实现出来了，而且是在当前的社会环境下。这个信息，振奋了年轻的我，让我从虚无主义、从浑浑噩噩的日常生活中又恢复了信心、希望和目标。

后来，我的送书行为停止了：身边的人好像差不多都有一本了。

我意识到，要小心使用这本书。

它不仅会改变你的孩子，最重要的是，它将改变成人。

写下这篇文字时，已是 2017 年。
听说，这本书的发行量并没有因为我停止送书而下降。
它的销量还在继续增加中。
我想，一定是因为我身边的人开始送书了。

王　崇

写在第四版前

《爱和自由》的流传，不是因为潮流或炒作，而在于思想的吸引力，这是一本可以改变孩子一生的书。

已经第四版了，每一次再版，在销量上都有一次质的飞跃。很高兴这种飞跃的产生，远不在于书籍的推广力度的提高，而在于，伴随着这一历程，整个社会的思潮也正好在发生着一次又一次质的飞跃。就如同当年孙老师刚办学的时候，只有 5 个堪称勇敢的家长，“冒天下之大不韪”，把孩子送进这所“爱和自由”的幼儿园，而现在，整个社会都在探讨新教育的问题。

已经有至少 30 万家长，读到了这本书。

于 13 亿人口而言，这还是很少很少的一小部分。但事情总是这样的，要改变一个世界，总是要从一个人一个人开始的！请相信，一个新的环境正在萌生，而这些家长，无疑是新环境的火种。

这本书的雏形，来自孙老师早期的演讲录。这次再版，在第三版的基础上，有了较大的内容添加，整理了孙老师于2008年公益讲座上对于“爱和自由，规则与平等”科学教育思想的整体阐述，作为附录呈现，希望可以让家长更加了解“爱和自由”教育的理论架构。

同时，也期待孙老师的新书——《完整的成长》，那又将是一次思想的洗礼！

第三版前言

《爱和自由》来源于一部演讲稿，最初由学员们根据录音整理出来，在家长中、在网上广泛流传，后经作者整理，于 2000 年 8 月出了第一版，2003 年 3 月再版。前两版均未走图书发行渠道，仅通过网上邮购和直销在全国各地千万家长中流传。

我们都曾经是孩子，成年后，我们又有了孩子。孩子给我们带来希望和欢乐，也给我们带来困惑和焦虑，孩子的成长是每个家庭大事中的大事。因此，当家长们发现有这样一本书能帮助他们真正了解孩子，给孩子带来幸福时，他们的感激和欣喜油然而生，这就是《爱和自由》广泛流传的秘密。

《爱和自由》饱含作者对儿童至深的爱。在十多年的教育实践中，她始终用心灵和儿童对话，她能看到儿童的渴求，知道儿童的想法，了解儿童的心情，感知儿童的苦难。她说："在爱孩子这个问题上，我们不能以现有的经验对待孩子，因为现有的经验是我们成长的结果，那可能不是爱。”

作者的真知来自实践。她说，儿童的智力来自感觉，他们的感觉经验成人无法替代；个性跟创造力之间是画等号的，创意不能教；打骂中长大的孩子，看不到客观现实，苦难使他失去把握事物本质的能力，他一生都可能和苦难的童年经历作斗争，都在寻找自尊和证明自己；对事物的认识好比吃饭，经过消化之后成为我们生命的一部分，并被我们自如地运用到现实生活中，这种东西叫作智力。现在很多家长都推崇智力，他们把智力和儿童的自我割裂开来，更确切地说，他们不认为儿童有独立的自我，他们积极地给孩子报各种班，让孩子提前学习各种知识。当知识填满一个孩子的脑袋时，他的心灵肯定失去了成长的空间和时间。一个没有玩过水、玩过沙，没有领略过大自然的美，没有和同伴追逐嬉戏过，没有发自内心大笑过的孩子，虽然浑身披挂着知识，却可能离真实、幸福很远。

在2003年10月举办的首届中国教育创新论坛上，作为全国幼儿教育领域唯一的大会发言人，作者做了“爱和自由”的主题演讲。仅在2003年，作者还应IBM北京公司、中国工商银行、北京回龙观小区、《广州日报》，以及西安、长春、昆明、郑州、石家庄、武汉、兰州、桂林、海口等地多家机构的邀请，做了多场育儿讲座。这些讲座改变了千万个家长的育儿观，更改变了千万个孩子的人生。

在家长们的期盼中，我们推出了《爱和自由》第三版。在前两版的基础上，本版稍稍做了修改，将原来理论性较强的篇章标题改得更为通俗易懂，并在每个标题下将章节中的内容作了提炼，以便于阅读。本版通过图书发行渠道正式发行。

让我们用作者钟爱的一首诗来结束这个开场白：

让我的爱
像阳光一样包围着你
而又给你
光辉灿烂的自由

——泰戈尔

看书的时候，边看边自责，为什么没有早点开始看这本书 ♡

读后让为人父母者有感受，有认识。建议父母必备 ♡

通过读这本书，读出了一个

这本书是一扇窗，推开它，发现儿童，亦发现自己……♡

我疯狂地爱上了这

它把我的爱唤醒了 ♡

没想到《爱和自由》带给我更大的震撼 ♡

让我本来就幸福的生活更

出版 20 周年，百万读者热评精选

★★★★★

看完这本书，第一感觉就是，幸亏我是在儿子 1 岁半的时候看到了这本书，给我好好地“洗”了一下脑，感觉自己在教育方面还有很多需要重新学习的地方。接下来我又订了很多育儿方面的书，孩子 6 岁之前太重要了。

——苏筠康

该书可以说是蒙氏教育在中国最好的发扬者，作者深谙蒙氏教育之精髓，并结合中国特色，讲习起来十分顺畅，受益颇多。关于孩子教育中的关键与核心问题，作者从孩子成长发育角度阐述，并结合许多成年人的实例，读后让为人父母者有感受、有认识。建议父母必备！

——tangyu73

看书的时候，边看边自责，为什么没有早点儿开始看这本书。书中说的基本是 0 ~ 6 岁孩子的心路历程，我的儿子刚上小学，不知道现在开始做是否还来得及。特别推荐 0 ~ 6 岁孩子的家长看，越早越好。

——ivycdy

通过读这本书，读出了一个教育者对孩子科学、成熟、理性的爱，对孩子每一阶段成长期、敏感期的关注，这使我在书中找寻到了令自己内心豁然开朗的答案。这真的是一本适合教育者去读，更适合家长去读的有深度的好书。

——茉莉清清

幸亏我是在儿子 1 岁半的时候看到了这本书 ♡

孩子科学、成熟、理性的爱 ♡ 在爱和自由中长大的孩子，非常有灵性 ♡

前后不知看了多少遍 ♡ 特别推荐 0 ~ 6 岁孩子的家长看，越早越好 ♡

它像一根链条，把我以前所有零碎的人生感悟串了起来 ♡

普照 ♡

最先是同事向我推荐孙瑞雪老师做客中央电视台《人物新周刊》的专访，心灵受到的震撼可想而知，之后一发不可收，先后买了孙老师的《爱和自由》《捕捉儿童敏感期》，还有蒙特梭利的《发现孩子》《童年的秘密》等，然后开始像患了强迫症一样，向周围有孩子的朋友和同事推荐。别说，还真的影响了不少人。

——荟荟妈妈

我认为，这本书是一扇窗，推开它，发现儿童，亦发现自己……

——冬冬妈妈

发现这本书以后，我疯狂地爱上了这本书，前后不知看了多少遍。之后我开始在爱和自由育儿网上潜水看帖子，它把我的爱唤醒了，我的整个身体都开始变得柔软，我开始包容我身边的一切。我的儿子 4 岁了，在爱和自由中长大的孩子，非常有灵性，所以我要感谢这个教育，感谢孙老师！

——小鹿妈妈

孩子即将出生的前一个月，我和丈夫无意中在中央电视台少儿频道看到了关于儿童敏感期的系列节目，当时为之一震，“原来儿童是可以这样来解读的”。然后，因为找《捕捉儿童敏感期》而无意中发现了《爱和自由》，没想到《爱和自由》带给我更大的震撼，它像一根链条，把我以前所有零碎的人生感悟串了起来，让我更加理解我的父母、我的婆婆、我的丈夫、我的哥哥、我的朋友，并懂得了我自己。这些，让我本来就幸福的生活更加阳光普照。

——zisexinling

目 录
CONTENTS

第一讲

让生命走向完整

我们期待，我们还没有完整，因为这意味着我们还在发展当中。童年是首先这样的，因为成长是童年的最显著特征。

人类的成长期非常漫长，平均来说三四十年。这一点不像动物，绝大部分动物的成长期都在一年左右，比如狗狗，童年期可能一年就结束了。即使特别庞大的看起来似乎智商很高的动物，例如大象，童年期到成年期也就几年的时间。但是人类仅是身体就需要 18 年来成长，届时只能说他的身体完善了，而作为人成长到成熟，即到达心理、精神完全成熟，大概要到 40 岁。以后也不是说不成长了。有些人的成长是终生的，当然也有些人 40 多岁就不再成长，尤其到了老年，成长似乎就完全停止了。对于有些人，后来的成长反而更辉煌。有些人即使到了 90 岁，成长仍在继续。有的人在衰老死亡的过程中，依然在成长。由此可知，人这种生命可以从生到死都在成长，在学习，在创造。

人类为什么要用这么漫长的时间来成长

大部分人认为，成长是小时候的事儿，人生下来，“成长”的含义就是长大，让身体长大，用大脑去学生存的知识，学习外在世界的知识，这样人就长大了。但是我们仔细看就知道，这样说太简单了。人实在是一个非常美妙、非常高级的生命体。这个生命跟地球上其他的生命有一个最本质的差别，那就是我们这个生命有精神，有很强的觉察能力，这样我们跟动物就完全不同。我们的身体已经非常高等了，但是身体只是人的生命的一小部分，人的生命的大部分是精神，我们的精神具有非常了不起的创造性，所以从根本上来说，人跟动物的本质差异就是人富有创造性。人的本质是创造。

我们创造了衣服帽子、锅碗瓢盆杯、床单上的花色、项链、眼镜，又创造了宇宙飞船、电脑、飞机、潜水艇，这些都是我们人类创造的东西，但人类创造的最高级的东西还不是这些。因为这些都是外在的创造。生命最高级的不是创造外在的世界，而是内在的创造。我们内在的创造是从婴儿开始，是人类自己创造自己，这是最美妙的、最了不起的杰作。人类最伟大的创举就是，婴儿从出生的那一刻起，就创造了作为起点的自己。

创造自己指的是什么？这个创造就是成长。我们说一个生命从 0 岁到 18 岁，有一个成长的标志，就是这个生命从出生的第一声啼哭开始，就是创造一个自己的开始，这个成长就是走向完整。越走向完整，这个生命就越丰盛、越成熟、越有自我管理的能力、越有爱的能力、越慈悲、越富有智慧、越愿意服务于别人、越富有觉察力、越能够在生命不断的警觉中无限地发展，他在走向完整。这是生命完整的一个非常重要的体现，也是一个完整的生命很重要的特质，所以“完整”非常重要。

什么是完整

我们知道，这个地球上的万物，都有完整性，这个完整性最直观的表现，首先是有一个边界，比如说皮肤就是我们身体的边界，如果我们皮肤溃烂了，为了完整就必须修复它，不然边界就会丧失，人就会处在危亡中。再比如说，身体内部有各种器官，当有一个器官不在了，比如心脏没有了，我们的身体就不够完整。任何一个东西，包括非生命的物质性的东西，都会有一个结构，这个结构趋于让事物变得完整，比如说，一把凳子，它有四条腿、一个凳面，如果它丢掉一条腿，就不完整了。完整就是应该有的都有，不残缺，不破损。

我们倾向于身体的完整，心脏坏了，我们安一个人造的心脏。没有腿了，我们安一个假肢。身体不完整对我们的影响太大了。

我们很容易用肉眼看到，生物性的身体是否完整，因为它是可触摸的，有具体形象的。但是身体只是人的非本质的一部分，我们生命本身内在的本质状态，不是透过肉眼来发现的，是透过心灵的眼睛来看到的。最简单的，所有的人都能知道我们是有智能的，由此才想要让孩子好好学习，成绩还要好，这里面的含义是，人们想要把智能从小就发展和发挥出来。

我们同时也知道，孩子是有情绪的，最直接的反应就是，在孩子小的时候，饿了会啼哭，看到恐怖的事情会受到惊吓，看到妈妈的笑脸会微笑，遇到高兴的事情会蹦蹦跳跳。这些都是人类的情绪。这非常重要。

我们还有心理。我们戴一串好看的项链，拿到一部好手机，感觉很好；当遇到一个麻烦的大问题的时候，夜不能寐，辗转反侧；跟妈妈、孩子或丈夫的关系出了问题，和同事、上司的关系出了问题，左右为难，不知道该怎么办，这些都是我们的心理。

我们人类还有精神。例如，我们喜欢听交响乐、听诗歌、看文学作品、看影视、讨论哲学、在墙上挂一幅画。我们和人交往时喜欢有自我感，在关系中喜欢有存在感……这些都是我们的精神需求。我们人类缺了这一部分就不会有充实感。

我们还拥有身体的、心理的、精神的感觉，统称人的感觉。我们对很多东西的了悟，有时候不来自智能，而来自我们的感觉。感觉会真实地把我们对外在世界，对所有一切的第一印象收进我们的身体里。因此我们需要感觉也能完整。

完整是基本需求。完整不是完美，完美是高端需求乃至精神的理想。我们的身体百万年前就完整了，但是它完美吗？它很脆弱，会受伤，会生病，会死亡。但这种脆弱也形成了另一种完美：万物循环往复，旧的生命离去，新的生命诞生。这就意味着我们的精神同时在努力创造一种完美：唐诗宋词无人超越，勾股定理无人超越，意大利古琴无人超越，相对论至今多数人不能很好地理解。

完美是理想，完整是必要。

身体、认知、情绪、感觉、心理、精神、自我，这些就是人类这种生命的财富。如果我们能让生命的这些部分都成长起来，发展起来，而且很稳定地、很完整地成长起来，我们的生命就会成为一个完全不同的样子。这就是一个人的完整性。

细节完整包括身体完整、心理完整、智能完整、精神完整。

一个歌手放弃学习数学，并不妨碍他的知识完整，因为数学对一个歌手来说并不是必需的。但一个物理学者必须懂数学才完整，因为数学对物理学是必需的。

一个运动员不弹钢琴，不妨碍他的完整，但不会弹钢琴的乐队指挥是不完整的，因为会弹钢琴对指挥是必需的。

没有货币的经济是不完整的。没有自由的经济是不完整的。没有宽容的政治是不完整的。

没有毛孔的皮肤是不完整的。没有色感的眼睛是不完整的。没有心脏的身体是不完整的。

没有精神的人是不完整的，因为精神对于人是必需的。没有梦想的精神是不完整的，因为梦想对于精神是必需的。没有正义感的精神是不完整的。

身体的成长

身体富有智慧，例如运动员，他们奔跑、掷标枪、跳高、打球、表演体操，表现出的天分是令人惊叹的。舞蹈演员跳舞的时候，你会惊讶地发现，他们身体的姿态和灵活性超出了想象。身体的智能从小就有，有时候我们看到一个孩子在院子里跳舞，跳那种运动性极强的舞蹈，很小的孩子，音乐一起来，就会随着音乐的节拍舞动身体，对节奏的把握极度到位。

这些都是人类在出生的时候就有的。就是在出生的时候，我们就被赋予了身体能力的基因。每个人的身体智能的基因可能不同，对此我们还不确定。但是我们可以确定，对于已经有的基因，要靠感觉把它发展出来。

神奇的是，身体的智能是集中在一段时间一个接一个被唤醒的。

出生的头两年，我们“心灵的意识”走到身体的各个部分。科学就说，让神经的末梢把身体的每一部分都唤醒。教育则说，我们心灵的意识要走到手指上，就要使用触觉；走到鼻子上，就要使用嗅觉；走到口的时候，就要使用味觉；走到身体上，就要使用姿势的感觉、动作的感觉。对于这样一个丰富的情景，能不能把它们完整地发展出来，发展到什么地步、什么个性，有些能力是否走向完美，这要看每个人教育的状态、自由的状态、家庭的环境、机会和机遇。

最基本的是感觉的发展。我们的感觉，一般来说是发展到够用就好，我们不会特别加强它们。但在有些人那里，感觉达到智能，能达到极度精微的状态，那就是接近完美的状态。例如，音乐家能听到小提琴的几根弦中，你弹的是哪根弦，在哪个弦位上。有的银行职员能够蒙住眼睛听出旁边数纸币的精确数目，不论数得多么多、多么快。一个摄影师，他对明暗度的精细感觉是超出常人的。一个画家，他对色彩的感觉，特别是光照在叶面上的感觉，阳光照在湖面上的感觉，从太阳刚刚升起到落下，湖水、湖面色彩的微妙变化，发展到了极度的敏锐。一个热爱铁路的人，能从呼啸的列车旁听到车身不正常发出的微小异响。

这些只是成长的身体方面的小小例子，而其他方面，心理及其感觉，精神及其感觉，更加复杂多样。

让我们的孩子在成长过程中，发展好自己的身体、情绪、感觉、智能、心理、精神当然重要，但最主要的是借助这些，可以创造出一个自我。我们的孩子借助 18 年时间，发展这些自己先天拥有的东西，而创造出一个自我。这是一个完整的人的状态。这个自我非常非常的重要，它是我们内在的一个管理者，或者说是生命里边的一个王者。这个王者一旦被创造出来以后，生命就有了极高的觉知、极高的创造性和极高的觉察能力，这个生命就会变得非常的完整。

智能只是工具

今天，我们对智能十分敏感，家庭和学校都全力关注智能。上课、作业、考试，日日夜夜，从早到晚，升学、工作、收入，都集中到智能上，甚至关联到社会地位、组建家庭。但是智能只是一种工具，它的目的是产品，不管是蔬菜、手机、软件、保险计划、电商平台、外交政策，不管是物质的，还是精神的，还是服务的。现在发展出一种产品，AI，叫作人工智能，也叫机器人，正在走进产业的方方面面，进入生产车间、海底作业、作战战场，还能看病、当导游、写新闻稿。如果我们仅仅发展孩子的智能，那么，我们的孩子也就是个机器人，还可能不如专业机器人。智能只是生命里边的一个工具，只是生命发展中的一部分。如果我们只发展这一部分，别说幸福了，他都难以知道自己是谁。

让一个孩子完整地成长，就是成为一个人，有存在感，有自我感，有尊严感，有价值感，有幸福感，有美感，有正义感。

安静下来是第一步

在我们第一所学校开始的时候，我们接收了几个从传统学校转过来的孩子。开始他们特别规矩，坐着不动，等老师安排。过不多时，他们发现这个学校是自由的，就开始闹起来了。他们在教室闹翻了天，吵闹声不绝于耳，所有的物品散落满地，设备都被拖拉到不知什么地方，所有的桌椅都四脚朝天。等待那几个孩子安静下来的那些天，是我们最难熬的日子。

我们也看到，有些孩子曾经非常闹，全家人都搞不定，吃饭时在餐桌上搞得一塌糊涂。

所以为了让这样的孩子安静下来，除了给爱、给自由、耐心等待，我们还设计有形式上的静坐时间，希望对孩子有帮助。

因为这样的记忆，我们曾经到北欧几个幼儿园去参观。给我们最深的印象，就是那里的小朋友非常安静，这真的让人感到震撼、诧异。在那里，一岁多、两岁多的小朋友安静地在餐桌边吃饭，一吃就是一个小时，老师也在那里吃，都非常的安静，没有人说话。只有彼此抬起头来时相互地对视一笑。很安静，难以想象那种安静。你会觉得那像一幅画，没有声音的画，那么和谐，那么宁静，那么感人。

这些生命怎么会是这样？这样的生命状态正常吗？我知道，那不是外在的沉默，而是一种内心的宁静。另外一个班，3 ～ 5 岁混龄，每个餐桌边都有五六个孩子、两个老师，都在各自吃自己的饭。我们从另一边参观完了转回来，他们还在安静地吃着饭。我们在门口看的时候，同事悄声对我说："那个小孩真漂亮！"当我们说这话的时候，那个孩子就知道了我们在说她（很远，我们声音很小，她根本听不见）。她抬起头来对我们微笑，那种感觉真的特别好。

内心的宁静是自我的一部分！内心的宁静是一种成长！成长需要先安静下来！如果让我们的孩子逐步地依靠自己来创造出一个完整的自我，那个生命该有多么的满足和富有，该有多么的宁静。这不是创造一个天才，而是创造一个完整的自己。这才是一个生命真正要做的，这才是父母要给予孩子的，这才是教育的本质，让一个生命成长和创造出一个完整的自己。

怎样才能做到完整地成长

做到完整地成长，实际上指的是儿童可以做自己身体的主人，做自己情绪的主人，做自己感觉的主人，做自己心理的主人，做自己认知的主人，做自己精神的主人。

如果儿童拥有了这种做自己主人的能力，那么其他的发展都会跟着发展。

什么叫作自己身体的主人呢?

幼年期，尤其在头三年，儿童还不能自主支配自己身体的每一部分。刚出生的时候，只能支配头，因为他要吃东西，准确地说他只能对他的口有支配能力，所以他想吃东西的时候，他的口就会自动地转这边、转那边。如果他还是吃不到，他就还不是口的主人，但他会哭，寻找帮助。但是让他用手抓东西，他还没有能力抓，也就是说，他的意识或者神经还没有发展到能自主的状态。后来他要不断地使用自己的手，直到把手使用到能准确地抓住一样东西塞到嘴里，这个过程才完成。他开始要做手的主人。如果成人阻止了儿童的这种自主性，抓什么都不让抓，成人嫌脏，不仅仅孩子手的功能被减弱了，他更不是他手的主人了。

手的发展，在于成为手的主人。手可以发展到非常精巧的程度，大家在平时的生活中可以观察到，当一个成人的手很精准的时候，你就能知道，他可能爱敲键盘，可能爱弹钢琴，或者什么需要精确使用手的事情。过去银行职员的手，因为经常要数纸币，所以手的敏感度、精准度就非常之高。当我们准许儿童使用他身体的某个部分时，这一部分将会得到发展。例如，当我们准许儿童使用他的手去做各种事情的时候，你就能观察到儿童手的发展过程，从刚开始的一把抓，慢慢到学会了五指抓、三指抓、两指抓、一指按等。

直到他的手变得非常精准的时候，孩子开始喜欢进行动手类的相关活动：拼插东西，粘贴东西，使用剪刀等。这些都是在使用和发展他的手，直到把他的手使用得精确，手的能力就被发展出来了。所以当我们观察成人的手的时候，可以从成人手指的觉知度上判断出他的手在童年发展得是不是足够。

身体的其他部位也是一样，比如说脚、腿，当儿童刚刚开始学步时，他就要不停地走。但是当他这一步完成了，他就开始让成人抱，后来等他再要走的时候，就会开始喜欢走在马路沿上、台阶上、矮墙上等，他的兴致不会在宽阔的、平坦的路上，而是哪里不平就走哪里。实际上，这都是在练习掌控自己的脚和腿的精准，让身体平衡性能更好。

但是很多时候，我们根本不知道儿童在什么时候练习什么，只有儿童自己的身体知道。我们所说的让儿童做自己身体的主人，就是准许儿童去做各种动作、各种活动，把他身体的各部分练习到感觉非常精微的状态。这样身体里边的生命力就会被释放出来。早期如果不让儿童活动的话，就是限制儿童生命的生长，限制儿童的活力，限制儿童的生命力向外释放。

再说做情绪的主人。我们周围很多很多人，他们的情绪比较童年化。童年化指情绪没有成长起来，没有成熟。年龄可能长到了 40 岁，智能也可能长到了 40 岁，但情绪部分还在 3 岁，不受自己控制和管理。在大量的电视连续剧中，我们中国人的情绪状态展示出来了：相互扇耳光，歇斯底里地乱宣泄，成人间彼此说话吵架，对儿童火冒三丈地吼叫。这证实情绪没有成长是一个普遍现象，从公众到编导都习以为常，认为是正常的生活元素了。

情绪在童年得不到发展和智商得不到发展是有同样危害的。

许多家长说，看到孩子一哭，就很焦虑，不知道怎么办。父母不能正常认识到那只是孩子的情绪，他正在表达着什么。我们应该准许他哭，而不是说："不准哭！"我们只要坐在旁边陪伴他就好，等他哭完了，你再问"发生了什么"就可以了。但是在很多人那里不准许孩子有情绪。不准许，意味着孩子无法知道和熟悉自己的情绪；不准许，意味着孩子的情绪无法发展起来。这个不准许，就是不让孩子做自己情绪的主人。这个不准许，是因为我们自己的情绪和孩子一样，处在原始期。这种原始的情绪等我们长大了以后，就会变成心理问题，还会变成一种道德上的问题，也会变成一种关系上的问题，我们没有办法去面对自己的情绪，我们都成了情绪的奴隶。这就是说，成人自己没有情绪成长，也就看不见儿童的情绪，进而阻止了孩子的成长。

我们的方法是，当孩子哭泣的时候，准许孩子哭，并要温和地说："没有关系，你哭吧。我陪伴着你。"这句话里蕴含了几个内容：一是我完全接纳你的哭、你的情绪；二是我倾听你的情绪，表明我重视孩子的情绪；三是我这样做的结果会导致孩子熟悉自己的情绪，情绪成长就有了可能。情绪是我们生命的组成部分，是人的很重要的特质，我们就是这样被造就的。生出来的时候，我们拥有了这样的东西，所以我们不用抗拒我们天然的东西。当我们的孩子哭的时候，就准许他哭，哭很好。儿童没有像成人那么多的心理创伤，就是因为哭出来了，把里边的东西透过哭释放到了外面，这样就给了儿童内在的空间，不断成长才有了可能。

所以，成人如果也像儿童那样哭，成人的成长也会长足起来。哭，是一种疗愈。

最主要的是准许孩子哭，等孩子哭完了，问："发生了什么？"你可以给情绪命名："你刚才看上去非常愤怒、非常悲伤，你能不能告诉妈妈，发生了什么？你的情绪在表达什么？"这样慢慢地，孩子对自己的情绪非常地熟悉了，孩子就能知道，情绪的后面究竟有什么。

事情非常简单，就三步：第一步是容许孩子有情绪，容许孩子哭；第二步是给情绪命名；第三步是分析情绪背后有什么，让孩子把那个情绪说出来（或者我们试着帮孩子说出一些）。这三步是准许孩子做自己情绪的主人，情绪就会发展，走向理性。所以说，让孩子从小能够认知自己的情绪，能够拥有自己的情绪，能够跟自己的情绪共鸣、对话，就像我们想发展孩子的智能一样。我们总是在孩子很小的时候指给孩子看，这是鼻子，这是眼睛，这是耳朵，这是苹果。我们在对待情绪上也要这样，你悲伤了，你很生气，你很高兴，你很伤感，你很失落，你很愤怒，你很喜悦……当你让孩子认识到这些情绪的时候，孩子就慢慢地熟悉了自己生命的这一部分，就像熟悉一条街道、熟悉一个商场一样，孩子就能在情绪的世界里自由地行走，也能够把握各种情绪。

感觉的成长也是这样。我们常常可以观察到，当孩子到一个陌生的地方，他们往往不说话，会先站在那里观看。许多成人急着想让孩子参与，急着让孩子表达，不给孩子留出一段空间和时间，以让孩子慢慢完成那段感觉。完成那段感觉是非常重要的——他在发现。但是我们常常就把孩子感觉的过程破坏了。我们也可以观察到，很多孩子见到一个陌生人的时候，会躲在妈妈的身后，慢慢地感觉那个陌生的人，感受一段时间以后，孩子才会从妈妈的后面出来，感觉的过程完成了。

这就是让孩子做自己感觉的主人。给孩子空间和时间，容许孩子按照自己的节奏来完成。

大多数成人特别着急，喜欢替代孩子："你赶快给阿姨问好。""你看那是什么？快看哪。"我们看歌舞剧，有的妈妈在后面不断地解释，她恨不得让孩子把一切都"吃"下去。有些美妙的东西是处在语言之外，就像带着孩子去听音乐、看芭蕾，那是心灵的感受，解释一般是知识，解释会破坏儿童的感觉。当芭蕾舞演完的时候，有的孩子从剧场出来，就会踮着脚尖走路，就会伸腿，模仿芭蕾舞演员舞蹈的美感。孩子还处在感觉中，喜爱那种感觉。这是正确的情况。

我们总是设想让儿童把感觉发展完善，从最初的味觉、视觉、触觉、听觉、嗅觉发展起来，在这个基础上发展出更复杂和高级的感觉：对一个物体的平衡感、方位感、语言的感觉、结构感，都感觉到了，然后是精神感觉和心理感觉，越来越精微和奇妙。精神感觉是最奇妙的感觉。我们的感觉系统就发展好了。

等我们长到青春期，发展好了认知的时候，智能的发展更长足时，我们可能就能用我们的智能把我们的感觉描述出来，解释出来。我们没有必要把任何一样东西提前，我们不能破坏儿童先后的秩序，我们要尊重成长的自然法则，尊重这个法则就意味着我们保护了儿童。

在生命成长的过程中，有很多很多秘密，我们的任务是揭开它，让生命在他的早期能够特别好地发展。生命的头 12 年，基本上是自我建构的时期，是建构生命、创造生命的时期，不是学知识的时期。

6 岁以前，儿童是在发展身体，发展感觉和情绪。到了 7 岁，心理发展已经很明显地开始了。到了上小学的时候，很多孩子就会把心理活动说出来。

一天，我在院子里见到一对小朋友，七八岁。女孩穿着粉色的上衣、白色的裙子，脚上穿着一双银色的小皮鞋。男孩穿蓝色校服。

男孩对女孩说：“我们爬过去。”

女孩说：“不要。”那是一个绳索编织而成的网。男孩迅速爬了上去，女孩边爬边说：“我妈妈说，如果我敢把我的新鞋搞坏，她就要打我，所以我不能爬。”但是她边说边爬，她把她本来可以藏住的心理活动，完全用语言表述出来。她表述的时候没有和她的身体合在一起，所以补充说“我不能爬”，但她还在爬。我在一旁笑了。这个年龄的孩子，喜欢而且也很容易把自己的心理通过语言描述出来，这正是这个年龄孩子的特征。她用行动说，“我就是要爬”。她做了自己心理的主人。

如果不压抑孩子的话，他们内心想什么，他们就会用语言描述什么。这个过程很重要，这个过程一旦顺利通过，到了中学，理性的光芒会放射出来，就能达到结构式的、假设性的、宏观式的思考。他们走过了一个心理的历程，那些已经形成的很多零碎的意识、思想碎片、想法片段，好像都存放在他们的身体里边，而这些想法都没有被整理到一个结构里，它散乱在生命里边，所以随着成长，他们会把这些东西组织起来，分析、归纳，这一步就是发展出理性思维。

最早先的认知都是非常简单的基础性认知，并不是社会上理解的知识智能和工作智能，只有到青春期的时候，现代知识智能和工作智力才会迅速成长。很多教育家，像林肯这样的人都说，15 岁的时候，是人类智能真正开始萌芽的时候。我们中国的孔子也是这样说，十五而志于学。普通教育学也这么认为，青春期到来的时候，人的现代知识智能真正地开始突飞猛进地发展，这时候真正学科式的智能才能在生命发展过程中呈现出来。到那时，或者更晚些时候，大脑逻辑结构发展基本完成，抽象能力提升到更高的概括水平，话语组群能力具备，这些能力引发了兴趣，内心中的知识大门便随之敞开。

内心喜悦地在知识海洋中游泳，必是如鱼得水。后来，当知识到了顶点的时候，创造就出现了。在感觉为基础的艺术领域，当感觉精细到完美并由技巧表达到完美，再有情绪交汇，创造就发生了。

虽然早先的发展也伴随着简单的认知发展，但最主要的是在发展儿童的身体、情绪、感觉、心理，创造自己。所有和孩子成长一起进行的科目，都应当是让孩子的感觉充满了希望和美好。比如说学绘画、学音乐、学文学、学诗歌，这些都是养育、滋润我们的生命，让我们的生命变得美好，变得很智慧、很善良、很有情趣，内在富饶而丰盛。这是在 12 岁以前教育的核心，让生命能行走到一个很美好的状态。所谓教知识的那一部分，一定是在青春期到来的时候才真正地开始。

这些发展都可以有机会直达精神。我们说儿童自然就是精神贵族，为什么？因为上面的每一个部分的发展都可以通向精神。我们可以用拥抱表达爱，爱就是精神。我们有各种感觉，精神的感觉是最高的。儿童对音乐的感觉特别的到位，无论是抒情的、律动的，只要音乐打开，儿童自然就能感觉到。音乐就是精神的感觉。有时候当我们唱一首歌，读一个故事，儿童会哭，这就是因为儿童内心感受到了善良、邪恶、正义、美丑，达到了一个精神的状态，并通过情绪表现出来。

所以，生命成长中每一小步都会直达精神，而达到精神的时候，自我的花瓣就在生命的内部开始产生、落地。我们不知道自己会成为什么样子，我们必须去做，必须用行动把我们彰显和呈现给外在的世界，体验精神的感觉，同时内在创造出来一个自我的片段。我们透过做，释放内在的生命力，邂逅精神的闪电，积淀和逐步创造出一个自我。这样我们一点点地沉淀，漫长地成长，我们内在的自我就被我们自己创造出来。

这个时间，我们应该在很安宁、很舒适的节奏中让生命成长。不是很焦虑的、很着急的，恨不得明天长大，而是耐心地陪伴孩子，等待孩子，逐步成长。所以才说，“爱是耐心，爱是永无止境的等待”。所以爸爸妈妈要陪伴孩子，慢慢地让孩子长大，慢慢地让孩子走向完整，这是成长。

然后我们才说，到了我们生命成长到完整的时候，学知识，学这些东西，才会顺理成章，才会自己设计自己，会自动地设计自己的未来，就会假设未来是什么样子，按照这个设计去努力地做。如果能自然地走到这一步，走到这种完整的状态，这个生命就会管理自己的未来，同时去实现自己的未来，我们把这个称为理想。这就是一个成长完整，到十五六岁的时候会产生的一种状态。所以，完整的成长会让孩子成为一个完整的人，就是一个有创造性的人，一个有理想的人，一个能够设计自己未来的人，并且能够管理自己未来的人。

第二讲

儿童带着什么来到这个世界

有多少人相信儿童是一个精神的存在物？相信他一生下来就蕴含着强大的精神能量，他将按照内在的成长规律成长？在一个年龄段，孩子就喜欢玩水玩沙子，如果大人阻止他，他会顽强抗争。这到底意味着什么？

我们从不相信也不知道，胎儿在母体中形成的那一瞬间，他内在就有一样东西，那东西将在儿童一出生就指导儿童如何发展，指导儿童去抓什么、摸什么……蒙特梭利把它称为“精神胚胎”。这好像要求我们相信儿童是一个精神存在物，儿童将按照预定好的这种精神发展模式发展。儿童好像很弱小，其实他的内在蕴藏着一种强大的精神能量和潜能，他的发展不需要成人给他增加什么新的内容，只需要给他提供发展的环境和条件。

同孩子们在一起生活的经验，使我们越来越坚信这一点。接受这个观念就像要发生一场内在的革命，因为我们一直相信儿童依靠成人来建构；接受这个观念也意味着我们将无处发挥我们因自卑、受压抑而产生的自大。人类的幼儿期非常漫长，大概没有任何一种动物的幼儿期能有人类这么长。说得短一点儿，可能是 0 ～ 6 岁；说得长一点儿，大概要到 12 岁。12 岁还不能离开母亲，法律上认为孩子真正成人的年龄是 18 岁。这个期间，儿童处在一个很弱小的状态，必须有成人来帮助他成长。帮助儿童成长不是说由成人来塑造儿童的精神。如果那样，人类的整个水准都会下降。成人的问题是扮演了“上帝”——孩子的“上帝”。

儿童时期不需要成人的那种“灌输”，而是需要条件准备，儿童会自己吸收。遵循这个发展规律，孩子就会发展得很完善。

蒙特梭利幼儿园最小的孩子是 1 岁半，我们用 1 岁半到 6 岁的孩子做试验，把超越这个年龄段智力水平的教具给孩子，如果教师不强制，不给儿童压力，儿童只会按照他的内心需求走。比方说，他喜欢玩水和玩沙子，只要把他带出去，多么具有“吸引力”的体育器材和体育活动他都不参与，他只玩沙子，脸上懵懵懂懂，成人对他怎么说，他的脸上都是这种表情。他知道他要干什么，如果成人阻止他，他会同成人抗争。

我自己的孩子也有这么一个过程。在他两岁多的时候，他爸爸买了两个玉米，对他说：“你一个，你妈妈一个。”他走过来说：“这两个玉米，爸爸说都给我吃。”我问他爸爸，他爸爸说：“不是的，是给你一个，给孩子一个。”我对孩子说：“爸爸说给你一个，给我一个，并不是说都给你吃。”我的意思是他撒了谎，他听完这话后脸上丝毫没有做错事的表情，站在那儿思考了1分钟，一动不动，然后毫无表情地走了。“怎么会这样？”我觉得真奇怪。但是，后来有一天，他对自己做错事突然有了感觉，脸上表现出特别尴尬和难为情的表情，还不让人说。这根本不是大人的说教能做到的，孩子已经按照他内在的发展规律到了这一步。如果成人没有按照这个规律让儿童发展，而是强加于他，逼迫他做，孩子的发展就可能进入误区，真正的道德感就无法建立了。

婴幼儿早期的发展规律跟有些动物类似。比如蝴蝶，母蝶通常将卵产在树杈中间，幼蝶刚出生时必须吃特别嫩的叶子。它怎么去吃嫩叶子呢？因为幼蝶对光最敏感，所以它一生下来就向着光线最亮的地方爬过去，那梢头必定是最嫩的叶子。但是当幼蝶开始强壮起来，能够吃粗糙的叶子时，它对光的感觉就完全消失了。这个过程遵循的是它内在的发展规律，没有任何外力的控制。

人们从不会为一个孩子长不大而担忧，却从不认为精神的种子曾在儿童内心存在过，从不认为儿童内在也有一个自然、有序的成长过程，它只需要我们提供一个适合发展的环境。在儿童的精神上，我们一直在充当一个角色——“造物主”。

让我们看看儿童是如何同环境建立和谐的关系而发展自我的。比如语言，任何一个国度和民族的儿童，都能够在这充满声音的世界中听到和学会人类的语言，并在头3年掌握本民族的基本语言，学会语言中的各个细节。这种发展，绝没有人去专门给他上课。我们不难看出，6 岁前的儿童更喜欢看你做什么而不是听你说什么。儿童的语言能力是他自己作用于环境的结果。所以心理学家才说，儿童 3 岁前掌握的东西，成人需要 60 年的努力才能完成。我们为什么不思考一下，这是怎么回事呢？人类已经发现了这个秘密——儿童是自我发展的。

我可以举一个相反的例子。哈佛大学的一位心理学教授生了个儿子，他准备把儿子培养成天才。这个孩子三四岁的时候已经学会几国的语言，6 岁考入中学，10 岁上了哈佛大学，16 岁攻读哈佛大学博士学位。心理学家让他的孩子每一分钟都在不断地“吸收、吸收”。18 岁时，孩子成为英国伦敦一家商店的售货员。他拒绝任何“知识性的活动”，他觉得做一名售货员特别高兴，“满腹经纶”对他没有用，事实上“知识”使他非常痛苦。我想如果人只有一个大脑而没有感官，让大脑为这个世界服务，使它成为工具，我们的痛苦可能会少很多，但我们还有感觉、心理、精神和心灵，我们必须寻找到我们自己才不会痛苦。人的发展、人的精神必须从感觉中发展并由感觉伴随着。

人的成长过程实际上是一个心理的成长过程，而不是一个智力的成长过程，智力成长是附着在心理成长之上的。

如果我们了解儿童成长的科学规律，让儿童按精神胚胎的内在规律自然发展，他一定会成为人才。儿童的自然发展规律一旦遭到破坏，他的整个发展都不会正常，包括智力。所以蒙特梭利说：“我们要做孩子精神上的仆人而不是主人。”

但是今天，当我们把儿童的自我、知识各分一堆时，一切都被破坏了，我们再也找不到儿童内在的秘密。迫不及待地想让儿童获得知识的想法桎梏了我们，并使我们产生了偏见，还有一大堆被称为“知识”的垃圾，这些都破坏了一个具有生命和人格魅力的人的发展。只有承认儿童有精神胚胎并相信他，人类成长的秘密才会在一个漫长的过程中展现给我们。

第三讲

儿童认识世界的第一步

“智力中没有一样东西最初不是源自感觉。”一个孩子，一手拿着洗脸毛巾，一手拿着梳子，他咬咬毛巾又咬咬梳子。我们知道他在用嘴感觉软和硬。遗憾的是，他的父母并不知道，没有及时把“软”和“硬”这两个词告诉孩子；庆幸的是，他们没有把毛巾和梳子拿开。

普通的教育观念一般认为，由外界给儿童一些印象（有些人称为信息），儿童接收了这些印象或信息，并经过反复练习，就能发展智力。就如同小学生回家把一个字写50遍，就等于发展了儿童的智力一般。是不是这样？蒙特梭利不同意这种观点。她说："这些机械心理学家仍然对教育理论和实践有着很大的影响。这个影响是什么呢？据他们认为，我们从外部物体所获得的印象，似乎是敲开我们的感官大门并硬闯进来的。"

我见过很多家长，其中一个比较典型的家长是一位幼儿园的园长。她有两个孩子，小的孩子出生后不久，她就在门上贴个"门"字，在瓶子上贴上"瓶子"……不断地把孩子抱过去给孩子读，不断地这样做。孩子4岁多的时候，就已经拿着书本开始阅读了，而且加减法都会。她自认为她的孩子非常非常聪明，因为孩子掌握了很多东西，尤其在阅读方面。接受蒙特梭利教育培训的过程中，她不太同意蒙特梭利教育的某些观点。她认为用外界事物不断地刺激孩子，使这些事物留在孩子的大脑中产生某种印象，这就是智力状态。

蒙特梭利认为，儿童的感觉来自内部。也就是说，儿童不是一个空瓶子，不需要我们成人往这个瓶子里灌东西（我们一般认为灌在瓶子里的东西就是他的智力）。

这位家长说："我那种方法也能使我的孩子达到一定的智力状态。"我说："可能，但有本质的差别。"因为儿童特别奇怪，当你不断地刺激他某个方面的时候，他可能很快就掌握了这一方面的知识，那么掌握的状态如何呢？第二周她把孩子带来了。她的孩子坐在那儿写字的时候，我在旁边观察。

我告诉她："你的孩子的心智发展落后了。"她问："怎么落后了？"我说："你孩子现在的心智状态只有两岁。"我说的智力跟她说的不一样，她指的是从外界掌握的东西。我说："这种状态不正常。我把我们幼儿园5岁的孩子带来你看看。"她的孩子在心智上很弱，像个婴儿，看上去不自信、不坚强、不果断，对于一些东西好像只要外界不反应，他就不能确定，他不会洞察，不会深入思考。他不能综合地将所学的东西在一个特定的环境中加以应用，一开口就是知识，但他的知识同生活无关。

这个例子给了我一个提示，这个提示就是：我们总是把掌握某种技能作为智力发展的标准。

实际上技能不重要。6岁以前儿童根本就不用学习任何一门技能，他所要学的是掌握技能的方法。

蒙特梭利在两本书中都说："儿童所有的智力是从感觉发展到概念。"她用的是爱德华·塞贡①的一句话，那句话说："把儿童从感觉训练引向概念。"蒙特梭利说："智力中没有一样东西最初不是源于感觉。"

我们来看一下什么是感觉。比如大家听讲座，印象最深的一定是自己有所体会的那部分内容。你只能听见部分内容。这部分内容，必定是你感觉最深的那部分，必定跟你的经历和心理状态相契合。

关于儿童的感觉，我举一个例子。我的孩子1岁多的时候还不太会说话。当时我心里有点儿着急，我想他是不是有点儿迟钝？急得我都要到医院去给他看舌头了。我家有个教棒，我就拿着这个教棒，给他指灯。我说："这是灯，灯，灯！"指完以后我又指着书说："这是书，书，书！"我天天抱着他，给他指这指那，家里都指遍了，每天重复。但孩子依然"木木呆呆"，什么表情都没有。我想："怎么回事儿，这个方法怎么一点儿都不起作用呢？"他的听觉很好，有时候会说："啊，啊，啊！"这说明他嗓子没什么问题。我弄了一

① 爱德华·塞贡（1812～1880），法国特殊教育学家、内科医生。

块干净毛巾，将他的舌头拽出来，看看舌下有没有粘连。没有，就证明舌头也没问题。但他就是不说话。

当他 2 岁零 1 个月的一天，他跑出去玩，外面停着一辆卡车，他要上卡车，我就把他带上去。那时候正好是夏天。夏天的傍晚，天空的蓝色有一种触目惊心的感觉！湛蓝湛蓝的，非常的广阔和深远。那种感觉会终生留在人的记忆里。我的孩子就扒在车栏杆上，仰视着天空。他看了很久，我不知道天上有什么东西吸引他。我说："天！"我孩子就说："颠（diān）。"第一个会说的字竟然是"天"。他那个大舌头一个劲儿说："颠，颠，颠。"当时我很震惊。过了一会儿他还不断地指着天说："天，天，天。"从那一刻起，他见着人就拉着别人的手说："天，天。"一连说了 3 天。后来我指着脚下踩着的地说："地，地！"我孩子说："地！"这是第二个词。我当时想，应该再给他说一个天和地中间的东西。我说："树，树！"他不说，他坚决不说"树"。我说："人，人。"他大概对人有了感觉，说："人，人。"他掌握的头三个概念：天、地、人。在这以前，我不断地给他指"灯"和"书"并教他发音。他小时候最喜欢做的一件事情就是站在书架那儿，把书一本一本往地上扒拉。扒拉下好大一堆后他就在那儿玩一会儿，然后撒一泡尿，尿一撒完就走了。每天都这样，以至于我们家的书被扒拉得很乱，我没办法，就弄了个柜门把书封住。在这个过程中，他如此地接近书，不断地摸书，但是我给他指着书说"书"时，他却不说。这说明他没有观察到书，他对书没有感觉。而他观察天时，天触动了他，他对天有感觉了，而恰恰这个时候我把这个词给了他。

词语捕捉住了感觉，稳固了感觉，清晰了感觉，加深了感觉，使模糊的、稍纵即逝的感觉成为明晰的属他的对象。蒙特梭利说，这个东西就叫"智力"。智力就是从感觉发展到概念。

智力就是这样一个过程，这个过程中的每一种感觉上升，都和其中的经验与体验连在一起，儿童天生具备这种能力。这种能力每个人都不一样，这个过程每个人也不一样。

现在我们明白普通的“教”的本质了：让孩子把注意力转向什么，然后“教”什么。但注意力不是感觉，更不是深入的感觉。你知道儿童的感觉需要多少时间吗？再说，你让儿童注意一朵花，他却可能注意花上面的一个斑点。我敢说这种“教”恐怕会把孩子教糊涂的，你的词语不知道把什么概念化了，你的词语对孩子、对你，都不知道表达了什么。这样的孩子上了学，头脑不清，思维能力弱，长大了也比较糊涂，而且互相之间——像北大著名的教授金克木说的“谁也不理解谁”。

我现在讲的一系列话，都是从我嘴里吐出来的语言，全部都是概念，没有一句不是概念。我的整个语言是用概念组合起来的。但是如果我们给儿童这样讲，儿童根本不可能知道。儿童依据什么来理解呢？儿童依据感觉。感觉包括哪些？视觉、味觉、嗅觉、触觉、听觉。孩子们通过这些感觉来认识事物，形成概念，然后再进行概念与概念之间的联结，其实不难发现，儿童整个 6 岁前好像都在做这件事。

所有的孩子一生下来都会用口来认识世界，然后用手摸。他是“口聪手明”。这个现象恰恰说明儿童不是被动地接受别人传递给他的东西，而是充满了主动性和积极性。儿童内在有一个精神胚胎，这个精神胚胎有一种特殊的能力帮助他认识世界，这种特殊的能力就叫“敏感期”。儿童整个的生命状态是由一个接一个的敏感期组成的。

比如说刚生下来的孩子，敏感期完全在口腔，他的口腔是最敏感的，他的整个精力好像都集中在吃上。实际上，儿童在 1 岁以前完全是用口来认识世界的，不管什么东西他都往嘴里放。

很多人认为，儿童不断用手往口里放东西这个行为是没有意义的，或是不知饥饱的表现。小孩子生下来后，如果能够偶尔把手伸进嘴里，他第二次还会这么做，第三次、第四次……你就会发现他的手往嘴里伸的这个动作又快又准确。你看很多小孩子睡觉的时候都是这样——把手攥得紧紧的。这个时候他还没有经验，经验还没有告诉他手能放到嘴里，他就控制不了手。但是一旦他把手放到嘴里，有了第一次的体验以后，他会不断地把手往嘴里放。这种不断的动作产生一种感觉，这种感觉反复进行就能产生一种经验，这种经验就产生了智力。皮亚杰[①]称之为“智力的萌芽”。

实际上儿童在1岁以前，对世界上所有的东西，能够抓到而且能够往嘴里放的东西，他都会往嘴里放。比如说我的一个朋友，她的孩子拿着她的洗脸毛巾放到嘴里，正好另一只手又拿了一把梳子——很硬的东西。这个小孩就不断地用嘴咬咬毛巾，又咬咬梳子。不断反复进行，来回交替。朋友觉得很奇怪，就问我。实际上我们知道儿童已经对“硬”和“软”有感觉了，他用嘴已经感觉到了。但遗憾的是，他的父母并不知道，没有把“硬”和“软”这两个词同孩子已经建立的感觉配上对，庆幸的是，他们没有把毛巾和梳子拿开。

我觉得儿童整个发展的遗憾可能就在这儿。一方面是他在感觉的时候，我们破坏了他的感觉；另一方面是当儿童感觉到的时候，我们没有把词语同他内在的感觉及时配上对。配对的重要性就在于此。

我曾看过《早期教育和天才》[②]。它着重写了19世纪德国乡村牧师卡尔·威特是如何用他的教育思想教育他的孩子威特的。作者阐述了一个观念：“天才就是强烈的兴趣和顽强的入迷。”这个兴趣不是成人培养的，而是天生就有的。我们从所有的幼儿身上都能看到。根据我的认识，他的这个观念跟蒙特梭利教育方法有着极大的相似之处。他举了一个例子说，当这个孩子把你的手抓住往他嘴里塞，而且用他的嘴吮吸你的手指时，你必须用和缓清晰的语调重复说“手指”。实际上这个教育跟我们刚才说的一样，当孩子把一个

① 让·皮亚杰（1896～1980），瑞士心理学家，发生认识论创始人。

② 木村久一著。木村久一（1883～1977），日本心理学家、教育家。

东西放进嘴里感觉很软的时候，大人应该同时把概念“放”进去。这种对手指的兴趣，就是天才的特征，理解并保护这种特征，一直到他长大，这个人就能成为天才。

遗憾的是，我们大多数人不知道，所以不能够这样对待孩子。相反，我们常常做的事情是：

当孩子没有感觉的时候，我们不断地强制孩子，教给孩子东西，有的人话还特别多；当孩子处于某种感觉中的时候，我们不但看不到机会，反而打扰他，把他的感觉破坏掉。儿童内在的观察和感觉，就在这种强制过程中丧失殆尽了。

第四讲

创造力来自哪里

心理学界有一个共识：个性等于创造力。人的培养过程应该是一个个性的培养过程。但我们往往把个性理解错了，以为调皮捣蛋、胡思乱想的人才富有个性。其实，有个性的人对世界的感受是独特的，思维状态是独特的。秘密在于，每个生命生来就是独特的，只是在成长过程中、在被教育的过程中，这些与生俱来的东西被泯灭了。

有一天，我对我的孩子说："生命的高贵就在于你的生命跟任何其他生命都不一样，对世界万物的感知也跟别人不一样。"如果我们所有的人都是一样的，就像我曾说的，我们把精子跟卵子放到一起，弄成个盒子，再弄个机器，把盒子放到里头，保个温什么的，"腾腾腾"一开门，"啪啪啪"小孩子都跳出来，然后我们一人抱一个回家养。你说这种生命还有意思吗？没有任何的意义。恰恰相反，所谓一个人的状态好，就在于他对世界的感知非常独特，和别人不一样。就像我曾说的，一个蒙特梭利教师成功的第一步，就是当他拿出一样教具，这个班里只有一两个孩子对它感兴趣，而不是全班孩子都扑上去，那教育的第一步就达到了！

我们现在的教育恰恰是培养儿童都对一个东西感兴趣。画画全班都画，数数字集体来数……人们有很多必须共有的东西，比如知识、道德，这是有理由的。但共同的东西不能用共同的时间教，即使能用，那也是小学及以后的事，到那时，儿童的精神胚胎会有个变化，能把感觉点转向成人招引去的注意点，年龄越大这个能力就越强。儿童在小学时差别仍比较大，必须把握好，在没有差别的教学中保护差别。

我们的教育一不小心就在抹杀个性，实际上在心理学界有一个共识，这个共识就是：个性跟创造力是划等号的。因此，人的整个培养过程应该是一个个性的培养过程。但是我们往往把这个个性给理解错了，认为调皮捣蛋、胡思乱想的人才富有个性。其实不是的。有个性的人是指在思维上、在整个生存状态上跟别人不一样。

但是为什么我们造就了这么多相同的人呢？没有思想，随大众，随大流，大概这样会使我们有安全感。这就是精神上的不独立。看看我们周围，有几个人是独立的？我们在成长中的每个敏感期都没有得到应有的关注和指导，我们甚至没有在“自己发展”时得到尊重，我们深刻的、独到的思维能力丧失了。蒙特梭利说，我们造就了大量的平常的人。而那些有独特思维的人就作为有创造性的人而存在。假如我们今天都能做到尊重儿童，让他们符合人的自然发展法则成长，他们每一个人可能都是富有创意的。那么这个世界就可能产生巨大的变化。

大概所有的人都知道爱因斯坦，也都会承认他有非凡的智力。他的大脑头骨还被科学家们保存着、研究着。人们一直在研究他的大脑构造是不是和普通人不同。但到目前为止，人们还没有发现他的大脑和普通人的有什么本质上的不同。

真正的差别在哪儿呢？在爱因斯坦童年的时候。他和其他儿童不一样，周围的人们、老师们说他患了孤独症，认为他智障，没出息。可人们的看法是错的，因为人们并不懂教育。搞教育的不懂教育，管教育的更不懂教育也不想懂教育，是人类社会的通病。

现在的人们越来越感觉到爱因斯坦的伟大了，他的贡献具有划时代的意义。他的伟大几乎是难以想象的，几乎是不可逾越的。人们说他应当获 3 次诺贝尔奖，但那时人们还不能懂得他的创造，人们理解他还要经过两代人的时间。事实上，他的独特在于他那独特的感觉，他的贡献正基于那感觉创造性地提出了新概念。第一次，他认为光电效应中的光的能量是一份一份的；第二次，他认为光的速度是有限的；第三次，他提出了光子说、狭义相对论和广义相对论。

这就是对事物的特别感觉能力和提出概念的能力，这就是创造力。这个能力来自内心，这个能力恰恰是童年时期形成和发展起来的，是儿童自己形成的。

所以教育的整个目的就是发展人自身的潜力。蒙特梭利说："我们可能要问，使儿童能在所遇到的无数印象中选择某种印象的这种特殊兴趣是什么？很明显，不可能存在外部的刺激。"她又说："如果你对一套新衣服极其满意，你就会开始注意其他人的这种衣服。"有没有这种情况？如果你新买了一件衣服，你觉得这件衣服特别好，你走到街上就容易看到这件衣服，即使在1000个人里头你也能发现它。

第五讲

儿童必须自己感觉

火车要在轨道上行驶，这是成人的规则。孩子用玩具火车进行其他玩法的时候，爸爸会说："不对，火车应该在轨道上走。"你了解儿童的内心吗？这可能是一个与火车无关的探索，也可能是他在复习或延续他的昨天。

儿童始于一无所有，并独自向前发展，这就是“儿童的理性”（蒙特梭利语）。这种“理性”是指在精神胚胎指引下，一种自发的内在程序、秩序。敏感期就是围绕着它转的。儿童的整个生命发展依据他自己进行。

很多父母都说，我要教这个孩子，要把这个孩子教出来……好像儿童的整个智力发展要依靠成人。如果这个成人不在了，儿童就会成为“白痴”，大多数成人都是这么认为的。蒙特梭利说，我们成人最喜欢做的一件事情是把自己扮演成上帝，尤其当儿童在做些不对的事情时，成人会急切地想给他改正，急切地想告诉他这不对，应该怎么样。实际上，儿童是依据内在的理性独自发展的，这种理性的过程是自然的和具有创造性的。蒙特梭利说：“理性提供了最初的动力和能量。各种印象被整理、排列起来服务于理性，儿童吸收他的最初的印象来扶助理性。”这个理性的过程就是一种自发的运动。尽管儿童的这种精神发展需要我们成人的帮助，就好比说一个婴儿，如果没有成人的帮助，他会死掉。但这并不意味着，因为没有我们的帮助他会死掉，我们就能成为他的“救世主”。尽管我们帮助了他，但他精神的发展是依靠他自己的，我们只是帮助他形成概念、联结概念、区别概念、发展思维。

我举一个例子。我孩子因为认识的第一个概念是“天”，所以天上的星星也是他随之最早认识的事物之一，“天”“星星”属于一个范围。当时我已经搞了几年蒙特梭利教育，现在想起来，当时我的好多观念还是传统的，所以我在给他灌输所谓的知识时，依然是以传统的方式进行的。有一天，我们家的电视上出现了黑猩猩，我对儿子说：“辛辛，你快看，这是猩猩！”我儿子当时的状态真像计算机出现故障一样，他说：“星星，啊……”目瞪口呆地指着天，极为惊惧。他不知道这个“丑八怪”怎么跟天上的星星是一个词。这说明什么？他内在的理性开始分辨和推理了，所以他对同音不同对象特别敏感。当时我就明白了，他的心智还没有达到区别这两个音同、意不同的“xingxing”的能力。而我的“强行灌输”使他产生了极大的恐惧。

蒙特梭利曾举过一个例子。一个4个星期大的婴儿，他的情况是，刚开始他妈妈带他，后来保姆带，但自始至终都是其中一个人在带他。同时，他的叔叔或爸爸也总是其中一个人出现在他的生活里。这个经验告诉他，家里只有一个女人、一个男人。突然，有一天，他的叔叔跟爸爸同时出现了。孩子一看，这边叔叔，这边爸爸，两个男人看上去一样，就搞混了，突然产生了恐惧。蒙特梭利教给我们如何解决这个问题，当儿童产生这种情况时，让叔叔站到左边，爸爸站到右边。孩子会不断地转过来看，转过去看，他终于发现了一个秘密：实际上是两个人。儿童吸收东西是按一个已形成的程序进行的，他不愿破坏自己的内在程序。这个内在程序也就是蒙特梭利所说的“儿童的理性”。当那种情况和他的认知程序不吻合时，他就很紧张。

“实体化”也是蒙特梭利教育的一个概念，什么是“实体化”呢？我们知道，儿童内在的精神胚胎指导儿童发展。精神胚胎要变成儿童肉体不可分割的一部分，需要有一个过程，这一过程就是“实体化”。蒙特梭利举了一个当时的例子：“《圣经》化为肉体并留在人们中间。”《圣经》在它的虔诚信仰者身上已经与生命合为一体，这就是一个实体化。再比如我们听讲做记录，字的笔顺、笔画在无意识中就实体化了。有时我们思考一个问题，思考得很深很深，忽然发现走了很长的路，这段路上遇到过谁，我们是怎么搭话的，我们是用什么姿势走路的，我们都不知道，这时我们的话语、我们的走路方式，就作为已经实体化的东西而存在着。

儿童怎么样才能实体化呢？只有通过一个办法，就是不断地活动，通过不断地活动来把精神胚胎实体化。比如说儿童眼前有个瓶子，儿童内在的冲动告诉他："去抓瓶子。"然后他就蹒跚地走过来开始抓这个瓶子，不断地抓。在他反复活动的过程中就把他内在的精神胚胎要求他做的那件事情实体化了。实体化讲的就是这样一个过程，儿童内在精神的那种冲动实现的过程。蒙特梭利说，儿童进行一个组织自我的过程，并且把这些东西都变成记忆。

再举一个例子。一个小孩子拿来一个枕头，枕套上印有花，小孩子就闻这朵花，亲吻这朵花。保姆认为孩子在乎这个东西，那应该拿别的东西也让他亲。于是她拿了一大堆东西让孩子亲。这位保姆不了解儿童的心理，儿童要亲什么是受他内在的理性冲动来支配的，而不在于外界。所以当保姆匆匆拿了各种各样的东西说"闻这个""吻这个"时，儿童的心灵被搞乱了。

我想何止是她这样，我也是这样。我的儿子在做某一件事情时，我看他反复努力没有成功，就会给他拿个东西："来试一试这个，儿子！"幸亏我儿子说："闭嘴！你安静一点儿好不好？"每天早晨起来我就想给他说好多的事情，我丈夫就说："你安静一点儿吧！让他自己思考吧！"我儿子听到这句话后，早晨我一说话，他就说："闭嘴！请你安静！"后来我开始变得安静。有一天早晨，我给孩子穿衣服，当我帮他把衣服穿起来，让他站立起来的时候，我发现孩子脸上的神态那么专注、神往。我想：这家伙看什么呢？我顺着他的目光望去，看到早晨的阳光从玻璃窗射进来，射在了一件粉色的睡袍上，粉色又将光反射过来，那景色特别漂亮。孩子在看，我不敢吭声，我想，我不能破坏他这个内在的自然组成的过程。过了一会儿，他不看了。我问："你是不是看到阳光照在妈妈的睡袍上特别漂亮？"我儿子点点头。但谁知道，那其中发生了什么事情呢？孩子那诗意的感觉是怎样产生又是怎样流连的呢？如果这个时候我废话一大堆，这个过程是不是就不存在了？很显然，我们成人太喜欢说话了！

一个孩子拿着玩具火车玩，他不让火车在轨道上走。火车一定要在轨道上行驶，这是成人的规则，而孩子用这个火车在进行其他玩法的时候，爸爸就会说："儿子，这是不对的，火车应该在轨道上走，应该这样。"孩子不想这样做，但爸爸认为应该这样做，因此就不断地干涉孩子。

这同我们幼儿园济济的爸爸有着惊人的相似。济济的爸爸非常爱他的孩子，但他孩子的状态并不好。他的孩子有时候拿一条毛巾往衣架上搭，搭不上，那孩子就站在那儿，能提着毛巾站半个小时。后来我的孩子去他们家，我孩子一玩什么东西，那孩子就一把抓过来说："不可以这样，应该这样玩！"我儿子就把这个东西放下，又拿起那个东西，刚一拿起来要玩，他一把又抓过去："不对！这个东西应该这样玩。"等到下午 4 点钟的时候，我发现我儿子已经被压抑得受不了了，借了一件事情哇哇大哭。他们说我孩子跟济济争玩具，我说："不是的。济济压制辛辛太久了，辛辛每次要按照自己的方法玩东西的时候，济济就一把抢过来说'应该这样玩'。"济济的做法纯粹是他爸爸的做法。济济很聪明，他的聪明表现在哪儿？他机灵，非常非常机灵。机灵得像什么？像鸽子、小鹿，很多人都喜欢。但是我认为，他自己的自我组成的能力已经丧失了，他的创造性不好。因为儿童应该在他自己的发展节点上探索、努力、成功，将经验肉体化，将概念内化。这个经验是从儿童自己的探索开始，通过他自己的每一个小开拓而进行的。

幼儿期是感觉经验开创期，创造经验感觉期，感觉知识敏感期。这时，如果是从自己的经验得出结果，变成生命的一部分，那是自己的；但别人教的东西，那是别人教的，是别人的感觉经验，感觉经验是不能代替的！创意是不能教的！

蒙特梭利说："儿童保留他所得到的清晰印象是绝对必要的，因为只有当这些印象清晰，并且对它们进行了区分之后，儿童才能形成自己的智力。"

哈佛大学有一个经典性的实验。它提出，儿童对事物的认识往往是这样的，当你给他一个全新的知识时，儿童不接受，如果你给他一个东西，他曾经认识，只有一丁点儿新内容，他也不接受。但是，如果其中有一大部分是他认识、已经掌握的，少部分的内容是他没有掌握的，这时候他接受得最快。因为儿童喜欢把一个事物跟另一个事物联系起来。

我们都看过迪士尼经典动画片《小魔琴》，那架钢琴能够自己弹，影片中的小男孩跟这架钢琴达成了协议。于是每一次钢琴自己弹的时候，大家都以为是小男孩在弹，就不断地让他去参加晚会，不断地夸他，于是小男孩就骄傲了。孩子通过这个故事，明白了骄傲的概念。当你有点成绩，你这个人或许就“骄傲”了。这个概念是贬义的。但是有时候，因为孩子做得特别好，妈妈就会说：“啊，儿子，我真为你感到骄傲！”在生活中孩子又明白了“骄傲”的另一种含义，但是孩子会产生疑问。我儿子这两天问我：“妈妈，《小魔琴》里有一个‘骄傲’，你刚才也说了一个‘骄傲’，怎么有两个‘骄傲’呀？”他开始区别同音字的不同词义了。“骄傲”是对一个情景和事件的感觉的描述，这个感觉较复杂，它的难度正好同孩子的接受能力和兴趣相符。

智力也表现在对事物的区分能力上。在区别这个东西的时候，他也抓住了共同的东西，抓住了那概念的内核，这样，蒙特梭利说：“他才能形成自己的智力。”

第六讲

不同品质的心理和智力

一个孩子4岁时父母离婚了，有的大人对孩子开玩笑："叫爸爸，叫了就给你买好吃的！"刚开始孩子躲在妈妈身后，感到屈辱和愤怒。后来他习惯了，无论别人怎样哄骗，绝不开口说话。这一切在孩子心里刻上了什么印记我们无从知道，但是关于"爸爸"这一概念，他肯定有着与众不同的理解。

随便训斥、打骂孩子的现象很普遍，成人对孩子出言不逊已经习以为常。受训斥、挨打的孩子，在心智发展上同正常的孩子有着极大的差别。首先一点就是概念不清，大脑相对而言比较糊涂，不容易看到客观的、实在的东西，对外在事物的过分敏感影响了他内在心智的发展。受打骂厉害的孩子，记忆力较弱，不易看到客观的现实，他们看待世界的出发点总是基于需求和仇恨。受打骂不厉害但多少受过刺激的孩子，也时常糊涂。那些有点儿“专制”的班级或家庭，孩子也会多少出现问题。这其实是思维出了问题。

打骂孩子会给孩子造成压力和恐惧。这种压力会过分强化儿童对某一事物的感觉，刺激了孩子对某一事物某一方面的认识而忽视了全部。被打骂的儿童在建立某一概念时，他的眼睛看到的不是一个客观的现实，而是受刺激后的事物，世界就不是原本的世界，而是经过他加工的世界，压力使得孩子在把握事物时产生偏差，不能高度理解本质问题。苦难降临到了孩子头上。

那些得到爱和宽容的孩子在组织自我的过程中，因为区分能力没有受到伤害，他对事物的把握清晰、准确，并能很好地确定下来。

我的一位朋友，她的丈夫因为童年发展不好，成家后情绪变化不定，对孩子也是时好时坏。孩子 4 岁时，我的这位朋友与丈夫离婚了。有时一些大人见到这孩子，会开玩笑地说：“叫我爸爸，给你买好吃的！”刚开始孩子会躲在妈妈身后，感到屈辱和愤怒。到后来习惯了，无论任何人怎样哄骗，这孩子绝不开口。这一切给孩子的感觉到底是什么，我们无从知道，要到他成人、自己成为爸爸后，他心灵受到的影响才能看出来。对“爸爸”这一概念，他肯定会有与众不同的理解。

这恰巧同我的孩子在建立这个概念时的表现形成一个明显的对比。

一次朋友来我家做客，一见到我孩子就说："叫爸爸，给你买好吃的。"我孩子就说："爸爸！"这时他不到3岁。下次再见这个朋友，孩子又叫"爸爸"。朋友说："你的孩子太聪明了！怎么一见我就知道叫爸爸，买好吃的？"我说："不是啦，你把我儿子对于爸爸的概念弄混了。"这是一次。还有一次是我的一个朋友来幼儿园，他是我们园委会的一个成员，晚上开完会后就住在幼儿园。第二天早晨，我儿子到幼儿园，一看见他就跑过去。朋友把我儿子抱起来，亲了亲他，用胡子扎了一下。我儿子很郑重其事地说："爸爸！"朋友大惊说："不可以胡叫，我是叔叔，不是爸爸。"我孩子奇怪地问："那你为什么长胡子呀？"后来孩子的爸爸说，他曾经用胡子扎过孩子。可能这件事给了孩子一个记忆，凡是给他买好吃的、长胡子扎他的人都是爸爸。这个过程是一个分辨的过程。儿童一旦开始分辨，就能分辨一些细节，抓住一些要点，排除另一些细节。这听上去有些笨，却表明他在不断地思考。

当然我讲的只是一个很明显的例子。在以后的大脑运行过程中，孩子面临的问题会越来越复杂，这种分辨能力会越来越强。这时候，一个人分辨能力的强和弱就明显地表现出来了。有一次，我儿子因为一件事非常恼火，大哭着用小脚踢他爸爸，那时他仅有两岁半。他爸爸说："你又不是驴，为什么踢人？"儿子突然不哭了，呆呆地站了半分钟，然后认真地说："爸爸，鱼没有腿呀！"他爸爸说："是驴，不是鱼！"儿子站在那儿想着。我不明白，如此激愤的孩子，会因为某种思维而停止哭泣开始思索。我常常对别人说，这家伙的脑子是"286"，不是"586"，运行得太慢。没过多久，我发现幼儿园许多孩子都是"286"。他们的思维安静而缓慢，像一条精神的长河在生活的海洋下面缓缓流动，我们常用"浑浑噩噩"来比喻他们。他们整个的思维状态和认知状态一直在思考。你跟他说什么他都在这样思考。思维对小孩子是快乐的事，思维对小孩子也是新鲜的活动。小孩子思考时表情很明显，小孩子思考需要较长的时间。但是有的小孩不用思维，被训斥、被打骂的孩子是不用思维的。他们的反应较快，好像不经过大脑。

你在生活中观察一下就会发现，很多孩子，你一说话他就反应。为什么呢？除了训骂以外，那就是大人在生活中不断地给他强加某种东西，不断地强加，于是就形成“一吹哨子，狗就吃饭”的条件反射了。很多孩子都是这样。实际上儿童接受的任何东西应该通过他自身的大脑。儿童的大脑运行虽然较慢，但只要让他思考，给他机会，就会逐渐变快。

通过大脑进行的认知过程，才能够得到对象，这叫智力。有的孩子小时候被认为非常聪明，脑子反应快，但长大以后，他的学习和各方面的创造力并不好。原因就是他是被教出来的，或者是人为刺激出来的。

逗孩子似乎是许多成人与孩子交往的惯用方式。有一次，我儿子去我们单位，带了一包吃的。我的同事说：“辛辛，你把这个吃的给阿姨好不？”我儿子说：“不可以。”就放到身后。同事说：“你不给噢，不给阿姨抢了！”然后故意做出要抢的动作。

我儿子大哭。同事说：“还接受的是蒙特梭利教育呢，你看你这孩子。我们院子的孩子怎么逗都不哭。”我说：“不是的，我儿子没被逗过，他就认为你是真抢。而且他不知道你这种野蛮的行径来自什么，不给就要抢！他的思维出故障了。怎么能这样？本来 1 加 1 等于 2，你硬是说等于 3，这跟他成长的经验不符合。”她说：“什么呀！我们院子里的孩子都这样。”我说：“你们院子里的孩子是逗出来的，我孩子没有人逗过。他就是这样长大的，他不要你逗。”但是我知道大多数人就这样逗孩子，不断地逗，结果把孩子的心智搞乱了。儿童没有机会组织自己的自我，没有机会把他看到的东西和固定下来的记忆放到一起。

逗孩子的明显结果是恶作剧。人们大都不知道青少年“恶作剧”的原因。

这多数源于儿童时期的“逗”，因为“逗”是一种没轻没重的行为，它也像打骂孩子一样在社会上蔓延，不过范围更大罢了。

儿童成长的偶然性特别大。比如说在家里排行不同，孩子的心理状态就不一样。记得我曾经看过一部老片子，是奥林匹克运动会创始人的传记，印象特别深刻。因为当时我舅舅的老二刚出生，我经常去他家，大家抱着刚出生的婴儿对老大说：“双百，你妈妈不要你了！你妈妈生个小妹妹不要你了。”双百刚开始时哇哇大哭，后来习惯了也就无所谓了。

我们大人不知道这对孩子意味着什么，这是玩笑，是一种混账和残酷的玩笑，这种逗引太残忍，但是成人感知不到。我看的那部电影，它对我的触动特别大。片子里主人公的弟弟刚出生，全家人都在忙碌着照顾刚出生的婴儿，主人公只有七八岁，他从楼上走下来，站在楼梯上，看他的爸爸和妈妈还有保姆在忙着照顾婴儿，他妈妈一回头，发现她的大孩子在楼梯那儿看他们，忙走过来拉着儿子坐在楼梯上，告诉他：“我要告诉你的是，妈妈非常爱你。但是你的小弟弟非常小，如果妈妈不给他喂奶，不给他吃东西，不照顾他的话，他会死去。所以妈妈必须把更多的精力放在照顾他身上，而你已经能够自己照顾自己了。但这并不意味着妈妈不爱你。妈妈非常地爱你。”这个男孩对这个问题就释然了。

实际上这个孩子提出问题没有？没有。只是他妈妈看到了这个情景，感觉到了这个问题，就把孩子的心结打开了。有这样的妈妈，才有后来他的成就。

生命就是这样的。如果你感知到孩子的心理，你跟他说了，这个问题就不作为一个问题而存在了。但如果不说，他永生都会觉得他爸妈不再爱他了。我的同学就常说她的爸爸妈妈“爱那个，而不爱我”。这种不公平的感觉在兄弟姐妹中常有。我记得我上初中的时候，就经常认为妈妈偏爱我的哥哥，我经常跟妈妈吵架。哥哥不吃韭菜，每顿饭前妈妈总是先给哥哥盛一碗，放在那儿，里面没有韭菜。我每次跟妈妈吵的时候，妈妈就说：“我就偏爱你哥，你哥就不像你这样！”我就越认为她偏爱我哥哥了。

弗洛伊德在一本书中曾记录过一个心理分析个案：他给一位30岁左右的女教授进行心理咨询，请她回忆童年的经历。她说，她同爸爸妈妈还有弟弟去照相馆照相，有一个假苹果，她妈妈把这个假苹果给了弟弟而没给她。她就记住了这件事情。弗洛伊德一听就明白了。尽管那是个假苹果，但是让弟弟拿而没有让她拿，她依然感到不舒服。她认为这个待遇是不公平的。这种感觉和事件持续不断地发生，由此产生的心理疾苦和障碍变成了她的潜意识。可是有几个人能有幸遇到弗洛伊德呢？

类似的事情在我们的生活中数不胜数，给成长带来了巨大的影响，巨大到使人成长为截然不同的人。

第七讲

为什么儿童喜欢重复做一件事

我们知道儿童喜欢重复做一件事，反复听一个故事，十天半月也不烦。他从故事里吸收的首先是逻辑，然后是情景，最后是概念。一定要仔细为儿童选书，要让他吸收好东西。

儿童的感觉、思维、智力、思想的最初发展需要的时间比较多，而且需要多次反复。蒙特梭利说："如果反复进行练习，就会完善儿童的心理感觉过程。""反复练习是儿童的智力体操。"她又说："指导教师必须引导孩子从感觉走向概念，从具体到抽象，到概念之间的联系。"有过孩子的人知道，或者接触过孩子的人也知道，儿童喜欢重复进行一件事。一个最典型的例子就是给孩子讲故事，成人一般看一遍就不再看了，反复看会让成人生厌。但是，儿童不这样，儿童是今天听这个故事，明天也听，后天也听，十天半个月他老听这个故事，不让换新的。儿童从故事里吸收的首先是逻辑，然后是情景，最后是准确的概念。所以一定要仔细为儿童选书，最好你先读一读。因为很多书逻辑上有错。如果你没有自信心，最好选名著，或是名家译的，名家配插画的，好出版社出的，这样就放心得多。

孩子的感觉训练也经常是这样。如果他今天摸这个瓶子，他会不断地反复地摸，摸呀摸，然后你告诉他："这个是瓶子。"把概念同孩子大脑内的感觉配上对。当你把瓶子拿起来，让孩子触摸的时候，他感觉到的就是一个具体的概念。

但是，如果我们把瓶子的照片印在纸上，再让儿童看，它就是一个半具体半抽象的东西，甚至是纯抽象的。如果这个时候用文字告诉孩子"瓶子"，它就是一个抽象的概念。儿童对世界的认识必是从感觉开始，当他不断触摸、感知后，他会对他所感知的东西进行组织、分类、归纳，然后产生一个概念。这个过程和机会要把握好。教育儿童要从现实出发，从具体出发，从事实出发，从生活出发，尽量避免想象，这是蒙特梭利方法的重要原则。这个原则使现实充满了意义，使概念生成过程是完整的，从而使概念密切结合于现实，这个原则使儿童发展起驾驭现实的能力，而不是去“神游”。

一旦掌握了某个概念，儿童就会使这个概念普遍化并把所有的概念联系起来。比如说儿童今天经验了“瓶子”，又经验了“圆”。有了这两个概念，儿童就会把这两者之间联系起来，这种联系不用人教。有孩子的父母都知道，儿童刚刚开始只会说“妈妈爸爸”，突然有一天就一长串一长串句子说出来。这就是因为他已经掌握了很多概念，他把这些概念连接起来，由他自己来组织，不依靠成人。

老师的任务之一，就是引导孩子从感觉走向概念表达。有时当我说“给孩子自由”，很多人就说：“那照你这么说，农村的孩子应该发展得很好，因为没有人管嘛，一天到晚在荒滩野地里玩！”这里的问题在于语词表达的学习和正确概念的建立。我举一个例子，我们幼儿园来了一个孩子，他在农村长到 4 岁。他见了牛说“肉肉”，见了鸡说“咕咕咕”。其他很多概念也是一塌糊涂。他知道牛，但他不知道这种动物叫牛，他叫牛“肉肉”。我当时感到很惊讶，就跟老师说：“他在农村，他本来应该知道这些概念的。”实际不是这样，虽然他在农村接触过这些东西，也有感觉，但没有人教给他正确表达概念的语词，他的精神未得到提升和发展，那么这个人的心智就不会发展得很好。

在教学的过程中还需要做一件事情，这件事情就是蒙特梭利所说的：“应该用一种方法来隔离孩子的内部注意力，把它固定在某一知觉上。”比如一个老师拿一朵花，或者一件衣服，告诉孩子“这是红色”，那么这个老师就没有做到“用一种方法把孩子的内部注意力固定在某一个事物上”。因为她同时给孩子指示了很多东西：衣服、颜色、穿衣服的这个人……

如果你用色板给孩子解释颜色就不同了，那是一个隔离出来的实物。儿童看色板的时候，他的视觉能排除任何其他颜色的干扰、刺激和引诱，而单独感觉这一种颜色，并建立一个概念。你问：“这是什么颜色？紫色，它的准确名字叫紫色。”如果你是用色板给孩子这样说紫色，孩子可能就会对你说：“你穿的衣服也是紫色的，我们幼儿园开的花也是紫色的，还有我们那个教具也是紫色的……”这个过程显然是一个从具体到抽象、从特殊到普遍的过程。儿童早已在生活中看到和感知到了紫色，但并未概念化，这一概念一旦建立，儿童就会把这种颜色使用在任何一个物品上。如果你以花为道具教孩子什么是红色的话，儿童会认为花是红色，红色是花。

蒙特梭利给教师提出了一些要求，她提出的第一点要求是：教师教学时说的话必须简单，只引起名称和它代表的物体或抽象概念之间的联想。我举一个例子，比如说三角形，蒙特梭利教育中要求只教名称和它代表的物体之间的概念的联系。也就是说当我拿出三角板的时候，我会直接告诉孩子“这是三角形”，不再说别的。

与此同时重要的是，如果要让儿童把概念掌握得准确、快捷和彻底，你还必须准备两三件供儿童对比抽象的东西，比如色板，你要在两三个不同色板中指示颜色。比如三角形，你要在不同形状中对比，如在圆形、方形中指示三角形。不然的话，儿童会把语词暂时存在记忆中，等待抽象的机会。这个过程可能很长。

儿童可以通过名称建构他的意识活动。比如，儿童对球体的认识可能来自皮球，也可能来自球体（教具的一种），也可能来自圆月等。当成人说到球体或圆时，儿童可以通过记忆，在思想中把名称和物体联系起来。这是从普遍意义来讲的。在具体的教学中，我们使用教具用三段式教孩子某个准确而具体的概念，当儿童不能指给我们这一物体，我们就可以从中发现儿童还没有将名称和物体产生联系的能力。让我们学着等待儿童的这种心智状态的来临吧。

蒙特梭利说：“如果孩子没有犯什么错误，老师便可以唤起和这一物体概念相关的活动。”这个“错误”指的是，儿童是否准确、清晰地掌握了新概念。我曾对6岁的儿子说：“你一生追求什么？”他说：“玩！”我说：“我指崇高的理想。”他问：“你说什么？”我说：“真、善、美怎样？”他说：“打针的针吗？”我心想：“我不能说真理的真，他不懂。”我说：“真实的真！”他哈哈大笑说：“你为什么不说真理的真呢！”“真实”“真理”，恰是相近概念的发展。也就是儿童完全掌握了这个东西的时候，你才能加入另一个内容。

当我们给孩子讲生物链时，我们讲到食草动物、食肉动物、腐烂之后的动物如何滋养土地，生出更茂盛的植物，那些概念掌握得很好的孩子会马上说：“噢，这是一个循环的过程……”大孩子会说循环。甚至一个小孩子，他不断用手比画着，想表达什么，画了一圈又回到起点。这时我们只说“循环”，把这一词语同他的大脑的概念配上对就足够了。

蒙特梭利说：“关于将孩子所学的概念一般化的问题，即把这些概念应用于他所处的环境中，我并不主张在一定时间，甚至在几个月内上这样的课。”儿童如果将他已掌握的概念，在对环境的自发探索过程中一般化，这是一个内在机制转换的过程，也是儿童掌握概念的目的。它需要时间，有的儿童可以马上做到，有的需要漫长的时间。这是个认知的延迟问题，不仅儿童，成人也有。当你告诉儿童这些内容的时候，可能儿童一年都不使用这个概念。但是也可能某一天当孩子遇到相同环境的时候，他突然就说出来了，并领悟了全部的意义。有的孩子是当时就用，有的孩子是在很久很久以后才用；有的时候你以为孩子没有掌握，其实他已经接受了，只是他还没有使用而已。

我儿子4岁时，我和他一起使用色板。他对色基本上认识了，但从不对我谈起，似乎对色一无所知。前不久，我孩子突然开始对我说：“妈妈，你看，这个颜色是浅粉色的。这个颜色比这个浅色深一点，是深粉色的。”他一天到晚总说给我听，我也没在意。说多了我才感觉到，逻辑化的色板（色板第一组是三原色，第二组是间色，第三组是从深到浅，有7种深浅不同的色）

他已经掌握得很好，并能自由使用了。也就是说，他已经将概念一般化了。

关于蒙特梭利教具我们还有另外一个小故事。我们的色板大都是木头做的，中间一块板子，两边是白色的。我知道有些色板是塑料做的，塑料跟木头在感觉上不一样，塑料的很轻，你试一下就会发现。如果我们在路上看到一块很漂亮的木头，一块像方砖一样大小的木头，你一定会捡起来。如果是一个塑料块你很可能不去捡起来。到底是什么原因我不知道，我们做了成人后，已经不太能说清我们更原始的感觉了。但我认为大自然非常奇妙，生命的本质可能跟自然的东西相通。儿童喜欢摸木头的东西，确实，就我们感觉，色板如果做成塑料的话，它有可能给孩子一种玩具的感觉，非常有可能。有的用木头做的乘除法板很大，抱起来是很有重量的。有时候孩子抱不动，贴在肚子上靠腹部的力量来抱。如果做成很小的，或者做成塑料的，那个感觉就全部消失了。

做教具的刘老师拿了一块木头，像书那么厚，跟成人的手掌一般大小。我儿子看见以后就要了来。结果那块木头在那一周就“吃香”得不得了。幼儿园的孩子一般不强制拿别人的东西，但那块方木块例外。只要辛辛不小心放到哪儿，一回头方木块准就不在了，立刻被另一个孩子拿走了。那个孩子一不留神，又被第三个孩子拿走了。晚上辛辛站在门口大哭，说：“我的木头让琪琪拿回家了。”我说：“什么木头？妈妈再给你找一块。”“不！就那块木头，就那块木头！”后来我问刘老师，他说：“是我们工厂的一块木头，我觉得特别好，摸着特别好，我就给辛辛了。”我对儿子说：“你不要着急，妈妈明天给你拿回来。”

第二天，那个木块又出现在幼儿园里，一个传一个。后来我就问：“这个木块到底有什么秘密呢？”刘老师全家都是木匠出身，他说：“木头很奇怪，尤其这种木头，拿在手里的感觉妙不可言。”是的，木头拿在手里还余留着生命的感觉，我们的老师都感受到了这一点，刘老师说他“极喜欢摸”。这让我想起日本的一本小说，一个小孩子摸葫芦，上课摸，睡觉也摸，干什么都摸，最后别人把他那个葫芦硬是给砸了。这当然就破坏了孩子对这个葫芦的感觉能力。

这个木头块那段时间成为孩子们的“黄金块”，传了很久，我儿子为它哭过好多次，但一个月后，它神秘地消失了。

第八讲

儿童心智发展的内在过程

儿童自发的心智发展是连续不断的，“并直接与儿童本身的心理潜力有关，而不直接与老师的工作有关”。强迫孩子画画、不断教孩子画画，可能导致这个孩子一辈子都不可能真正画画。不仅仅是天然的兴趣被泯灭了，孩子这方面的心智也被教的模式桎梏了。

蒙特梭利说："儿童将所学的概念一般化。"这是个智力过程，是一种内心的深层创造。例如我今天学了"紫色"，这是一个具体的概念。但把"紫色"放在生活中，这个过程可能要经过几个月，也可能经过一年。

我发现我儿子经常是这样的，比如说"理解"，《小王子》那本书第一句话就说："我想做一个画家，但大人们不理解我，我只好做一个飞行员，我驾驶飞机。"我给儿子读的时候没有特意强调什么。后来有一天我儿子突然对我说："你没有理解我！"那时他才 3 岁。

还有一次我给儿子读书，讲恐龙怎么消亡的。"炎热的夏季来临了，草木枯萎，大地干旱……"过了一年，我儿子有一天问我："妈妈，为什么冬天没有绿色？"我说："你看冬天太冷了，草都变黄了，树都没有叶子了。"我儿子说："你应该这么说——草木枯萎了。"一年前的事情，他这阵儿还能记得，我想这就是概念发展到一般化的过程。枯萎原是炎热造成的，但寒冷也能造成枯萎。他的心智已经发展到可以自然联想并使用概念的地步。

口头表达能力是心智发展程度的表现。比如我们幼儿园的丹丹。我们带她去选服装，选了一件条条的，一件可口可乐红点点的，又选了一件格格的。大人们都认为格格的那件漂亮。我们给丹丹试衣服的时候她没有表示反抗，没有说"我不穿"，她很高兴地脱了衣服。她妈妈说："我们先给她穿这件格格的吧。"这个时候孩子突然哭闹起来，坚决不穿衣服，任凭大人们怎么讲道理，她就是又哭又蹬坚决不穿。后来袁老师说："干脆这样吧，让她出去玩一会儿，反正现在是夏天，又不怕冷。"于是就把她放在秋千上，让她光着上身玩了一会儿。我抱着那些衣服跟她商量："丹丹，你不能不穿衣服，你是女孩子，不穿衣服不行，咱们穿衣服好吗？”她笑着说：“好的。”我说：“穿哪一件呢？”她说：“红点点的。”我就给她穿上那件红点点的衣服。大人们突然明白了原因，她妈妈说：“丹丹，你要穿这个红点点的，你可以跟妈妈说，你为什么闹了半天不说呢？”

丹丹当时2岁10个月，她是迫于压力，还是她的心智没有发展到这一步，不知道这个问题可以用“说”来解决？这件事提醒了我，因为我的儿子经常这样，遇到有些问题就哭，不说。他爸爸常说：“你说出来嘛，你说出来，我们才能解决，为什么不说，老哭呢？”后来我发现儿童的心智还没有达到能够用“说”解决问题的地步，他说不出来，所以他用哭来解决。哭除了表达情绪，又是儿童心智未及的一种表现。

实际上我们在做事情的时候，经常在强制孩子。成人压抑孩子常常是无意识的。我们兴致勃勃地说“这个格格的好，这个格格的好……”这给丹丹产生了极大的压力，以至于她都不能说出来，她觉得她没有办法改变了。

这个问题就像从具体到概念的发展过程一样，跟心智的发展有关。孩子达到一种心智的时候他能说出来；他达不到一种心智的时候，不知道该怎么办。这个时候，我们成人一旦压制了儿童，儿童可能会产生一系列的心理问题，而我们不知道，问题的根就是这样埋下的。

心智的发展需要时间，孩子自发的心理发展就如蒙特梭利所说，“是连续不断的”。也就是说，儿童所要接受的所有的一切是连续不断的，“并直接与儿童本身的心理潜力相关，而不直接与老师的工作相关”。

比如说画画。画画这个能力很重要，画画是掌握对象，画画曾是文字的前奏。在文字出现以后画画成为一种表达思想和情境的方式。我的孩子到了5岁，画画的敏感期才来，以前都是：“妈妈，你给我画电风扇！”“妈妈，你给我画……”我当时心里想：别的孩子都会画画，我的孩子怎么不会画呀？突然有一天，我孩子开始一整天不停地画画，一会儿就能画十几张。而且他看着小汽车就能画出来，这个能力突然间就出现了。当时我有一个感觉："儿童确实了不得。"以前我每天晚上给我儿子画画，画了一年了，儿子还是什么都不会画。这其实是一种"连续不断"的心理发展。直到有一天，结果突然表现出来了——孩子会画了。你说这种心智的发展，这种感觉，跟老师的那种计划性工作有没有关系？没有关系。如果我们在儿童没有产生画画敏感期的时候强制孩子画画，可能造成一种极其可怕的后果，这个后果就是把儿童的绘画天赋扼杀了。我们幼儿园就有一批其他幼儿园过来的大孩子。我感觉他们一辈子都不可能画画了。他们画的画永远就是太阳、草、树、房子，还有两个跳绳的娃娃。老师说："愁死我了，画了半年了还是画这几个。"有的孩子画夜晚，画完了以后才发现太阳已经画上了，没办法就弄纸糊住，再画。为什么？他画画已经程序化了、模式化了，创造力的心智已经被教师的教学模式和思维桎梏了。

我们对待孩子的态度一定要严谨和科学。如果你不严谨和科学，你可能就毁了孩子一辈子。为什么说人类心灵的工程师是幼儿教师呢？有一个朋友说："我发现了一个秘密，国际上幼儿教师在最赚钱的职业排位上位居第三。"我们知道在发达国家牙科大夫比较挣钱，律师比较挣钱。实际上在国外，幼儿教师的地位是非常高的。有的人博士毕业直接就去带孩子。人们把最优秀的人放到了幼儿教育上，是因为 0 ～ 6 岁决定人的一生。蒙特梭利把幼儿教师看作胜过科学家和先知的人。如果我们的国家能更加重视幼儿教育，我们的希望也就真正到来了。

人特别奇怪，比如说一个坏人，让他去教大学，这个人的东西可能被大学生吸收，也可能不被吸收，但基本上是不被大学生吸收；如果让他来教小孩子，小孩子就吸收了他的东西。因为教师是儿童的环境。记得有一次我去一个幼儿园，孩子"哗……"都跑过来了，那个老师一看，手一叉说："回去！”孩子们又掉头跑回去了。我想，这么粗俗的人，当幼儿教师真是太可怕了。幼儿的心智是吸收性的！幼儿教师应当是最优秀的人。幼儿教师不能是一般意义上的教师，他应当是一个真善美的心理学家。给幼儿教画画的，应当是一个真善美的画家；给幼儿教钢琴的，应当是一个真善美的音乐家。但现实是相反的，就像黑格尔所说的“用头立地”，我们并没有改变“用头立地”的局面。

有一次一个朋友来我家，带着他的小女儿。我们带女孩一起去公园。在公园里走了一会儿，小女孩说：“你们3个人站队！”我们站好队。她说：“不要说话！再说话我就让你出去，蹲到厕所里。”“齐步走！”“不许回头！再回头就……”她高兴地摆布着我们，没完没了地训斥我们。她这么小为什么喜欢这样呢？她妈妈说，她的老师就这样，可以说一模一样。

我们幼儿园的孩子会说：“请你给我道歉。”“妈妈，你应该说‘请’。”“妈妈，你伤害我了。”“妈妈，你不应该这样。”这是因为学校的老师每次都细声细气地跟他说话，他就吸收进去了。儿童看上去好像是浑浑噩噩的，其实你的一言一行他都注意到了，都吸收进去了。他把这个环境都吃进去了！你的语言、你的思维方式、你的钢琴指法、你的脚步、你的神态，每一个细节！每一次嘴角的动，每一根手指的动。更重要的，教师的意识状态和精神层次也都被幼儿在不知不觉中吸收了。教师要准备的不是教具、教室的环境，而是自己的精神，这才叫真正的准备。

蒙特梭利说：“幼儿教育的目的在于帮助幼儿的智力、精神和体格得到自然的发展，而不是把幼儿培养成一般所说的学者。”“我们在提供给孩子适合促进他的感觉的教材之后必须等待，让他的观察能力自然发展并达到自觉的程度，这正是教育者的艺术所在。”

我举个例子来说明这点。我们带着孩子出去素描，每人都带了画板、颜料和笔。我们让孩子画眼前的树，我发现有一个孩子是这样画的：她用红红的笔画了树干，用黄色的笔画叶子。老师看见该怎么办？一个优秀的蒙特梭利老师这个时候既不问也不管。蒙特梭利说，这时候儿童还没有成为一个生活的观察者。你没有必要校正他。可有的教师就说孩子："你看看树到底是什么颜色？你看你画错了没有？"孩子如果不知道，教师又说："你再看一看？"有的老师可能更加积极，会拿着一片叶子启发孩子："你看一看，这个颜色跟……"

过了一段时间，我们发现这个孩子画画的时候不再把树干画成红色的，她把树干画成棕色的，但她依然把树叶画成黄色的。再过了半年，这个孩子把树叶和树干全部画成了正确的颜色。这个过程是不需要老师来指导的。如果孩子没有掌握，那是因为她自己的心智发展和敏感期还没有到来，她还没有成为一个生活的观察者。

在蒙特梭利教育中，如果在操作教具的时候发现儿童掌握不了，比如儿童说："老师，我想喝水。"或是有其他不情愿的表现，一个好的蒙氏老师会微笑着轻轻摸摸孩子的头，让孩子离开。这时候儿童是不是犯错误了？不是，不管儿童愿意不愿意操作，一切全都是他自发性的活动。任何老师不得暗示、诱导孩子。蒙特梭利说，教学必须严格遵照最大限度地减少教育者的积极干预的原则。

我知道，我们的家长和老师特别愿意干预孩子。我这种积极性就曾经特别大。我儿子 4 岁半的时候，0 ～ 10 的数还不会数。每天晚上，我一到幼儿园就哄骗我儿子，说："辛辛，妈妈听见老师今天夸你了。"我儿子问："夸什么了？""妈妈听说你今天进班里操作数学教具了。你真优秀呀！"我儿子想想说："没有，我今天操作的是拼车和拼房子。"显然这种暗示没有起到作用。这招不灵，我换一招。过两天我又说："辛辛，听老师说你没有别的小朋友聪明，你数学教具都不会操作。妈妈不相信，妈妈觉得你是全世界最聪明的孩子。咱们去操作操作。"这种方法偶尔会起作用，我儿子会操作上一次，结果是几个月都不摸数学教具。我再哄我儿子的时候，儿子就说："妈妈，你为什么要强迫我操作数学教具？"我说："不知道。"后来他们老师说："你儿子之所以不愿意操作数学教具，是你给他造成了一系列的心理障碍。你总是不断地说'儿子去操作筹码''儿子去操作塞根板……'"这样做的结果，就是让我儿子对那些东西烦透了。好在他在意志上和思想上都已独立，几乎不太受他人的干扰。在幼儿园的4年，他几乎是在后院的"百草园"里度过的。他整整玩到了6岁半。

说到操作，顺便说一说操作中的"归位"问题。蒙特梭利教育要求拿东西归位，通过这样的行为形成儿童的秩序感，然后为他的数学学习做准备。但辛辛一回家并不是完全归位，有时不爱归位。很多家长也提出了类似的问题。孩子离开家，在任何地方都会将东西归位，唯独在家不完全遵守这个规则。每次刘老师来我家就很严厉地说："辛辛，请你归位！如果你不归位的话，我立刻把你的车从院子里扔出去！"我儿子一看这架势是真的，就开始归位，但心里极不情愿。我心疼孩子，心里不舒服，就说："这是我家，他可以不归位。"刘老师说："你太不蒙氏了。"我说他太不蒙氏了。难道秩序是靠强制建构起来的？我觉得怎么可以这样厉害地对我儿子呀？这会造成孩子出现新的问题。

一段时间，我一直在思考这个问题，这个"收拾得特别有秩序"跟数学到底有多大关系？在心理学上有一个说法，那种比较乱、比较无秩序的家庭环境中的孩子，数学普遍学不好。但也有这种情况，就是有些知识分子的家庭，家里乱，但孩子的数学却学得特别好。我问刘老师："有的人家里收拾得干净有序，但孩子的思维却糊涂；有的人家里特别乱，但孩子的头脑清晰明白。原因在哪儿？"后来我想明白了，儿童的内在是一个秩序的内在，万物以结构呈现，更何况儿童的头脑呢！

我们应该用有秩序的环境、秩序的行为、秩序的语言、秩序的情绪……

和孩子内在的秩序配对，一个接近法则的真理就会在某一个时刻，从孩子的口里蹦出来。但核心不在于孩子说了什么惊人的话，而在于协助孩子，由孩子借助外在的有序环境，自己建立一个大脑的、内在的秩序系统。这就是环境的有序不是绝对的。在一个严格的有秩序的环境里，但是孩子的语言环境和行为的环境是无序的，同样会使孩子混乱。

而通过强制和权威的手段达到环境的秩序，本身就是成人内在暴力和无秩序的表现。我们需要用爱的方式，逐渐地帮助孩子形成一个有序的环境，随着孩子的成长，我们和孩子一起照顾环境，然后帮助孩子，让孩子自己照顾环境。这就是教育的一部分。

如果我们给儿童一个更宽松的环境，让儿童能够自己组织自己的内部，他会学好归纳的，他会严格区分和归类他大脑里接受的一切东西，这需要时间，而且还要把它变成智力。洞察之后，智力主要表现为归纳和演绎。“演绎”在生活中叫作逻辑。我发现辛辛的逻辑非常强。一天我问他：“辛辛，人的生命需要什么才能很好地发展？”他说：“爱！”我又问：“爱在生活中的具体表现形式是什么？”他说：“理解！”实际上他回答得并不妙，但他推理了，他进行了逻辑的推理。所以我对刘老师说：“你不要再强制我儿子归位了。你搞得我很痛苦。你一说归位，我儿子脸上的肌肉就紧张起来，还看你的脸色。我不想让我儿子看着谁的脸色生活。”我不想让孩子害怕某一个人。

后来我就仔细观察，辛辛在很多事情上是极有逻辑的，条理很清楚。他5岁时，我每次问他：“辛辛，1加1等于多少？你给妈妈说。”他说：“11！”后来我想：对，1加1放到一起正好是11嘛！我问：“那1加0等于多少？”他说：“10！”像脑筋急转弯。后来我想：这家伙不可理喻，算了，不再教了。但过了一段时间，我又发现了新情况。我们家有一个钟，钟点用阿拉伯数字表示，表盘上有1、2、3……12。他常常躺在沙发上看那个钟。有一天他对我说：

“妈妈，我发现了一个秘密！”我问：“发现什么秘密了？”他说：“你看嘛，那个11、12，后面肯定是13、14、15、16、17、18、19，对不对？”我说：“对！”实际上那钟上10过来只有11、12，但他自己推理出了13、14……而且每个“1”后面必然从1再跟到9，这是他自己推理出来的。这是一种加法，是24小时计时法。这也是三角中“任意角”的记法。我当时大为震惊，因为我一直觉得我儿子比较愚笨，开窍开得晚。他能推理这个问题，又一次证明了蒙特梭利所说的敏感期。

我想起我们幼儿园的小孩文津，她5岁进园，当时对数字一点儿不知道。6岁时忽然有一天她惊叫道：“9加4等于13，8加5等于13，7加6等于13……都是13，你们快看嘛！”当时她正在操作教具数塔。她又接着摆“9+3=12”“8+4=12”……在蒙特梭利环境下，有的孩子4岁时数学敏感期就到来，有的孩子5岁半到来，这并不意味着4岁的孩子比5岁半的孩子聪明。因为这个孩子4岁的时候，他正在经历其他不同的敏感期。

就是说孩子每一阶段的生命都不是空白的，是由一个又一个敏感期建立起来的。他不发展这一方面，必然发展那一方面。

在一些家长的眼里，语文、数学成绩是衡量孩子聪明与否的标准。但作为一个人要存活在这个世界上，他要掌握的东西太多了。一个人有理性的、情感的世界，这包括品质、人格、道德和审美等，这比简单的算术、认字重要得多！很多人看完《泰坦尼克号》以后很激动，尤其那个女孩站在船头，胳膊伸展开，说：“我感觉在飞翔。”这是一种感觉，这同时也是一种审美。但是有的人会说：“这到底有什么意思？”有的人看书法作品会说：“不就是石头上刻了几个字嘛。”这说明什么？这说明他没有感觉。艺术也是一种智力。它让我们有另一片天地的丰富感知，那便是生活，是生命之光。不管是音乐，还是美术，它们所有的本质是为了美化我们的生活，是为了让我们感知生活及其本质。我想，即使你不懂美术，不懂音乐，如果你能感知到它们的美，音乐和美术就已经在你那儿实现了。

一个人的艺术智力是在童年奠定的。我们幼儿园有个3岁的孩子，上音乐课听《致爱丽丝》听了10遍。听完了10遍，已经下课了，他哭着不愿离开音乐厅，还要听。老师只好给他弄了个小录音机，他就把耳机戴到耳朵上，听呀听呀听，听到吃饭的时候，硬是把那个录音机弄坏了。他才3岁多，怎么能听这么久？你说他不懂这个曲子吗？我觉得跟那些杰出的音乐家相比，他对曲子的感知并不弱于他们。难道说这些东西不重要吗？只是加减法重要或认字重要吗？

人的发展应该是全方位的。人与人的差别在于对世界的感觉，你的感觉越细腻、越丰富，你的生命状态会越好。你的感觉越粗糙、越简陋，你的生命状态就会越差。

第九讲

感觉训练——儿童智力发展的唯一途径

有的孩子还不会走路，上楼的时候大人就开始数“1、2、3”了，不会走路的孩子能理解“数”这个抽象的概念吗？但如果在他数学敏感期到来的时候，让他操作有关教具，经过多次重复，他会突然发现：这个教具是一个序列。认识事物的过程好比吃饭，经过消化成为我们生命的一部分，并自如地运用到现实生活中，这种东西是智力。

前面我们谈到蒙特梭利教育关于智力的问题，现在我们接着谈这个话题，因为很多家长对这个话题感兴趣。事实上，大多数家长对孩子的智力发展比对孩子的人格发展更为关注，人们对智力有着如宗教一般的痴迷。蒙特梭利教育关于智力到底讲的是什么？什么才是儿童的智力发展呢？

提起“智力”这个词，很多有一定理论基础的家长就想起“思维”，想起“知识”，知识的学习，对知识的掌握和创造；还有的家长想得更深，想到感觉知识和理性知识二者之间的关系，怎样构造和建造知识，对二者其中的讹错与谬误的防范与修正，等等。

我们曾说过，正常的儿童总在“思考”。他看上去不那么“机灵”，但他总在“启动他的思维机器”。儿童的思维需要时间，因此正常的儿童是沉静而安详的，有时像是“傻呆呆”的，这是他进入了“沉思”状态。在爱和自由的环境中，儿童的思维活动及其能力会自然地发展起来。

思维的过程是对思维对象的组织过程，这个组织及其结果构成“知识”。那么思维对象从哪里来？从由现实引起的儿童的记忆中来。记忆中的对象从哪里来？对儿童来说，直接从感觉知识中来。

我们很熟悉“一切知识来源于感觉经验”的命题，但把它应用于现实生活就是另一回事了。能做到使感觉经验“飞跃”到概念，成为理性的基础，就很难了。再能做到使感觉经验和理性各尽其职而不蒙骗我们，那就更难了。蒙特梭利和他人不同的地方，正在于她把这些思想融入于宏大的现实生活，首先把它应用于教育工程，而不是只把它作为思想库中的一件瑰宝，或只把它作为思想家们的创造技巧。

蒙特梭利说:“引导孩子从感觉走向概念——从具体到抽象、到概念之间的联系。”她把这个过程称为智力教育。这个过程——感觉练习的过程,完全是一种自我教育。它必须在不停的、自发性的活动中进行。

这就是蒙特梭利方法中的感官训练,有计划的感觉知识教学。下面我就讲儿童的感觉训练问题。

在蒙特梭利教育中,6岁以前的儿童主要进行感觉训练。感觉训练为什么占有那么大的比重呢?儿童虽然有潜在的精神发展的能力,有自发的生命发展的需求,但是他对世界依然是一无所知。这种巨大的心智潜能需要依靠外在的事物来发展,也就是需要在外界寻找一个配对的事物。人类开发潜能最好的办法是在儿童时期不断进行感觉训练,重复的次数达到某个量时,儿童就产生了概念。当儿童配对正确时,他就会自动进行重复练习。6岁以前,儿童通过这种重复建立了全部的生存概念。

目前人们已经认识到了这一点,儿童早期的感觉训练是儿童智力发展的唯一途径。因此,6岁前不能用口授的形式进行教学。这个感觉训练,最基本的是视觉、听觉、味觉、嗅觉、触觉。蒙特梭利幼儿园备有大量的这方面的教具。

什么叫从感觉训练发展到概念呢?我们知道有的儿童对色彩的认识是比较敏感的。色彩是视觉的一个方面,视觉另外还有两个方面:一个是亮度,孩子出生几个月就开始认知;还有一个是立体感。蒙特梭利给孩子教色彩的时候使用一种叫色板的教具,色板的第一盒是三原色,每种色两块,共6块。第二盒是11种颜色,每种色两块,共22块。第三盒是头两盒中9种颜色渐变的色板,从深到浅,每种色7块,共63块。通过对比,依次排列下去,让儿童自己认识。

为什么蒙特梭利教育中对于颜色的认识是通过色板来进行的?这涉及认识中的“指称和命名”问题。用色板来对比和解释的话,由于儿童知道“色板”，你再说红色或蓝色，儿童就会做“色的抽象”。那么儿童在生活中就会去认识跟红色有关的东西，这个过程就会快捷和准确，他会发现花是红色的，灯罩是红色的，夕阳也是红色的，他就会顺着这个规律往前发展。他知道红色以后，就会认识其他的颜色，这个认识过程可能是 1 个月，可能是半年。

把一种感觉抽引出来并概念化，和把这种感觉表述出来是两件事。我们曾举过这个例子：有一天，一个小孩画画，他把树的叶子画成红色，树干画成绿色，老师就想给他纠正，蒙特梭利制止了这位老师。这个时候儿童眼中的景象还是一个未被理性修整的对象，从成人的角度说，“他还没有成为环境的观察者”，他知道颜色，但他没有成为环境颜色的观察者，他的注意点不在颜色上。过一段时间后，老师就发现这个孩子开始变了，他把树干画成棕色，把树叶画成绿色，把花画成红色，蒙特梭利说：“这个时候，这个孩子变成了生活的观察者。”

儿童本来是天然的艺术家，这是我们普通成人无法了解的。作为艺术家的心智不同于普通成人的心智，这表现在颜色表述上。梵高用色彩表述心情，塞尚迷恋于用色彩表述对象结构……莫奈试图用奇异的颜色构图，他认为，只有儿童的单纯的眼睛是真实的和无偏见的。

关于立体感觉训练，蒙氏教具中有一个感官教具叫立体几何组。这个立体几何组几乎把现实世界中立体的形状都包括在内。比如圆锥体，我们让孩子触摸，然后告诉孩子这是圆锥体，这时，孩子可能会告诉我们这是蛋卷冰激凌，因为蛋卷冰激凌也是这种形状。发展到这个步骤的时候，蒙特梭利称之为智力的萌芽，对事物的认识好比吃饭，经过消化之后，成为我们生命的一部分，而且能自如地运用到现实生活中，这种东西被称为智力。

实际上，在蒙氏教育中，教具操作只要求老师走第一步，剩下的步骤是让儿童自己去走。在这个逐渐积累的过程中，儿童每天都能发现新的东西，所以蒙氏教育的感觉训练特别重要。

再比如说数字，有的孩子还不会走路，在上楼梯的时候家长就开始数“1、2、3……”了，这不符合蒙氏方法。蒙特梭利认为儿童在4岁前大部分还没到数的敏感期，因为数是一个抽象的概念，它不仅仅指楼梯，也不仅仅指火柴棍，它表现在生活的各个环节、各个方面，它是一个比较抽象又比较普遍的概念。怎样让儿童认识到这一点呢？资料显示，在国际上通过蒙特梭利法教育出来的孩子数学是“绝对优秀”的。注意！这里用了“绝对”这个词，非常自信。研究认为，数学训练的入门主要是通过感觉训练和感官材料来进行的，在蒙氏教育中有许多和数学有关的感官教具：圆柱体插座，粉红塔，棕色阶梯，这是一个有序的过程，也是一个逻辑的过程。比如每种教具都由10个“元素”组成，按大小依次排列下来，使儿童从“差别”中感知“同一”。儿童会重复操作这些教具。蒙特梭利说，反复是儿童的智力体操。儿童只有通过反复，才能发现内在的规律，这规律要儿童自己去发现而不是通过老师去教。通过反复排列，儿童终于知道：“噢，这个教具是一个序列。”序列不过是一个在同一中逐次差别的东西。发展到第二步，让儿童闭上眼睛，教师从序列中间拿掉一个，然后让儿童把拿出的那个再放回原处。这时儿童开始用准确的视觉判断：中间是否少了。这是训练精细的空间差别。这种训练可能要长达几个月或者几年，这样儿童再认识数的时候，他就明显地知道，数不仅可以用在生活中任何一个地方，数本身是一种直觉的存在。

我们很多人给孩子教“1、2、3数台阶……”“1”是个棒，“2”是个鸭子，诸如此类，都会造成儿童大脑混乱。“2”作为阿拉伯数字与鸭子除形态上有些相似外，再没有任何联系，“1”不是棒，“2”也不是鸭子。讲数字时，蒙氏教育一开始就把数名、数字、数量三者结合起来，在儿童操作了感官教具之后，他的数学就打下了一个非常好的基础，他对整个数的感觉是简单和自然的。有了感官训练的基础，儿童有朝一日对数学就会变成“一接触就发现”，非常快！

我们仅拿数学做了个例子。除数学之外，我们知道，一位出色的大夫，一位好的厨师，一位音乐大师，或者各行各业中优秀的人，都知道感觉是十分重要的。比如一位优秀的音乐家，如果他的听觉不好，我相信他不可能成为一位出色的音乐家。在我们进行蒙氏教育培训时，有一节课是讲解听音筒。一次，在座的有 30 多位老师，仅一个人听出来这个盒子比那个盒子只多加了一个钉子。培训的老师就问："你是搞音乐的，是不是？"她说："是的。"只有搞音乐的人，她才有如此敏锐的听觉。再比如我们听和声，合唱可能有四个声部，可是，我们一般的人仅仅能听到两个声部，另外两个声部根本就听不到，我们没法感知这种音乐的美。因为感觉训练只能在 6 岁以前，以后这个能力就会永远地丧失了（按照蒙特梭利的说法是这样的）。

感觉是心智和理性的起源，但感觉又将是心智和理性的归宿，心智发展的目的正是使感觉更明晰、更丰富。这个问题恐怕很少有人研究。我们都知道，在最重大的决策上，理性可能欺骗我们，而感觉可能更被信任。我认识一位房地产大公司总裁，他告诉我，凡成功的重大决策他都是凭感觉做出的。

所以说，6 岁以前的感觉训练一定要到位。我们再往前推就是 4 岁以前，因为 4 岁以后儿童的其他敏感期就要向着一个方向发展，这个时候再进行感觉训练，已经为时过晚了。4 岁以前就要给儿童准备大量的材料，比如味觉筒、嗅觉筒是让儿童分辨各种不同味道的，我们的孩子能做到一个个地品尝，把相同味道的放在一起。再比如说听觉筒，许多小孩子在听觉上比较敏锐。让他把脸背过去，然后老师在钢琴上弹一个音节，他不用眼睛看，只用耳朵就能听出到底是哪个音。新来的音乐老师很感慨，说："啊，接受蒙氏教育的孩子的确厉害。5 岁的孩子，不用视觉，不用触觉，而仅仅用听觉就能判断所有音节。"

这只是教学中的一部分，在感觉训练中，各种训练都是要到位的。比如触摸砂纸板，有各种粗细不同的砂纸板，儿童知道哪个是细腻的，哪个是光滑的，哪个是粗糙的。当他触摸完了之后，在生活中，他可能一个月都“不知道”，但是，突然有一天他在某个建筑上摸了一下说:“噢，这是粗糙的。”

再举一个例子。有一天，一个孩子坐在教室里触摸最细的砂纸片，老师问:“细腻吗？”他说:“不！”他把手放在自己的另一只手上，老师又问:“细腻吗？”他又说:“不！”他开始寻找更细腻的。他的目光落在了一个两岁过一点儿、穿着开裆裤的孩子的屁股上，他走过去，用他的小手非常小心地、认真地触摸了一下那个小屁股，然后坚定而满足地说:“这才是细腻的！”看，这个孩子已经把细腻的感觉概念化了。这个过程中，他的智力得到了发展。

再比如说味觉和嗅觉。学校的营养室关着门在炒菜，孩子的嗅觉特别灵敏，马上闻出来:“嗯，正在做土豆烧牛肉。”只要把牛奶热过头了，孩子们就像小狗一样使劲地闻，说:“噢，牛奶煳了。”还有一次，一道菜炒得稍微有点儿煳味，孩子们就不吃这道菜。我们中午是三菜一汤，孩子们就吃另外两道菜，我刚开始不知道，问:“为什么？”我让老师尝，老师没尝出来，孩子们说有煳味。我就发现，这个教育使孩子们对这个世界的感觉非常敏锐、非常清楚，它为儿童以后的发展打下了良好基础。我们的孩子6岁以后都已经把基础打得非常好了。

这些例子都只是比较简单粗糙的比方。儿童的更高感觉，例如对心理状态的感觉、对心灵的感觉、对精神的感觉、对艺术的感觉，都将在更高的感觉训练中得到发展。这是儿童教育的更高主题。

在基本感觉训练方面，由于儿童处于“自由”状态，他学习东西的效果远远比被强制的那些儿童好得多。因为他是按敏感期学习的。普通教育常常把所谓知识，例如数学，放在儿童敏感期还没有到来时讲，这样不仅没有效果，甚至会起到适得其反的作用。我们幼儿园有一个两岁多的小孩，显然，他的数学敏感期还没有到来。有一天，一个老师来检查工作，看到这个孩子个头挺高，以为他年龄到了，就想给他指导纺锤棒箱的工作。纺锤棒箱拿来后，这个老师说："我和你一起工作好吗？"这个孩子说："好的。"老师问："这是几？"孩子说："1。"老师一听："噢，说对了。"老师又说："请你把'1'放入'1'的纺锤棒箱里。"这个孩子拿对了。老师又拿个"2"，问："这是什么？"孩子说："鸭子。"老师吓了一跳，马上放下这个教具说："我们玩别的吧。"后来，她一打听，才知道这个孩子才两岁多，不到3岁。

我知道有很多教孩子学拼音的挂图。挂图上那个"ɑ"是一位大夫在检查一名儿童的口腔，"o"是一只公鸡在喔喔地叫。我们用孩子做实验发现，他说得更清楚的是上面的画。你问："这是什么？"他说："公鸡。"指"ɑng"时，配图是一幅解放军的图画，孩子说"解"，再想想就说"放"，最后孩子十分肯定地说"军"。

我们幼儿园把这些挂图上面的画全部都盖了起来，让孩子只认下边的拼音字母。蒙特梭利说过一句话：在孩子操作某种教具或者进行某种感觉训练到概念的过程中，要把刺激物隔离开。

所谓的隔离指的是什么呢？比如说当我们给孩子读"ɑ"这个字母时，你最好在孩子的眼前就放一个"ɑ"，不要放任何其他你认为和"ɑ"相关的东西，这样，我们就把"ɑ"隔离开了。这时，孩子眼前就只是一个"ɑ"，儿童会辨别，他能知道"ɑ"是那个文字而不是写"ɑ"的纸片。但你如果把"o"与公鸡放在一起，儿童的大脑将混乱。

感觉训练的另一个要点是，在教学时要把相对性的内容放在一起感知。比如红、蓝，长、短，大、小……因为物质世界就是以这种方式存在的。在对比中发展出的概念更为准确、清晰、全面。

所谓的感觉训练引向概念，这个概念的内涵就是：感觉训练是由自我完成的，由于感觉必须由自己体验、自己经历，最后会得出一个结果——概念，因此也被称为自我教育。

我有一个朋友，她曾经说过这么一段话：“你给一个3岁的孩子讲什么是爱情，你给他讲得死去活来、惊天动地，他能不能懂得爱情？不懂。只有当他恋爱的时候，他才知道爱情是怎么回事。我记得我上大学的时候看《罗密欧与朱丽叶》，朱丽叶把窗子推开，罗密欧说：‘那边窗子里亮起来的是什么？那就是东方，朱丽叶就是太阳！’我当时读到这儿，觉得怎么能这么赞美一个人呢？简直是胡乱赞美嘛！后来当我恋爱的时候，才发现那赞美简直是太好了！我感觉到了，才走向表达概念——这里是类比中的哲理诗。这个感觉是我自己的，别人能不能灌输给我？就像学习骑车、游泳一样，别人不能。”

感觉训练必然是一种自我教育。一天晚上，我们幼儿园的单老师说了这么一句话：“两年的时间，我终于相信儿童是自我教育的。”为什么要经过这么久的学习和工作才能承认儿童是自我教育的呢？因为传统观念和传统方法太顽固了，无论多么长久和顽固，它们都是错的。儿童的生命绝对不简单，生命内在的运作是极为智慧和神秘的，没有人能教得了儿童。当然，我们大多数人没时间去深入研究儿童，在最重要的人的问题上，我们是眼高手低，在行动上特别马虎。

这和我们“喜欢当上帝”也有关系。我们成人最喜欢说：“你有今天，你能上大学都是你妈的功劳，你爸妈积的德！”成人不会认为这是孩子自身的素质。成人真的有时候是原始思维。我们很多成人实际上都有这种心态。又比如这孩子出息了，家长就说：“老师，多谢你的工作，让我们孩子这么出色。”我们心里听了以后会甜滋滋的：你看这孩子这么出色是我努力的结果。实际不是。你是帮助了他，但他真正的心理过程是由他自己完成的，而你的帮助中最重要的是：没有从根本上打扰过他，在关键时刻爱过他，你唤起了他，使他找到了内在的感觉，帮助他让他自己建立了清晰、准确的概念。

第十讲

爱是土壤，爱是阳光，爱是儿童的一切

很多保姆带的孩子，父母在家时只跟父母，父母一走只跟保姆，这常给父母一种错觉：保姆对我的孩子不错，因为他不愿意跟其他人。真正的原因是：父母在家时保姆爱孩子并让他为所欲为；父母不在时保姆便训斥和吓唬孩子。孩子整天在爱和不爱两种环境中转换，没有安全感。得到爱的孩子，独立性强，思维开阔，自信，记忆力好，在陌生的环境中容易建立安全感。因为他有一个稳定的爱的环境。

蒙特梭利幼儿园有个口号叫:“爱和自由，美和理想。”这个口号是我们对蒙特梭利教育法实施10多年得出来的。为什么要把爱放在第一位呢?

儿童一切生活的基础和对未来的认识及行为几乎都归结于早期教育，而早期教育的爱是孩子的人格、心智、道德等各方面发展的最重要的基础。因此我认为爱的问题是儿童各方面成长的一个背景。这也是许多心理学家的共识，好比植物有土壤一样，爱就是儿童成长的土壤。

许多家长可能这样认为：父母都是爱孩子的。但对一个内心根本就无爱且不具备爱的能力的成人来说，怎么办？我认为这是一个成人成长过程中的问题。心理学家认为，如果父母的心理很成熟，他就能够自然地表达出对孩子的“爱”。反之，父母的心理年龄如还在童年，他所做的一切很可能仅从他自身出发，他更爱他自己，在处理同孩子有关的事情时，他可能更多地从自身着想，而不是从孩子的角度出发。同孩子怄气，对着干，他必须最后取胜。他不能作为一个成人宽容地对待孩子，容纳和理解孩子。

另一种父母对孩子的爱是看自己的情绪，情绪好时是猛爱，情绪不好时是猛呵斥。这样，孩子把宝贵的生命都放在了察言观色上，先是惊吓和糊涂，后来是揣摩和应付。蒙氏教育实施10多年来，我们面临的不是如何实施这个教育，而是花大量的精力调节儿童因得不到爱而无安全感带来的情绪和精神上的不安和焦虑。这种焦虑是普遍的，这种普遍性来自人们的观念。所以，我下面要谈的是学会怎样去爱孩子。

弗洛姆[①] 说过这样一句话，他说:“爱”同我们掌握其他艺术一样，它是

① 埃里希·弗洛姆（1900～1980），美国人本主义哲学家和精神分析心理学家。

需要学习才能掌握的。好比学医，你不可能生下来就是一个医生，你必须通过学习而成为一个医生。他的看法是：父母也必须通过学习并付出努力才会懂得爱。

什么才是父母真正对孩子的“爱”呢？我们知道许多动物是很爱自己的孩子的。比如说，母鸡爱它的小鸡，老虎很爱它的小老虎。我们在电影里经常看到老虎妈妈跟自己的孩子一起玩耍的情景，这也是一种爱。很多父母在孩子生下来以后，对孩子确实充满爱意。但是在孩子有独立思考能力以后，这种“爱”恐怕就不是人人具有的了。奥地利心理学家阿尔弗雷德·阿德勒（1870 ~ 1937）说：“母爱的真正本质在于关心孩子的成长，这也就意味着关心母亲和孩子的分离。”我们在幼儿园观察孩子的结果证明：真正会爱孩子的父母，他的孩子在各方面发展都非常出色。比如说孩子对父母的依恋程度比较小、独立性强、思维开阔、自信、记忆力好、解决问题能力强，同时孩子快乐无比。

许多父母可能有一个错觉：母亲越爱孩子，孩子就越依恋她。我的理解是，父母越爱孩子，孩子也就越不依恋父母。因为很多经验告诉孩子，父母是爱他的。这个经验也同时告诉他，父母只是暂时离开，那种持久的爱的行为使孩子自己知道，不管父母到哪里，爱是稳定不变的。所以在陌生的环境中，这种孩子更容易产生安全感，适应环境更快，更容易得出自己的经验，而不是别人教给的。原因是他已经建立了安全感，有了这个基础，他也容易对别人建立安全感。而那种没有得到父母爱的孩子，就会出现这种情况：母亲一离开，孩子就拼命地哭，而且他会把这种爱胡乱地施加于任何地方，也就是到处寻找爱，讨好别人，或是完全封闭自己，拒绝任何一种爱。

最典型的就是保姆带的孩子。孩子的表现是父母一回来，孩子只跟父母，父母一走就只跟保姆，任何人都不跟，而且对保姆很依恋。这常使父母有一个错觉：“保姆对我的孩子好。”这种孩子离开保姆就惧怕任何人。原因是父母在时保姆爱这孩子并让孩子为所欲为，父母不在时保姆便训斥和吓唬孩子。你不能想象得到爱的孩子，怎么会惧怕父母和保姆之外的世界呢？显然这种孩子得到的是爱和不爱两种情况，因此用他的经验来看就是他熟悉的人是安全的，除此之外危机四伏。

有一个小孩，他跟别的小孩玩时会说：“我妈妈给我买的巧克力不给你吃。”这显然是他的安全感没有建立起来，他把安全感建立在父母身上。这种孩子欢乐少，思维不开阔。而在父母那儿得到了爱的孩子，他会把安全感建立在自己身上。因为他得到了爱的满足，他就有了安全感，他能把注意力集中在自我发展上。

怎样才能使孩子在成长过程中得到爱呢？给予孩子成长的机会，并让孩子感知到你的爱，为孩子的发展和每一个生活细节提供条件和帮助。这些须建立在你对儿童生命发展了解的基础上，这就是爱。许多父母对孩子的成长一无所知，他总是从自己的成长经验或是从自己的利益出发，从来不从孩子的利益出发。比如我们从不认为儿童的哭有什么了不起，我们甚至会认为，那对消化有帮助。事实上，儿童大量的自发行为都被成人制止了，长期延续下去，我们就发现很多孩子的成长权利被父母剥夺了，心智发展的机会越来越少了。中国人有句话说“独生子女都是小皇帝”。我特别不赞同这个观点，我认为中国没有小皇帝。至少有一点，皇帝是要受到极大的尊重的，我们的孩子没有受到这份尊重，他的许多权利被剥夺了。我们幼儿园里有的孩子，入园后出现很奇怪的现象，吃饭不会，上厕所不会，什么都不会，什么都要依靠别人来做。这个年龄是儿童最喜欢自己动手做事的年龄。手发展的机会没有了，对孩子心智等方面的成长都会产生影响。家长会说：“因为我们太爱孩子了，所以帮孩子做了。”我们是太爱自己了，还是太爱孩子了？成人之所以要这样代替孩子，是怕孩子给自己带来麻烦。

儿童在 0 ～ 6 岁除了睡觉是一分钟都不能停止活动的，尤其是 4 岁以前的孩子。他的触摸、抓、握、扭等举动，全部都是他生命发展的要求，是他各方面发展的需要，并不是说他开始学数学、学识字才是开始发展心智。这些看似没有什么意义的活动，却是儿童身心综合发展的全部内容。如果儿童在这方面得不到满足，也就等于不让孩子聪明、出息和快乐。1岁半的孩子没有一个不爱自己吃饭的。但孩子能吗？成人会感到太乱、太脏、太麻烦，即使孩子抗争，他也不可能拥有这些权利。儿童自身的发展减少了，取代他的是别人的意志、主张、行为。这样，儿童的注意力终于被引到了外面，偏离了自我，偏离了生命发展的轨道，开始过于注意别人对他的看法、神态和暗示……失去了个性就失去了创造力。

父母对孩子的爱应该怎么把握呢？我认识一位家长，她的孩子3岁，平时最不爱洗头，有时她做错了什么事，说给她洗头，她会吓得立刻就跑，会马上说："我再不做那件事了。"一天早晨，我从她家门口路过，她正跟一个4岁的男孩在那儿洗头，脸盆里有一点儿水，可能是洗过手的水，不太干净。她说："洗头了，洗头了。"边说边用手把水不断往头上抹。男孩也快活地帮助她往头上浇水，笑声充满了整个房子。我想：这真是一个很好的机会，让孩子学会洗头，然后把洗头的恐怖感去掉。可是她母亲一看这种情景，冲过来就对那个男孩大声呵斥："你怎么这么坏！"小男孩掉头就跑，小女孩一看就哇哇大哭。她还没有从洗头的喜悦中走出来，就一下子被呵斥扔进了恐怖的深渊。她胆战心惊地站在那儿望着妈妈，不知道该怎么办。然后她妈妈给她讲了很多道理，说："妈妈这么爱你，你就是要天上的星星妈妈也给你摘，但是你不能这样。"天上的星星太昂贵了，孩子想不起来要，她仅仅想要洗洗头嘛。我想妈妈的话孩子都听不懂，孩子只知道一样东西，就是你的情绪。我们很难断定一个生气的人是在表达爱。

情绪往往是衡量爱的关键。很多父母在孩子开始独立的时候，他们的情绪就开始压迫孩子。比如说他们希望孩子将来考大学、考研究生等。这个想法是对的，但这个想法必须建立在中学、小学、幼儿园教育的基础上，而最重要的是幼儿期。就让他从洗头、洗碗、到处触摸开始，有了这个认识世界的好开端，他自然就会发展到更高的认知状态。

心理学上有一个例子。有一位母亲，她的弟弟经常酗酒，这位母亲非常害怕她的孩子以后会跟她的弟弟一样。所以她总对孩子讲："你不能跟你舅舅一样，你不能跟你舅舅学喝酒。"她时时处处提醒孩子，使孩子感到非常压抑。有一天她的孩子终于喝酒了，他想："我一喝酒我妈妈大概就安心了。"实际上在生活中，父母对孩子生活上的过分照料（实际是成人对自己心理上的照顾），不但对孩子无益，而且对孩子的成长是有害的。儿童需要的是精神上的照顾和理解，也就是关心他的成长，这是爱孩子的关键所在。

美国有一个叫哈罗的人和他的同事做过一个经典的实验。将婴猴养在一个有两个"母亲"的笼子里。一个"母亲"是用金属丝做的，婴猴可以从"母亲"胸部隆起的橡皮奶头吃到奶。另一个"母亲"裹着一层柔软的有卷卷绒的布，但没有食物可以供婴猴吃。这只婴猴抱着布做成的猴妈妈，而把嘴伸过去吃金属丝做成的猴妈妈身上的奶。当实验室里放入一个婴猴不熟悉的会移动的东西时，这只婴猴会毫不犹豫地抱着用布做成的猴妈妈。这个实验说明婴猴对吃不是很在乎，在乎的是在精神上能否得到安全，精神上的愉快占第一位，而不是吃的需求。这只小猴子在以后的成长过程中，把它放入猴群中，它不跟其他的猴子合作，总是孤独地待着。后来这只猴子没有长大就死了。在以后的实验中，类似这种猴子，即使长大了，有了自己的孩子，它也会虐待自己的孩子。

观察我们周围，人类的许多行为不比猴子强多少。孤儿院的婴儿死亡率很高，很大的缘故是孩子得到的爱太少。有些发达国家的孤儿院，孩子的物质需求能得到非常好的满足，但一些孩子却在两岁时才能坐立，4 岁时才能行走，这完全是因为儿童没有一个家庭式的爱的环境。

优秀的父母，他们爱的能力首先表现在他们对儿童的了解上。我的一个朋友是一家报社的编辑，负责家庭生活一栏的内容。他说，很多夫妻产生感情上的纠纷或者家庭出现危机以后，他们处理的方法很怪，问父母、问自己的朋友，找他们出主意，但他们却很少去看书。（这大概因为我们从小看的书都是我们不喜欢而被迫看的，所以长大后都不爱读书了。我们为什么要看我们不喜欢看的书呢？）一个孩子出生之前，聪明的父母会找许多参考资料来了解孩子的发展，以便具备科学养育孩子的知识和技能。我们父辈的观念已经非常陈旧，我们根本不知道我们的孩子将来要面临怎样一个社会，如何适应和战胜他生活中的一切，而不至于使他长大后面临一个尴尬和无措的境地。如果我们无法改变我们自己成长的经历，我们可以通过学习来学会爱孩子的方法。许多专家把自己的一生都献给了研究儿童并如何使儿童成长得更完美的事业上，他们写书，告诉我们儿童成长的特点和规律，什么是心智成长更健康的儿童。这样的书很多，如果愿意阅读，父母们都能得到帮助。你将和你的孩子一起成长，这真是一件妙不可言的事情。所以把时间和精力花在孩子身上是件事半功倍的乐事。

我们蒙特梭利幼儿园有条狗，为了让孩子跟小动物在一起玩。孩子对待这条狗表现出三种状态：第一种是特别喜欢这条狗，一来就把狗抱住或者跟它逗着玩；第二种是远远地见了狗就哭；第三种是虐待狗。我们把这三种情况分析了一下，我认为爱狗的另一面是怕狗，因此前两种情况是正常的。为什么有的孩子虐待狗呢？孩子本身不知道他是在虐待狗。我请老师做统计，让每个班的老师看看虐待狗的孩子是哪些。经过调查后发现，虐待狗的孩子没有一个是处在正常状态中的孩子。他们平时胆小，容易看老师的脸色，做事情没有自信，但他们打狗时却很胆大、自信，而且用很多方法。他们都是心理上有问题的孩子。更深一点说是“爱”的方面有问题的孩子。当我们看到有些孩子那样爱狗，同狗抱在一起，滚在一起，同狗亲密地交谈，那是一种自然与人交融在一起的感人的情景。可是当你看到那些虐待狗的情景时，你内心会充满悲伤和遗憾。

爱孩子有多么重要！当一个成人爱另一个成人时，那个成人会明白他得到了爱。但当父母爱孩子时，孩子就学会了爱一切。爱是儿童成长的最好食粮。有爱的能力是最美好的品质。爱是提升生命最关键的契机。

心理学家说："大脑是爱的器官。"我们知道无论老师如何爱孩子都无法完全代替父母，因为"爱"是不能通过任何其他经验来代替的，只能通过父母来做好这一点。我们幼儿园的老师们，从姿态、神态、语气、用词上都特别讲究，比如孩子吃完饭离开餐厅，老师不能说："请小朋友出去。"而是说："请离开。"我们使语言秩序化，这样就和孩子处在一个很平等的地位上。但是无论怎么做，只有父母能给儿童安全感。很多孩子想让老师抱时就会说："老师我肚子疼。"老师笑着说："你是不是想让老师抱了？"有些孩子搞破坏，他把枕头往地下扔，把书也往地下扔。老师不知道怎么办，有的老师就说："你亲他一下。"老师抱住他狠狠亲了一下，他就哈哈大笑，躺在床上。然后他再扔掉，他还要让你亲他。幼儿园里有几个孩子，每天的注意力全放在寻找爱和破坏发泄上。这样的孩子，在家几乎得不到关注，这种孩子明显没有得到爱的满足。我们知道儿童一旦得到爱的满足，在轻松和自由的状态中，儿童的本性都会表现出来。他的心理素质、人格素质、道德素质和智力素质就会拼命地向前发展。其实成人也是这样的，如果他的社会环境充满了爱、安全、公平、宽容，在这种环境下成人也变得美好，发展得快，有创造力，热爱生活。对孩子来说，如果爱得不到满足，这个孩子整个状态就表现为不自信，他不跟其他小朋友合作，他经常是想方设法得到别人的爱，或者想方设法来点破坏，或者揣摩父母的心思以便得到点爱。我见到一个 3 岁的小女孩，她的手在玩时弄破了，并出了一点儿血，我对她说："你去找妈妈包扎一下，不然会感染的。"她笑笑说："不要紧。"那时正是一个冬天的黄昏，她在外面玩土，我劝她一定先回去包扎一下，再出来玩。她犹豫了一下说：“好吧！”然后高高兴兴地回家，但她一进门便放声大哭，夸大她的伤口。她妈妈安慰了她。当她流着泪一出门见我还站在门口时，她马上笑着举起手指头说：“英雄！”

让一个生命正蓬勃发展的孩子用心计获取爱是可悲的。

很多孩子的状态是：他知道在这个时候哭，他妈妈会爱他。我们知道儿童是因为别人爱他，他才爱你。他是看着别人的行为，他不看你的说教，这也是蒙特梭利“吸收性心智”的特点。中国有句俗话：“宁可给孩子一颗好心，不给孩子一张好脸。”我告诫所有的父母：你宁可不给他一个好心，你也给他一个好脸，他肯定成长得好。这让我想起普希金的一句诗：“骗我一次容易，只求你骗我。”因为父母的“好脸”，能给儿童提供情绪安全的基础，其结果是随着年龄的增长，儿童容易采纳与父母相同的价值观和其他的一些行为。但是这个“好脸”必须稳定地给下去。比如我们幼儿园的一位老师腿碰破了一点，一个小朋友正在操作教具，看见后抱着教具就往外跑。正好过道里有位老师碰到他，问：“你为什么把教具拿出来呢？老师带你进教室。”就把他领进去。这个孩子一见腿破的老师就两眼泪水。老师说：“你为什么把教具拿出去？”这个小孩说：“老师的腿破了，我要去找大夫。”这个老师特别感动，就蹲下去说：“对不起，对不起，老师不知道。”老师以为这件事情就算完了，这个孩子也进教室工作了。但是到了中午吃饭的时候，这个孩子在餐厅吃着饭突然又往外跑，他从窗户看到大夫从那儿过去了。他跑出去说：“大夫，大夫，我们老师的腿破了。”他跑出来时老师也跟了出来。大夫说：“好的，我去看看老师。”说完这个孩子长长地出了一口气，就往回跑。这位老师在文章中说：“孩子平静了，但我的心没有平静，我知道我平时给孩子的爱得到了回报。”孩子学会了爱，使儿童拥有这样的品质是对老师和社会最好的回报。

家长如何学会爱孩子？你必须看一些经典的书籍，了解儿童的成长规律和精神的建构过程，明白人类的成长实际是精神的成长过程。这样就会理解孩子，理解孩子为什么抓东西，什么东西都往嘴里放；孩子为什么喜欢玩水、玩泥、用手抓饭吃等。蒙特梭利有一句话："对人的惩罚莫过于两种，剥夺他的两样东西，一个是内心的力量，一个是人格的尊严。"我们暂且把"内心力量"放在一边，因为这个问题过于复杂了。我只提一下人格尊严，我想我们成人训斥孩子，或者说成人给孩子脸色看，这是家常便饭。父母认为儿童无自尊可言，儿童也果真丧失了自尊。长久下去，父母骂孩子、打孩子也无所谓了。有些人因童年的原因在用其一生的精力维护自尊，并在矛盾中苦苦挣扎，一方面在不断维护自己的自尊，另一方面却又不断伤害别人。所以我要告诉有些父母，如果你的孩子没有自尊的话，你最好先问问自己，你是否给予过他这样的财富？

生活就是这样残酷，你没有给予，当然得不到回报，你会说："哪有父母不爱孩子的呢？我给他吃、穿，养他，我心里爱他。"但是，你每天在埋怨他、责备他、训斥他，70%的语言都是否定的语言。你当着别人的面训斥他，你甚至在大街上踢了他一脚。家里来人时，你当着孩子的面告诉客人孩子的某些缺点，你不断地以一个成人的角度误解孩子等，这些都不是爱。

爱是什么呢？"爱是忍耐，爱是慈祥，爱是不嫉妒，爱是不自夸，不张狂，不做无礼的事，不求己益，不动怒……只喜欢真理。凡事包容，凡事相信，凡事盼望，凡事忍耐，爱是永不止息的等待。"

我常想，一个成人如果用爱的行为和态度来对待和理解孩子，这个孩子定会快乐、自信、勇敢和充满爱意。更重要的是，儿童能依据这种爱在未来去创造一个新的世界和生活。我们曾憧憬过一种更完美的生活——人与人相互平等，人与人相互理解；听不到吐痰声，看不到苍蝇和垃圾，人们带着孩子在门前的草坪上玩耍，老人在树荫下乘凉，哲人们在窗前的沙发上低声交谈，花丛里少女静坐在木椅上手捧诗集，少年们奔跑在球场上，诗人们在附近的茶馆里高谈阔论……这一切并不遥远。如果你爱孩子，就让他的精神愉快，你给予了他们美好，儿童就能给我们带来一个金色的未来。这个希望寄托在儿童身上要比寄托在任何成人身上更为可靠。因为“儿童是成人之父，儿童是人类之父，儿童是文明之父”。

第十一讲

从爱走向独立

成人不独立便没有力量承担生活的重压，否则就不会有那么多人在30多岁就放弃了自己的理想！孩子不独立便容易被外在的力量奴役，他整天察言观色、谨小慎微，在长久的压抑下，孩子逐渐丧失了自我，成为一只迷途的羔羊。

当妈妈的必须多爱孩子，因为孩子是依靠爱而走向成长、走向独立、走向充满幸福的人生。爱是孩子独立的前提，独立是孩子被爱的结果。

为什么我们大多数的母亲做不到这点？因为我们也没有长大，也在渴求爱，也在走向独立的途中。比如我们特别希望丈夫回来能关照我们，尤其当我们干完工作以后很累了，回家还要干家务，而孩子又在“捣乱”，我们气不打一处来，无法控制，对孩子大吼一阵：“你怎么这样……”我们气得不得了。孩子为什么不体谅我们呢？丈夫为什么不会安抚我们呢？

因为我们自己也不独立。我们在拥有孩子之前的整个生命过程可能没有正常发展。不独立使我们根本没有心力来承担人生的重压，更谈不上乐观地对待人生，否则我们大多数人就不会在30多岁放弃了自己的希望和理想。我们精神的发展跟我们的生命、跟我们心理的发展本应是融合在一起的，本应是不分开的。但我们被分开了。孔子说：“三十而立。”这个“立”是精神的，这个“立”实际上就是一种心理上和事业上的独立。30岁的人，如果他已经得到充足的发展，他就能够“立”起来了，而且这个时候他将不依赖于任何一个人。这是最正常、最完善的发展过程。独立是孩子和成人的实质性的区别。

爱使人独立，独立使精神发展，爱是智力发展的基础。有了爱，才谈得上独立。

爱是怎么回事呢？爱首先是一种心境。对我触动最大的就是“洗头”那件事。那个洗头的小孩，她的爸爸是个军人，是个教导员，也是个很好的人。她爸爸经常蹲在院子里看他的小孩玩，心不在焉地看，经常那样。他照顾不到孩子的内心成长，他的小孩得不到爱，这个爸爸只是偶尔“稀罕”一次孩子：“来，爸爸稀罕稀罕你。”抱上转个圈儿。我常常觉得他好像不是她爸爸，倒很像是她哥哥。

我们原本想，当我们有了孩子的时候，我们会更爱我们的孩子，我们希望孩子比我们成长得更好，但我们却做不到。因为我们的童年大都成长得不好，那些不好的东西已经作为潜意识积淀在我们身上，我们也在用这些东西对待孩子。

爱孩子首先意味着不能忽视孩子。爱不是偶尔关心，不是心血来潮，更不是偶尔的恨，一种用“打”来发泄的恨，尽管你说这是因为爱他，恨他不争气。我跟很多人说：“凡是打孩子、骂孩子的人，不用说，你问一下他的父母，他的父母绝对打他骂他。毫无疑问。他绝对把这个方法又用在他的孩子身上，世世代代就这样延续下去。”

看看周围人们的脸就知道。得到充分爱的人，不但是按事情规律行事，也是平静的、体谅人的、想帮助人的。大人小孩都是这样。而那些所谓的添麻烦的“老孩子”，既不是正常的大人，也不曾是正常的孩子。

我一个同学的妈妈现在就有“老孩子”的症状。稍不留心没体谅到她，她就生气了。她生气以后就跟你赌气，你必须不断哄她、安慰她，好几天她才能缓过劲儿来。她的状态就是个“孩子”。她折磨自己，不过是想用这种方式得到你的爱和关注。

我们幼儿园有很多妈妈对我说：“你看，我丈夫经常打孩子，有时候我一说，我丈夫就跟我干起来了。”我说：“因为你找的不是丈夫，是个儿子。你只能做到一点，就是照顾两个孩子。如果不这样做，你的家庭就永无宁日……如果你还爱他，你还不想跟他离婚，唯一的办法就是把他当你的儿子一样对待，让他慢慢地转过劲来。”这些妈妈会长叹一声：“唉，我太累了！啥时能到头儿啊！”

现在人们常说要培养天才儿童，依我看，正常儿童我们都极难看到。家长把自己没实现的理想寄托在孩子身上，孩子就被拔苗助长成一个个早熟的成人。

当一个人真正成熟的时候，他会对爱人顺从。什么是顺从？在感情上，在生活中，意志的升华就是顺从。我的好朋友雪儿的丈夫心理发展非常好，他对雪儿就是顺从。雪儿经常火冒三丈，经常撒娇："你给我买荔枝，你给我煮鸡，你给我弄这个，你给我弄那个……"他都快乐地去做了。雪儿的童年很不幸，她在婚后重新度过了长达 10 年的"金色童年"，她要干什么丈夫就让她干什么，雪儿就是说："我要挖地三尺。"她丈夫也会说："挖吧，继续挖，给你锹。"这 10 年是雪儿成为自己的 10 年。雪儿后来为什么对蒙特梭利教育充满了热情和热爱？是因为在爱和自由中，雪儿又成了一个正常的人。当雪儿作为一个正常的人再发展的时候，当雪儿的心理问题都解决的时候，她才发现人类真的特别苦难，因为没有几个人有她这样的好运气，能找到这样一个真爱她的人。现实生活中，谁能容忍一个成人按儿童的方式生活 10 年呢……爱像一扇通往天国的大门，使雪儿的生命获得了一次大的调整，使她重新认识了自己，她开始无所畏惧地独立面对生活了。她常对我说："婚姻是什么？自由、快乐、幸福，还有生命的重新开始。"

当然，我说得简单了，幸福的婚姻可以有很多种形式，所有的形式都殊途同归，都是把爱送给爱人。

爱，首先是一种感觉，一种细微的情感，一种心的投向和归属，那投向中有一种安全感、自由感、轻松感、幸福感，一种完整的、被解救的感觉。爱，其次是一种给予的幸福，因为你曾感受过爱，知道被爱的感觉。而给予，就是独立的内涵。

雪儿的经验给我一个信心，任何人都可以改变，只要你能寻找到一个爱你的人。人如果是快乐的，那情景会怎么样？一个快乐的孩子不会搞破坏，一个快乐的成人也不会去破坏。快乐的人类不会去毁坏财富、破坏环境、发动战争，他们只会有建设性的行为。

人类的发展只有一个法则，就是爱。这个世界上最高贵的、最大的真理就是爱。无爱和非正常成长是这个世界最大的罪恶。

一位名叫唐河的家长听了蒙特梭利讲座后，对孩子的教育方法来了个180度的转变。那天，她那小家伙怯生生地说："妈妈，我想……"唐河说："你想出去玩，妈妈知道。今天你爱什么时候回来就什么时候回来。"孩子说："那我晚上回来晚了可以不？""可以呀！你晚上不回来都可以。"那小孩12岁。他说："啊！原来可以这样啊！"他特别高兴。晚上坐在楼下不上来，一直坐到12点才上楼。见到这种情景，这位家长说："我知道我的孩子第一次感到快乐是什么！"当然她说得有点儿过头了，那孩子不可能不回来。后来那个孩子变化非常大！一想到以前唐河就哭："我虐待我孩子12年，我……"我安慰她说："你那么出色，觉悟得那么彻底，你孩子来得及。你的孩子能慢慢走上另一条轨道，一条自然的正常的发展轨道。"

这样的发展轨道必须有一个条件：这个孩子拥有了自己的自由，这个自由，是心灵的自由。比如说这个孩子此刻的愿望是玩水，玩水是他此刻发展的需要，但他内心里有个不让玩水的管家。蒙特梭利讲过一个故事：一个孩子从她自己家到外婆家，她想开草地上的喷头，非常想玩水，但她很害怕，犹豫着。外婆说："你可以玩水。"但是小孩说："不，我不能开。因为保姆告诉我不可以玩水。"她外婆说："她不在呀，外婆让你开。"她说："不，那也不行。"也就是说，在这件事情上，她已经是她保姆的奴隶了。她的人格已经被偷偷地替换掉了。

这个孩子以后会怎样？这个孩子如果长久地受到压抑——自己压抑自己，她的人格发展和能力发展会有非常严重的障碍——这种压抑一定是连续性的行为，它不可能是偶然的。

有很多家长说:“我已经压抑过我的孩子，这可怎么办？”不要担心。因为人的整个状态分积极的一面和消极的一面，只要积极的一面占主导，这个孩子的成长就不会有太大的问题；如果消极的一面占主导，他的人格就会被悄悄地替换掉，他就不可能按照他生命的本来状态去发展，他没有独立，更没有独立成长。就像蒙特梭利说的“谁若不能独立，谁就谈不上自由”。自由在这时变成了一种宝贵的品质。

第十二讲

“教”孩子可能就是奴役孩子

一位美术老师发现孩子们把鱼儿画到了天上，就告诉孩子们：“画画先要画一条地平线。”我儿子在一个小时内画了十几张画，每张画上都有一条横线。一个小孩子理解什么叫地平线吗？成人用自己的经验逼孩子，用各种方法暗示孩子，就算成人说的都对，又能怎样？儿童认识世界的经验成人不能替代。

当孩子的心理和意志具备了发展的内在条件时，就有了追求独立的冲动。而家长通常是怎样做的呢？比如说，一个 1 岁多的孩子，他要自己用勺子吃饭，不管舀上舀不上他都要自己舀，结果弄得满桌狼藉。这个时候他在学习独立，学习吃饭这个独立的能力。但是大多数父母在这个时候最喜欢做的是——喂！很简单，喂了以后衣服和桌子都不会弄脏。但这个行为就剥夺了儿童独立的权利。

我想起那次在北京坐公共汽车碰到的小女孩。小女孩两岁多，要红薯，她妈妈买了一个烤红薯。上了车，妈妈坐在那儿剥红薯皮，小女孩着急地嚷嚷着："我来剥，我来剥……"她妈妈说："你剥不卫生，吃了会生病的。"小女孩急切地说："我要剥嘛！我就要剥嘛！"她妈妈严厉地说："不行！"女孩满脸的乞求、痛苦、尴尬。最后红薯剥完了，她妈妈说："好了，吃吧！再急也要讲卫生。"女孩说："我不吃。"她妈妈说："什么？！花了钱，费了这么大的事，不吃啦？这不是折腾人吗……"

那小女孩要的是剥红薯皮的动作、剥红薯皮的过程、剥红薯皮的经验和感觉。这是她的内心需要，是她的心智发展的需要。到底这经验有什么作用？没人能知道。那可能正是成就一个伟大科学家、政治家或其他什么人物的重要一环。这不是成人所能洞悉的。

但是成人应该有爱啊！什么是爱，爱是一种巨大的宽容和理解。有了爱，即使不懂教育，也能给孩子发展的基本权利，也能使孩子自由，让孩子经由自由走向独立。

很多孩子穿鞋的机会被父母剥夺了。因为儿童穿鞋、系鞋带这个过程特别慢，你要坐在那儿等待。我们早晨上班很着急，所以我们要给孩子穿鞋子、系扣子，这样省时间。时间久了，孩子穿鞋的能力就丧失了。在我们幼儿园就有这种情况，很多小孩子已经穿上鞋在外面奔跑了，可还有小孩子在哭，为什么？他急得等着老师给他穿鞋呢！

前面讲的这种剥夺比较容易理解。实际上还有另外一种剥夺，那就是剥夺儿童在思想上的独立。这种剥夺将使孩子的思想失去自由，失去自由就必然是被奴役的状态。不可能说，他处在自由跟奴役之间，没有这种可能。

儿童的成长，不管是在身体上还是在思维上，都是一个趋向于独立的过程，他会沿着这条路不停地走。他为着自己的独立会冒很多险，会进行各种探索。到 30 岁的时候，就能获得完全的独立，就会把自己所有的一切奉献给别人，奉献给社会。在这个过程中，如果你阻止了他，那么对他来说就没有了自由，也就没有了独立。没有独立，也就没有了真正的生存能力、学习能力、发展能力。

蒙特梭利举过一个例子，讲的是一辆马车，载着父亲、母亲、儿子，马车在乡村的道路上行进，有一帮武装匪徒劫道，把他们截住了。匪徒喊道：“是要钱，还是要命！”我们来看看三种状况：父亲是一个训练有素的射手，带着一支左轮手枪，他立刻举起枪瞄准拦路抢劫的强盗；儿子呢，有两条轻快的腿，他大叫一声转身就跑；而母亲呢，她既没有武器，也无保护自己的能力，她的两条腿从未奔跑过，被裙子裹得动不了。更重要的是她从来没有心理上的独立，因此她的反应就是：吓得发抖，倒在地上不省人事。

我们不说这故事有什么逻辑的缺陷，就讲这三种不同的反应，这三种反应与这三个人各自的自由和独立状态是紧密相关的。一个人哪方面不独立，哪方面就没有自由。就像那些裹了脚的人一样，她的脚不能独立，显然脚的自由是没有的。在关键时候，每个人都会依据自己的独立程度来解决问题。我们看过很多故事，其中犯罪分子面临一个人时，他会很容易寻找到这个人内心的缺失、弱势和不独立之处，制造一个与该弱势相对应的氛围，从而彻底束缚这个人。有的人遇到匪徒就瑟瑟发抖；有的人会奋起抗争；有的人知道他的体能抗争不了，就会用智慧来战胜对方……

蒙特梭利说：“奴役和依赖的危险，不仅在于白白浪费掉了生命，导致软弱无能，而且正常人的个性发展中，也明显地表现出令人遗憾的堕落和退化。我指的是那种盛气凌人和专横跋扈的行为。这样的例子在生活中屡见不鲜。”

蒙特梭利还举了一个普通人的例子，说的是一个工厂的工人，他在单位特别能干，不但能干好自己的活儿，而且还能给厂长提出一些合理化的建议。这个时候，他像是一个正常的人。一回到家里，他把腿往桌子上一翘，对他老婆呵斥：“端水来！”这个时候他就变得专横跋扈了，因为这时有一个“仆人”在伺候他。有的人一有机会当“主人”，就在“仆人”面前专横跋扈，这不是一个正常人的状态。

每一个人都会依据他的对象来表现他自己。这个工人在家里的时候可能什么都不干，也懒得干，也什么都不会干。他在工作的时候就不是这样的。他是一个两面人。在上司面前他被抑制，在妻子面前他放松了，表现出真实的一面。他妻子不得已来承受这一切。这是因为他童年的成长不独立也不自由！妻子也同样是由于她的不独立、不自由。

每个人都会依据自己的独立程度来使用自由，而这一切又基于一个条件，这个条件是什么呢？就是当他是孩子的时候，父母给予的爱和自由是一环连着一环的。蒙特梭利说：“我们必须把我们的后代造就成为强有力的人，也就是我们所说的独立和自由的人。”这个自由不是指条件，而是一种品质。有了这样的品质，我们才能作为一个人而存在，才不会在思想和意志上丧失做人的权利，才不会受奴役。

奴役在多数情况下是一种习性。比如说画画。我们有些孩子就在那种不会教美术也不大懂教育的老师的教育下，“教”出了很多问题。他们总是教孩子画一些花呀、草呀。他们“强制”孩子这样画的时候，就含有“奴役”的意味。一个人奴役另一个人的时候是不会说出来的。他不会说：“你，是我的奴隶；我，是你的主人。”

我们都看过《小王子》。在这本书里，小王子到了一个星球上，那里有个人正好是虚荣狂，那个人对小王子说：“噢，崇拜我一次吧，求你崇拜我这一次吧，就一次。”小王子觉得，这个成人怎么这样呀？就飞到另一个星球上。而那个星球上的人是一个暴君。小王子一去，他就让小王子干这个，干那个！小王子觉得这个人怎么这样，也飞走了。又到一个星球上，那个星球上的人是一个很贪婪的人，他不断计算哪个星球是他的，记下来……他已经忙得没有机会抬起头来跟小王子说话。这本书写了很多种成人的状态，非常真实。

这些成人可能就在孩子们身边，正在为“教”孩子而尽力。我们想教给孩子，我们用我们的主见，“强行”让孩子这样那样。我们鼓励孩子，用各种方法暗示孩子、惩罚孩子，这就是在奴役孩子。就算不讲负面的结果，就算只讲正面的，情况又能怎么样呢？儿童处于直接经验时期，所有的经验应该来自孩子自己。如果儿童在他自己生活的过程中产生了自己的经验，那他就是自己的主人，但现实是，我们成人认为某个经验好，就强迫孩子接受。大多数的孩子经过这种强制之后，这方面的能力被成人奴役了，他跳不出成人给他设的框框，这就是所谓的“画地为牢”。

很多“奴役”我们做得难以觉察。这一部分恰恰又表现在我们最看重的“教”的行为中。我举一个例子。前不久我们幼儿园的老师教孩子画画，教画画的过程中老师发现孩子不把鱼画在河里，而是画在天上。她觉得这不行，不能这么画画，就告诉孩子们：“我们画画呢，先要画一条地平线。”星期一我们开会，我儿子那时正好到了画画的敏感期，儿童的敏感期一旦到了，他就会一天到晚做那件事。他要画画，我说："妈妈给你一些纸、一支笔，你就画吧！"他在一个小时里画了十几幅画，每一次画完都给我看，我发现每一幅画都有一条线，每一条线下面都要画那么几下，我问："这是什么？"他说："石油。""为什么这是石油？""因为这是地平线。"我知道他不可能明白地平线这个概念，这个概念他还没有形成。但他画的十几幅画全都有地平线。他认为地平线就是地面以下，下面就是石油。我问："你为什么这样画？"他说："就是这样的，先要画一条地平线。"我觉得奇怪，就问老师："这孩子奇怪，先要画一条地平线。"老师说："是我教的，我觉得小朋友应该……"我说："教坏了，你的地平线束缚了我儿子画画的创造力。"

那几个月的时间里，儿子画画总先画一条地平线，这可怎么办呢？我想：不行，我得把它给弄掉，想办法把这个潜意识给它去掉。有一天我带着儿子到一所大学，校门口都是草坪。我说："孩子，现在咱们站到这儿看看，看有没有地平线？"我儿子仔细看，说："没有，都是草地跟楼房。"我说："对了，那你下次画画该怎么画？"他说："噢，妈妈，我明白了，你是不是让我画两条地平线？"我想糟了，这又说糟了。那天以后，我就不敢再说了。几天后的一个早晨，我和儿子在楼顶上看日出，我说："看见在天边有一条天和地交接的线吗？"他说："看见了！"我激动地说："地平线！"

天知道我们都在教些什么？我们的老师都是精心挑选的，都是比较出色的。在每分每秒都很重要的童年期，我们可能浪费了儿童多少生命？由此我对老师说，你不要教给孩子什么，先让他自己画，先把他的创造力和思维发展出来，等到6岁以后，他的基本概念都建立了，你再教他技能。

我们幼儿园的一位老师，她的孩子安其3岁半进了幼儿园，过去这个孩子没有接受过蒙特梭利教育，她的教具操作就从两岁半孩子操作的教具开始。这位老师心里着急，她问安其："安其，你今天都操作什么教具了？"孩子说："我今天操作……"说了十几项，老师一听就明白，很明显不专注，她就说：“安其，你不可以这样子的，你应该操作一到两样，记住了没有？”安其说：“记住了，妈妈。”第二天早晨，吃完饭，老师带着班上的孩子进教室的时候，安其已经高兴地出来了，说：“妈妈，我今天就操作了一样！”说完就走了！老师说：“噢，老天，我说的话怎么造成这样的结果！”她孩子那天确实就操作了“一样”。

这件事情又说明，有时候我们的“教”，既“奴役”了孩子，使他失去了创造力，又往往不知把孩子“教”到哪里去了。我们不知道我们说的一大堆语词里面那么多概念，哪些概念被儿童掌握了，哪些是儿童没有掌握的。就算我们“句句是真理”，我们也教不成孩子。

我们讲了些什么，大多数状态下孩子不知道。因为有很多时候，孩子并不明了我们想说什么。比如说关于“死亡”。我们用劳伦斯·科尔伯格发明的测量道德发展的方法来看儿童的认识状态。这个测量的内容是这样：在一座欧洲小城里，一位妇女因患癌症而濒临死亡，城里有位药剂师发明了一种新药，这药有可能救活她。可是，他是个奸商，要的药费是他制造该药成本的 10 倍。这位妇女的丈夫海因茨只能借到一半的钱，因此只好请求药剂师减价，可药剂师不同意。海因茨为了救妻子的命就想翻墙入室，把药偷出来。他应该这样做吗？为什么应该，为什么不应该？

第一个参与实验的是我儿子，他当时 4 岁。儿子说：“那是犯法的，他不能偷。”我说：“可是他妻子要死了呀！”儿子说：“死就死呗！”我说：“什么？难道做丈夫的不难过吗？”儿子说：“不会的，他的灵魂可以飞到太空去找她！”灵魂的概念是什么时候输入他的大脑的？他为什么这么理解这个问题？我都答不上来。我感觉好多事情我们成人搞不清楚。孩子接受的概念很多很多，你不知道他在看了什么电影或者什么东西后，接受了什么。就说那个《超人》电影，儿子看了电影后，那段时间总对我说：“妈妈，超人的眼睛是很厉害的，‘啪’——X 射线就射出去了。”后来他把胳膊摔坏了，拍了 X

光片。他非常骄傲地说："妈妈，我有两张 X 光片。"家里只要来客人，他总是很兴奋地拿出来给别人看，他说这是 X 光片。也许他认为他终于有了和超人一样的东西了。儿童每天都在吸收很多东西，他什么时候建立什么概念，你根本不知道。

第十三讲

应该怎样理解孩子

给孩子做肝功化验，如果把孩子硬按住抽血，这对一个对世界一无所知的孩子来说太恐怖了！我们应该让孩子在旁边观察，逐渐理解并适应这个环境，这需要耐心和时间。成人喜欢像木偶般听话、任人摆布的孩子，这对成人来说非常省心。

尽量给孩子爱，让他充分享受到爱，这对他的一生都有很大的影响。对这一点人们是普遍认同的。但说起来容易，真正做到就不容易了。事情总是这样，说原则的东西、抽象的东西容易，生活的事情、具体的事情做起来就不容易。甚至应该说，我们平时给孩子的时间都不多。越是大城市的家庭，孩子和父母沟通的机会就越少。因为家长很忙，时间总是不够，各种事情都排在孩子前面。家长没有时间跟孩子一起读书、交流，没有时间跟孩子一起工作、欣赏孩子想要欣赏的东西，没有时间倾听孩子的心声和感受。而好不容易和孩子在一起时，家长又可能在很大程度上心不在焉，不去理解孩子。

理解孩子不是一件容易的事情，必须了解孩子的心理状态，尤其要了解孩子的发展状态。母鸡是很弱小的动物，在无论怎样强大的敌人面前，它都能用翅膀护卫着自己的小鸡；老虎是很凶猛的野兽，但它和小老虎玩耍的时候都能够非常耐心。这种爱孩子是每个母亲都能做到的。而且在这一点上父母都能做得很好。但在孩子真正有了独立的意识，需要父母了解孩子的成长状态时，父母却难以做到“爱”了。我们常会看到这种现象，孩子一旦开始独立，父母就会说:“这孩子太犟了！”“这孩子怎么会这么不听话。”实际是孩子要成长！要照他自己的意志去成长，孩子的意志同父母的意志开始产生矛盾了。我们要学会理解孩子成长的需求。

按蒙特梭利的方法，我们学校规定，除了不得粗暴地干涉别人、不得打人骂人、拿教具必须归位、不得打扰别人这几点之外，其他一概自由。前几天，保健院的大夫来给我们蒙特梭利幼儿园的孩子做体检。孩子们都很自由。

这就是让孩子独立，独立地做出选择。当时所有的孩子都围到那儿，一会儿摸摸大夫的衣服（我们有一节课就叫触摸课，就是分辨布料的粗细），一会儿摸摸那些医用器具。他们不会去破坏，只是会用手很轻地摸。因为这套医用器具和这种活动孩子没有见过。尤其做实验这个环节，非常吸引孩子，其中有一个很脏的小孩子，他的手被针刺过，取了一点血去化验。然后他就站在那儿整整一个小时。我看了一下表，整整一个小时，手就那样举着，一动不动站在那儿看。他才两岁过一点。

当时那些大夫对我说："你们学校太乱了，怎么这个样子呢？"他们说我们也应该像其他幼儿园一样，孩子们（苦着脸）排上长队，一个一个地进化验室，检查完一个就回教室一个。他们应该安静、听话。而我们的孩子，满大厅跑，老师在后面追着，有的刚抽了血在哭，另外的孩子就围在边上看。我对大夫的不耐烦感到惊讶。我说："你作为一名大夫，就更应该了解儿童的心理。在这个过程中，应该给儿童大量的时间，让他们去适应你们的工作，而且让他们自由地观察并同你交流，在观察了解的过程中解除恐惧。"

孩子观察什么就学什么，我认为这其实是一个让孩子学习的极好的机会。我们学校有个家长，她说孩子原来上其他幼儿园，一回家就把买给她的一长溜洋娃娃从大到小排在床上，然后说："不许说话，赶快睡觉！不睡觉我就要管你们了。"她妈妈一听就知道，孩子是在重复她的老师的所作所为。

孩子是大人的一面镜子。也有人反过来说，大人是孩子的一面镜子。但意思是不一样的。大人什么样，孩子就表现得什么样。

孩子失去了发展自己的自由，也习得了限制别人自由的习惯。这就是我们成人好控制和压制他人的最根本的原因。我们从未有过自由发展潜能的机会，我们就会根深蒂固地认为自由是有害的。

我们习惯上很难容忍让孩子自由，尤其当孩子“吵得很”时。但是，你要是真正爱孩子，你会发现孩子们在那儿“做验血”时非常可爱，你根本不觉得他吵。有的孩子就是不做，就是不检查，他离得远远的，坚决拒绝。我们要给他做思想工作，让他了解这个过程是怎么回事，这个过程非常缓慢，儿童有了安全感才能去做，要不然对孩子就是一个很大的刺激。尤其做“肝功能”化验时，要在脖子上取血，孩子根本不知道怎么回事，把孩子硬按到桌子上，这个过程同杀动物的过程有着惊人的相似，这对一个一无所知的孩子来说实在是太可怕了。所以一定要很耐心地给孩子讲解清楚，让孩子观察、适应，除此之外别无他法。

遗憾的是，很多大人没有这样的耐性。我们越来越发现，在生活中，不管是大夫，还是老师，甚至是家长，都很难容忍孩子自由，让孩子有一个自我调节的空间和时间，让孩子自由、快乐地做他自己愿意做的事。成人嫌麻烦，很简单，一个像木偶一样听话的孩子对成人来说是非常简单的，成人愿意做什么事很快就能完成。可对一个自由中的孩子我们要付出大量的工作、精力和时间。成人大多不愿把时间放在孩子身上，挣钱重要，看电视重要，聊天重要，睡觉重要……这是一个价值观的问题。

在人的一生中，拿出6年时间给孩子，并通过孩子发展自己，是最有价值的。我知道许多妈妈为没能做到这一点而后悔！在这个过程中，我们也一分一秒地成长，孩子也一分一秒地成长。只有付出心血，让成长的一分一秒积攒起来，才可能成就一个非常成功而幸福的孩子。

成人的错误具有惊人的普遍性！我今天来的时候，又看到了一个真正是“老得掉牙的故事”。在公园的拐弯处，有一位妈妈正在给一个两岁多的孩子买饼。这个孩子抓着饼死活不放手，妈妈也抓着饼不放手：“你吃不了这么多，这样会浪费的。”可这个孩子就是抓住饼不放，说：“我能行，我能行。”但妈妈就不给他。我站在那儿看着他们争执，看来一时无法解决，我才骑上车子走了。为什么这是个老掉牙的故事呢？这位母亲以为孩子很贪心，一个大饼他吃不完，却要整块的。我在我们蒙特梭利幼儿园的好多孩子身上也发现了这种情况：孩子要一个整块，不要半块。针对这个问题老师曾经开会讨论，当老师们把每个班的情况都说出来的时候，我们发现儿童对事物有一种“坚定地追求完美”的审美观。他的审美要求远远超过成人，比如说厕所有水锈，便池里有黄色的尿渍，孩子就不上那个厕所。

当成人不能理解孩子的某些做法，而孩子在哭闹着坚持时，我们难道不能问个为什么吗？难道是孩子太贪心？不！不能用成人已经被世俗蒙蔽的思路去理解孩子。当你不知如何办时，给孩子自由难道不是个好办法吗？尤其在孩子小的时候，正是他的审美观形成和建构的时候，老师和家长一定要在这个时候给孩子提供形成审美观的条件和机会。

就是说宁可让他“浪费一点”，也不能破坏孩子的这种对完美的追求。因为这个时候节俭的观念还不可能在他心中形成，但是审美的观念却是他正在发展的关口，一定要帮他建立起来。孩子小时候哭是绝对有理由的，心理学家认为，在儿童期间，一是建立儿童完整的人格和开发儿童的智力，另一点就是培养儿童的审美观。审美观建立得好坏，决定孩子从小到大能否远离丑恶和犯罪，也就是说审美在某种程度上是一种道德观。

这些事情从根本上讲就是儿童发展中的自由。有些时候孩子要发展什么我们知道，那是经过客观谨慎的研究才知道的，这需要很专业的背景知识，需要我们对孩子深深的爱。但更多的时候我们几乎是一无所知。了解儿童真的很难。我再举个例子。我们幼儿园有个孩子，有一段时间就喜欢蹲在一个树坑里，那树坑刚好容下他蜷曲在里面，他就蜷在里面，背上背着一只兔子玩偶，坑口盖上一块纸板，里面的空间因为太小而使他一动都不能动，可他就在里面趴半个小时，外面还有个小孩子“护卫”，然后他们急不可待地轮换着，你说奇怪不奇怪！他们在发展什么呢？我们不知道，但孩子们喜欢这个游戏。

只要给儿童自由，有了自由，儿童就去自动施行我们想不到也不理解的“神奇”的发展方式。蒙特梭利说，当一个人在树林里散步的时候，他能够长久地沉思，能够浪漫地联想。这个时候，如果远处传来钟声，那么他的这种感觉会更好地加深，像诗一样。蒙特梭利说，一个优秀的蒙特梭利老师，她的杰出点就在于，当这个孩子正好在森林里散步的时候，老师就是那个钟声，能够把这种美好的感觉加深。

我在我儿子身上也发现了这种“追求完美”的敏感期。有一次我给了他一个大的豆沙饼，然后我说：“可以让妈妈吃一口吗？”他说：“可以。”我就用手掰了一块，他却把豆沙饼一扔，躺倒就哭。这是一种什么样的心理呢？我当时感到特别奇怪，他答应给我了，为什么还这样？我说：“你不要哭，你不要哭，妈妈再给你换一个。”我就给他换了一个。他立刻站起来，说：“妈妈，这次吃。”我就在他那个饼子边上慢慢地咬了一口。他笑了，说：“这次对了。”然后他用手指在饼子边缘做了个手势，意思是这次是咬的，不是掰的。掰意味着破坏了一个整体的完整，咬一口却不算破坏。这就是孩子的心思！

一个在审美情趣方面很高雅的孩子，长大后不会很平庸，也不会很野蛮，更不会很庸俗。

皮亚杰曾经做过一个试验，他想测验一下他儿子的智力状态。他在两把椅子上面放了两个垫子，然后拿了一样东西藏在其中一个垫子底下。他把孩子请进来说：“你给爸爸说说，东西藏在哪个垫子底下？”孩子就径直走到那个没有藏东西的椅子前，掀起垫子，说：“咦，没有呀？”他爸爸说：“噢，那就请你再出去吧。”孩子出去后他就把这个东西藏到另一个垫子下面，再把孩子请进来。孩子进来后又径直走到这边没有藏东西的垫子前，掀起来，说：“噢，没有呀？”皮亚杰说：“简直不可理喻，怎么这样呢？”蒙特梭利笑着说：“你根本不了解儿童，孩子是想让父亲有成功感。”孩子是在跟父亲玩一种游戏，是为了满足父亲的一种需求，他认为他只要发现不了，爸爸就会觉得自己很聪明。但是他不知道爸爸在测试他的智力。所以蒙特梭利说：“我们成人根本没有办法了解儿童的真实心理状态。”

儿童的内心世界比天还要宽广！只要我们潜心去爱儿童，儿童就会变得非常美好。只要爱儿童，我们就会给儿童自由。有了爱和自由，儿童就具备了基本成长的条件。有一天，自由和爱就会在漫长的童年时代过去后，在一个人身上形成最美、最崇高、最具人格魅力的品质。

任何一个老师和家长都应该首先这样理解孩子，这是最主要的。但有时候爱会是伪装的爱，儿童会因为能够识别这种并非发自内心深处的爱而火冒三丈。我发现，儿童认识成人不以成人的语言和表情来衡量和判断，儿童是用心灵感受你。你的虚假，儿童用他的心灵马上就能感觉出来。对于这一点，我想很多家长都有体会。比如说有的人虚假地问孩子：“你多大了？你叫什么名字？”儿童一眼就能看穿，知道他是虚假的，不予回答，转身走了。人们就说：“太没礼貌了！”真不知是谁没礼貌。有一次，有一位成人问我们一个5岁的孩子：“你多大了？”这个孩子看了看他说：“2岁！”这位成人大吃一惊，事后对我说：“他的智力是不是有问题？”我再遇到这个大孩子，谈起此事，这个孩子奇怪地问我：“为什么大人总是问这些愚蠢的问题？”再如，在你烦躁的时候，孩子更容易闹，你越烦躁，孩子越哭，也许你这种烦躁没有通过语言或者脸上的表情表现出来，但你心里那种烦躁的情绪，孩子用他的心灵能感觉出来。他知道那不是爱。

没有爱，那会是什么呢？烦？恨？讨厌？厌倦？疲劳？什么都可以。有一次一位家长对我说，她女儿在她的说教还未结束时，就对她大声说：“你喊，你喊，你把我的脑子喊糊涂了，你还让不让我上哈佛大学！”一个正常的儿童，他应该是沉静而又安详的。他会长久地站在你的旁边观察你。很多参观者到我们蒙特梭利幼儿园以后，都发现了这种情况，他们说：“你们学校的孩子是不是有点儿弱智呀？站那儿半小时、一小时，一动不动地看着你。”我说：“这才是正常的孩子。他在观察。”孩子观察和思考用的时间较长，孩子越小，用的时间越长，观察久了他就有深入，就有洞察。孩子会看透你。长久地观察也是一种专注。蒙特梭利说：“专注是科学家的品质。”一个人没有这种品质不可能会成功。

第十四讲

自由与纪律

有了自由，孩子们就会选择自己感兴趣的东西；因为有兴趣，他就会反复做，就变得专注；在长久的专注中，他逐渐感知并把握了事物的规律；把握了事物的规律，他就愿意遵守它，就有了自我控制力。什么样的纪律能超过这种纪律呢？

给孩子充分的自由——充分发展潜力的自由，充分认知的自由。有这种自由，他才能够最大限度地摸清事物的规律，才能够去认识、认知。是不是这种自由是绝对的？是不是还应该有个约束？比如说还应该有个纪律呢？这是我们从事这项教育后，所有的人都来问的问题。蒙特梭利方法中的“纪律”和我们平常意义上的纪律不一样，也像“自由”这个概念一样，含义很深很广。

我们平常意义上的守纪律，就是听老师的话，很安静地坐在那儿。但蒙特梭利方法中的纪律和这种守纪律截然不同。在谈到纪律时，蒙特梭利强调说：“纪律必须是建立在自由的基础上。”大家就会不明白，纪律怎么会建立在自由的基础上呢？蒙特梭利说，人必须是自己的主人，这是第一点。当你是自己的主人的时候，当你自动遵循某种生活准则的时候，那你就有自我控制能力了，我把人的这种自我控制能力称为纪律。

这个“生活准则”到底是什么？人怎么样才能是自己的主人呢？听起来好像有点难以理解，我一个概念一个概念地解释。

人怎样才能成为自己的主人？我举过那个心理学上著名的例子，我觉得它应该成为做自己主人的经典事例。有一个小女孩平时由保姆带。注意，带她的是保姆。保姆平时带她的时候，她一动水龙头，保姆就说：“不要动，不可以动，你会把衣服搞湿的。”每次都重复。注意，每次都重复。保姆肯定是怕麻烦，因为衣服湿了保姆会有很多麻烦。后来，这个小女孩到她外婆家去玩，她外婆家有一个花园，花园中间有一个喷水的喷头，小女孩非常想动这个喷头，但她停住了，外婆说：“你动呀！你为什么不动它？”小女孩非常非常矛盾，但她最后还是说：“噢，我不能。我不能动，我的保姆说我不可以动的。”

小女孩已经受到了约束和禁锢，她不能动喷头。她想动，这是她的内心告诉她的，但她的内心不起决定的作用了。她的外婆也不能起决定的作用了。决定她行为的是保姆。

可是小女孩的外婆说：“保姆不在呀！外婆让你动呀！”小女孩说：“不，我不能动。”就是说当保姆不在的时候，保姆这个人依然在控制这个孩子。这个孩子做什么根本听不了自己的心声，她自己不是自己的主人。当一个人不能成为他自己时，就会出现矛盾和挣扎，痛苦就产生了。

事实上，儿童是非常愿意遵守规则的，他们常常在游戏和同其他小朋友的交往中自动约定一些规则并很好地遵守它，例如游戏规则、卫生规则、交通规则等。但这些规则应当是和儿童的发展相和谐的，是儿童在生活中、在同小朋友的游戏中自己建立的，是和儿童的内在需求没有冲突的。这样的规则必须量少、严谨和科学，并且可由儿童自己去创造。这样的规则，儿童遵守才有乐趣。而破坏这种规则，儿童就十分痛苦，因为它已成为儿童生命的一部分。

为什么这个事例是一个经典的事例呢？因为对儿童来说，儿童时期的父母、儿童时期的教师、儿童时期的保姆最重要。儿童到了8岁，还在崇拜或热爱他的老师；但到了初中，孩子将会去爱一个朋友，爱一个明星；到了高中，他会去爱或暗中爱一个同学或心中的爱人。在儿童成长中，成人是逐步退出他爱和效仿的位置的。

我们学校有很多从其他幼儿园转来的大孩子，以前他们可能很听老师的话，很听父母的话，每天的工作或是玩耍都由老师来安排。就是老师让他做什么，就做什么。但是来我们蒙特梭利幼儿园以后，突然把自由给他，他就不知道做什么了。他经常无所事事，就等着老师给他分配学习任务。如果老师不给他分配的话，这一天他什么都不干。这在蒙特梭利看来是不可想象的，这不是一个孩子，而更像一个老人。事实上我们人类可贵的创造力就是被这些东西一次一次抹杀了。无形中的一种禁忌使你不敢去思想，不敢去超越某个范围以外的事情。

我的一位中学同学，她的孩子 6 岁时力气已经特别大了，为了到电视机后面找乒乓球，孩子不小心把电视机碰到地上，电视机摔碎了。那个时候电视机还没有普及，是个贵重的东西，我同学的妈妈、妹妹以及亲戚朋友都说她："这么大的事，你怎么也不打孩子，也不训孩子，也不说孩子，你会把孩子惯成什么样？"她说："不，我决不训我的孩子，我只对他说：'没关系，你是不小心的。'"她说，她小时候动了收音机，她妈妈训她，不让她动。每次都这样，结果搞得她有了心理障碍，她现在就是不敢动音响上面的那些按钮，一动就恐惧。她知道她在做很多事情的时候都有心理障碍，她自己知道。所以她说，她决不再把她的孩子弄出心理障碍。

自己有心理障碍又自知的人太少，而自己有心理障碍却不自知的人太多。我的一位朋友，大学毕业后在一家电脑公司做技术员，一拿改锥手就发抖，简直不可想象。大家帮他分析童年的经历，说到他爸爸对他怎样怎样，这个"好孩子"不断点头。后来他成为蒙氏教育的一个坚定支持者。

我们如何让孩子养成守纪律的好习惯，而且在自由中，让他能够节制自己的行为，成为自己的主人呢？

蒙特梭利说，我们必须严格避免抑制孩子们的自发活动，显然这是指在行为上给孩子自由。孩子们有了自由就能选择自己感兴趣的事情；因为是有兴趣的，孩子就会反复做那件事；在这样反复练习中，就会产生专注，也会产生有序；因为长久的专注，儿童会逐渐地感知和把握事物的规律并顺应这种规律，最早的纪律形成了。

所以我们可以这样理解，蒙特梭利所说的生命的纪律是指秩序，智力的纪律是指专注，行为的纪律是指顺从，儿童能遵守事物的法则，也就是能顺从规则。有什么样的纪律能超过这种纪律呢？

我们发现，那些被管制过的孩子，在自由中经过几个月的发泄，开始学会倾听自己心灵的呼唤而有了自发的行动后，纪律的曙光就开始出现了。直到今天，几乎所有的孩子都因为获得自由而产生这一效果。他们在遇到问题时总是先判断，如果认为是对的，总是十分顺从。许多美妙的事情发生在这所幼儿园里，尽管人们在看待这些问题时观念不一样，但我们还是惊奇地发现，许多现象、观念原本不是某个民族和文化的产物，而是通过自由和爱产生的一种生命的现象。提升人的生命状态成为我们努力的一个方向。

自由在蒙特梭利教学过程中是怎样实施的？儿童在进入幼儿园时，开始必然会出现一些混乱，这种所谓的混乱，是一种完全的无秩序，乱闹、乱打，那些曾受到过压抑和控制的孩子更会表现出过激行为。在蒙特梭利幼儿园只有 3 种情况被禁止：一种是干扰别人；另一种就是粗野、不礼貌的行为，这种粗野指的是破坏、打人、骂人和一些不文明的动作，如掏鼻子；另外就是拿别人的东西。这 3 种行为是被严格禁止的，这个禁止不是靠惩罚，而是靠提醒孩子。

比如说在教室里，一个孩子无端打扰另外一个专心工作的孩子，这时老师必须对这个孩子表现出极大的兴趣，说：“来，我们去做另外一件事。”反复几次，孩子逐渐体验到——这样做，老师总是将我抱开，不可以打扰别人的概念就形成了。大多数孩子获得自由后，他会在幼儿园里到处游荡。在这个过程中，他会逐渐展现出对生活的某种兴趣，一旦表现出这种兴趣，他就会专注，就会反复工作，在这个过程中，他会发现疑难问题，他会自己去解决。蒙氏教具都有自我校正的功能，为他自己解决问题提供帮助。然后他会有一种成功感，当他成功以后，他就能控制“自己”的行为，这个时候，纪律就在工作过程中产生了。蒙特梭利说：“真正的纪律的第一道曙光来自工作。”

专注是思维活动，专注产生智慧。智慧需要有自由的时间和空间的保证，更需要行动的自由。人的行动越多地运用智慧，人就越能保持内心的平静。一个人在工作中，他内在的智力得到了极大的发展，他内心越平静，他越是守纪律。所有的儿童，当你给他提供智力发展的所有条件，他就会特别出息：睿智、平静、守纪律。

为什么要给儿童提供这样的条件呢？因为儿童在成长的过程中渴求这种东西。儿童跟成人不一样，我们把自由给成人，成人就睡大觉，什么也不干了，或者他愿意干什么就干什么，就放纵自己。另外，成人可能不从事这种智力活动，“懒散”多舒服呀！当然这是被扭曲的成人。但儿童生下来以后(他还没被扭曲呢)，有一种自然法则，这种自然法则就是不断地、不停止地发展生命，儿童没有一秒钟会放弃这种发展，所以活动中的儿童是最正常的儿童。我们不能用一个从小就被迫在强制中长大，长到成人也不曾做过自己愿意做的事情的成人（我们绝大多数人好像都是这样长大的）的观点来看待一个正常的儿童。我们刚才讲了，孩子刚进幼儿园的时候在行动上没有秩序，没有规范，可能处在一种混乱的状态中，但是，让儿童自由地发展会出现一种“选择自我”的趋向，这种趋向一旦出现，儿童的智力活动就会开始按照一个轨道发展。

丹丹的例子最典型。她进来的时候 1 岁 9 个月，她妈妈因为工作三班倒，所以，这个孩子在家里没有正常秩序，或者说有另一种秩序。她刚进蒙特梭利幼儿园的时候，到了 11 点，大家都要吃饭，她就到门口哭，要出去。头几天老师天天领她到外面转，转回来以后，她就安心了。我心想：“这个孩子怎么这么特别，一到某个时间，她就哭着要出去？”后来，她妈妈说，因为她的工作要倒班，正好在这个点闲了，就领她出去玩。有 1 个月的时间，老师总是骑着自行车带着丹丹在街上游荡。1 个月后，她不再有这个要求，而是在幼儿园里里外外游荡，老师跟在她身后……3 个月后，孩子开始进教室——秩序在自由中向我们走来。

她妈妈比较喜欢这个教育，跟我们配合得很好。这个孩子到了两岁多一点的时候，完全成了一个典型的蒙氏孩子，特别乐观，我们都说她“自得其乐”，经常一个人在那儿唱歌，每天笑盈盈的，能力很强，干什么都能自立。保温瓶里面的水很烫，你根本就不用担心她会烫着自己。她的智力状态也很好，进教室能工作很久，而且非常专心。她现在说话还不太清楚，若有人打扰她，她就说：“请你不要打扰我。”她每天都积极地从事智力活动，对“自我征服”感到骄傲。在这个过程中，首先要感谢她的母亲，因为她母亲的配合，才能够在这么短的时间内，使她的孩子在各方面都发展得这么好。

“蒙特梭利栅栏”（一种体育用具）高 1.8 米，丹丹爬上去的时候老师想帮她，她说：“请你离开，请你离开。”自己上去了，上去以后学着大孩子往下跳。那个高度在很多家长看来是非常危险的，她从来不怕，她很自如地上去，然后很自如地跳下来，还要学着来个前滚翻。这一套动作应该说是难度比较高。还有高荡秋千、高荡转车，她都不在话下！有一次她在荡起的秋千上站起坐下，站起坐下，参观的人惊讶地问：“她多大了？”我说她两岁多。参观的人非常吃惊！这是一个充满勇气的孩子，她的变化来自自由。

我们幼儿园的老师看到这种变化无比陶醉！在蒙氏教育中，智力的发展不是放在首位的，人格的发展才是第一位。人格发展正常了，智力发展也就正常了。而纪律不过是一种儿童乐意遵守的规则而已。这都必须依靠自由。

我再举个例子，我们学校有个小孩子，他特别喜欢偷吃东西，“偷”吃谁的东西呢？其他小孩子带来的东西。老师放在柜子上，他总是拿，老师不知道该怎么办，问我：“孙老师，这个孩子总是拿别人的东西，怎么办，会不会养成不好的习惯？”我说：“不会，儿童偷吃东西，在成人来看他是偷着吃别人的食物，但是，在儿童看来，他不是偷，他就是觉得那个上面有好吃的，为什么不给我吃呢？”我问老师这孩子吃了那个东西后影响别的孩子吗？她说不影响，我说好，我们用一个办法试一下。老师说，这个孩子每次站在凳子上拿东西时，只要被老师看到他就很尴尬，有时会撒谎说他给谁谁谁拿。我说：“这些都不重要，他这个时候，吃最重要，他觉得这个食物太诱人了，他什么都忘了，他就去拿了。”我告诉老师，下一次他再拿东西时，你就说：“老师来帮你拿。”每一次都这样，都给他拿。我们的老师非常配合，孩子每次拿的时候，老师就说：“你是不是拿不着，老师来帮你。”每一次都这样，持续了3个月。

这个过程中，老师要与自己的观念做斗争。因为她有极大的恐惧感，担心孩子会变坏。所以她要拼命地作斗争，克制自己。3个月以后，这个孩子再也不去拿别人的东西了，他知道了怎样控制自己的行为。

这个结果就是自由和尊重的结果，只靠惩罚和所谓的教育，只能使孩子暂时控制自己的行为，他惧怕你的威力。但是靠尊重，靠老师对待他始终不变的尊重态度，时间长了，尊严和自尊占到了首位。在儿童那里，自由是快乐的自由，纪律是快乐的纪律。

第十五讲

放下陈旧落后的教育经验，走向理解的爱

外公给外孙买了一辆漂亮的小汽车。外孙想拆掉小汽车来探索车为什么会走，但家人觉得拆了可惜，就把车藏到大衣柜顶上。几年后孩子长大了，家人拿出了车，但孩子早已不想玩了。家人剥夺的不是车，而是孩子认识世界的机会。

如果说家长对孩子的爱不够，很多家长都会提出抗议并自我辩护说："没有这回事，我很爱我的孩子，我为我的孩子牺牲了许多许多精力、许多许多时间，我做的一切都是为了孩子……"蒙特梭利说："每个家长都会这么抗议和自我辩护。为什么人们都自称爱孩子，而孩子却在无爱中长大了？为什么生命没有得到正常的发展？"她说，这种相互的对立，一个是意识的，一个是潜意识的。"我们都对犯了有意识的错误感到悲痛，但却对无意的错误没有知觉……"

父母都会说："我很爱我的孩子，我牺牲了很多。"这是在意识之内的。在我们蒙特梭利幼儿园就发现有这样的孩子，下楼梯看都不看，直直往下走，这种孩子就是在父母或者老人的过分呵护中长起来的，他自己没有办法衡量自己的能力。这种所谓的爱，把儿童的辨别能力、自卫能力和自立能力给剥夺了。这种照顾实际上是成人对自我的心理和观念的一种照顾。

在日常生活中，大多数人都会不屈不挠地维护自己的意志和看法。成人对儿童的做法在多数情况下是由潜意识支配的。因为儿童弱小，无自卫能力，成人的本性在儿童面前表露无遗，他们从不掩饰和感到羞愧。不懂得怎样对待孩子，随意性很大，甚至有时候很"烦"孩子。

蒙特梭利说，人类的进步与发展就在于如何把潜意识变为意识，其中包括对儿童的教育。警惕自己的潜意识，把潜意识提升上来，才叫真正的爱。

在蒙特梭利幼儿园，如果孩子攀爬"蒙特梭利栅栏"，不管他的年龄多小，老师是不能够在后面扶他的，一定要离他 1 米远，给孩子一个自由的空间。每一个孩子都会以自己的能力衡量他活动的范围，通过这种衡量，他以后就能把握自己的行动，并正确地决定下一步的行动。人的天性中都有创造和探索的冲动。

许多在父母的“呵护”下长大的孩子，会变成这样：不知道天高地厚，自己瞎闯；失败后怨父母没有给他创造一个良好的条件，怨没人帮他。

儿童有他与生俱来的自护能力，但这种能力必须被使用。我们看到的资料中，婴儿 4 个月的时候自卫能力已经产生。有个经典的视崖试验：在玻璃板下面放一幅带格的有立体感的图，儿童在爬过这幅图的时候，他会观察。这幅图给人带来视觉上的差异，深浅不一。浅处，儿童很容易就爬过去了；如果发现下面的区域显得很深，像一条深沟一样，儿童就会停止不前，观察母亲的神态。如果母亲的脸色是紧张的，孩子不会往前爬；如果母亲面部表情是愉悦的，是鼓励的，孩子会勇敢地爬过去。

许多父母意识到自己犯错误会痛心疾首：“我怎么犯了个错误？”比如说，爸爸打了孩子一顿，打冤枉了，会很难过地对孩子说：“爸爸不对。”但是他意识不到潜意识犯的错误。

爱孩子这个问题，重要的就在于我们不能以现有的经验对待孩子，现有的经验早已过时了。我举一个例子，在蒙特梭利幼儿园，有花园，有沙池，有自由，孩子的活动范围特别大，从教室到花园，从房前到房后，从秋千到动物屋……所以孩子身上容易弄得比较“脏”，有沙土、有泥巴……在自由状态中，孩子最喜欢躺在花园的土地上。有个孩子第一天送来以后，因为比较陌生，不愿意活动，晚上妈妈来接的时候，有点儿不高兴地说：“孩子的衣服怎么这么干净，证明我的孩子没有自由地玩。”另一个家长则说：“我的孩子这么脏，你们是怎么搞的，为什么把我的孩子搞得这么脏？”这就是对一个问题的两种看法。

还有，在蒙特梭利幼儿园，儿童可以自由出入任何一个房间。有一天，一位家长来幼儿园参观，他在考虑是否要把孩子送进来。这时他发现有两个孩子推着园长办公室的转椅满楼道转，这个推完那个推……这个家长站在那儿看了半天，看完后说："我要把我的孩子送过来，这把椅子孩子可以推，证明在这个地方儿童能得到足够的重视。"可是，也有家长看了后说："没有规矩，园长的椅子都这么推！"

后来，这就被作为一个问题提出来了。我说："蒙特梭利说，幼儿园应该是儿童的家。我们今天有许多职工之家、工人之家，还有儿童之家，但是人们没有理解家的意味。家是什么呢？"我反过来问，假如你拥有像蒙特梭利幼儿园这么大一幢漂亮得像别墅一样的房子，你允许不允许你所爱的孩子进入你的小客厅？家长和老师说："允许呀，他是我的孩子，为什么不能进我家中的任何一个房间？"我说："既然你认为这是一个家，为什么孩子不能进去呢？！"老师就说："噢！原来是这样。"我说："每一个房间，都允许儿童进，当这个房间有客人来或正在开会的时候，你可以告诉儿童，我们在工作，请你离开，儿童是能够理解的。"如果这个幼儿园是儿童的家，如果你真爱儿童，你会发现，让儿童进来，让儿童自由地活动，自由地抒发自己的感情，他真把它当成家，他会放松、愉快，这样，孩子才会大脑清晰，才会发展得更好。一个家不应该有太多的规则，有了几个基本的规则就足够了，儿童应该可以做他想做的事，为什么不呢？我知道，很多地方不允许儿童在上课时到厨房拿东西吃或是到处闲游。

爱儿童，能使儿童自立；爱儿童，能使儿童自尊；爱儿童，能使儿童对这个世界充满探索精神。如果你爱孩子，你就应该让孩子按照自己的生命要求去发展。

我有个朋友，夫妻两口子都是博士，对儿童教育没做过研究，他们对孩子的教育方法是他们成长的经验或者日常得来的方法，就是爱管孩子，要求孩子在什么时候都要做得得体，总带着训斥的口吻跟孩子说话。所以那孩子很胆怯，一点儿小事也要眼巴巴地等着妈妈发命令。稍稍感到可以逃脱父母管教的时候，就很闹，特别好动。

为什么人的童年如此漫长？就是因为人类的童年包含了一个精神发展的过程。我们幼儿园有一个小孩子，吃东西特别着急，每一次他都要很多，实际上，他吃不了这么多。我认为这个孩子可能有一些问题。他母亲和学校比较配合，我就问这位母亲：“你买来东西以后怎么办？”她说：“我把东西放在大衣柜上面，孩子要的时候，我就给他吃。”我说：“你认为用这点零食满足孩子的心理重要，还是节省钱不让孩子浪费重要？”这位家长确实很爱她的孩子。她说：“我明白了，你教给我办法。”我说：“如果你经济条件不允许，你就一周给他买一次，但是，一定要把食物放在他自己能够自由拿到的地方，给他这种宽松、愉快的环境。没有一个孩子不浪费，只是他从不明白什么是浪费，但至少他在心态上满足了。”如果连吃都不自由，儿童在心理上就太痛苦了。

儿童依靠吃来认识世界，在6岁以前，吃是他认识世界的主要途径。许多儿童吃不是为了满足嘴，他可能完全是为了满足一种心理。我认识一个小孩，他的外公给他买了一辆特别漂亮的小汽车，这个孩子要拆，他要探索为什么这辆车会走。多么可贵的探索精神！但家人觉得这么漂亮的车让孩子拆了实在可惜，于是就把它放在大衣柜顶上。过了几年，家长觉得孩子长大了不可能拆了，才拿出来给他玩，但这个孩子不玩了。孩子在最需要这辆车的时候，被剥夺了认识车的机会。

爱孩子需要学习，学习用正确的科学的意识取代过去从生活中积累下来的潜意识，然后再把正确的意识变成潜意识。一个在世俗、平庸中生存的成人，他的观念一定是平庸的，以此观念教育出来的孩子又如何会伟大杰出呢？除非这个人改变这种观念。我们幼儿园的一位家长说：“这些教育思想我都接受、赞成。可是，一到关键时刻什么都忘了，我根本就控制不住我的脾气。我能理解，能说出来，就是做不到，我的人格好像分裂了。”这是我们普遍存在的问题。

一个人会因为意识上的问题造成一生不幸。比如说，我们认为女孩子到一定年龄，要跟爸爸有一段距离，爸爸应表现得比较严肃，这是一个观念。而我们看到的一些资料表明，如果女孩子在童年的成长过程中，没有得到父亲的肯定和夸赞的话，她长大后可能在婚姻上比较失败，原因是她会依恋一个男性，是依恋不是爱。当这个男性离开了她，她会特别痛苦，必定想方设法要得到这个人的肯定。如果同他生活在一起，那么爱和不爱她的问题就会没完没了地纠缠。她需要的不是爱，因为这还没有上升到爱，而仅仅是一个肯定。我们知道，父亲爱女儿，肯定女儿，夸奖女儿，对孩子的一生都有至关重要的作用，但是，很多父母不懂，不知道，认为女儿大了，该像个样子。爸爸是女儿一生中接触的第一个男性，他的所作所为奠定了女儿以后择偶的标准。

人的成长依靠什么呢？法律？道德？良心？不，都不是，依靠发自内心的爱。这是最可信的。我相信，家长都希望孩子好。但是孩子成人后，为什么有着如此大的心理问题？不提升我们的潜意识，我们就会在不知不觉中迫害我们的孩子。

家长要学会爱孩子，要做到这一点，就要和自己的潜意识作斗争。给孩子最好的爱，就是发现主观意识之外的东西，“了解儿童生命发展的过程，并且为这个生命发展的过程提供他所需要的东西”。

孩子长到7岁，上小学了。上课做小动作、好动、注意力不集中，有的家长就给孩子吃药。其实“不专注”源于孩子的0～6岁。有一位家长问，孩子七八个月时应不应该对其进行教育？儿童的教育始于胎教，从你怀孕的那一天就应该进行了。

有一天，我去一位朋友家，她的小孩子已经7岁了，朋友说他太好动，总是把沙发垫子弄得到处都是，在沙发上跳上跳下。我说让我看一下孩子的状态。过了一会儿，我就笑着问："你是不是老训斥你的孩子？"朋友说孩子特别淘气，自己实在没有办法。我问她是不是从来没有让孩子玩过沙发垫子？她说这样会把家里搞得特别乱。我告诉她实际上应该让孩子在 1 岁到 2 岁时充分地玩沙发垫子，以后他永远都不会再玩沙发垫子。为什么呢？因为沙发垫子是小孩"盖房子"最理想的"材料"。

家长的生命状态越好，越能理解孩子。当我们了解一个人时，我们通过他对待孩子的态度就能知道他的状态。人格状态越统一的人，他的思想、语言、行为三者就越融为一体。

第十六讲

发展心智与掌握知识

时间，对于生命头 6 年的儿童来说如黄金般贵重。我知道很多家长让孩子在这段时间内背会了几十首甚至几百首诗词。家长以为这是在开发智力。诗词表达的情境属于成人的世界，孩子不可能理解，知道这一点的人，谁会逼孩子去背什么诗呢？

对儿童来说，掌握知识并不重要，重要的是掌握知识的方法。生命的成长是大自然赋予我们的本能，没有人能遏制得了。在生命成长的过程中，我们随时随地都在接受知识，假如你有这种成长的经验，或者说这种经验因为不断重复而变成了能力的话，对这些知识，你会发现它的内在规律，会很快地掌握它；如果只是被动地靠外力驱使去接受传授给你的知识，恐怕你只是死记硬背记住一些专用语词和简单技巧，而不是发现它的内在规律和思想。因为被动意味着被迫，被迫就意味着你放弃了想做的事，而去做了你不想做的事。假如人的时间只有 100 分钟，你就必须做出选择。你永远不可能同时拥有两个 100 分钟，这一点对成人可能不重要，但对生命头 6 年的儿童就同黄金一般贵重。

让孩子背唐诗宋词是一个最典型的例子，很多孩子会背几十首甚至上百首，但是长大以后基本上都忘了。这对他的智力有多大的开发？有一位大学教授，她的孩子能背几百首诗，她对我说："不起作用，除了孩子的语言能力比别的孩子稍微强一丁点儿，其他方面我没有发现有什么裨益。事实上孩子其他方面很不行。"她说："我就是搞汉语言文学的，这方面我自认为是个失败者。"她给我讲的时候，我特别感慨：这种损失远不是成人所能想象的。因为你占用了孩子心智发展和成长的黄金时间。我只能轻松一点地说："这确实把孩子给耽搁了。"

幼儿期学什么东西不重要，重要的是让儿童自己发展自己的心智、生命、认知能力、认知技巧，这是最重要的。

诗和词是什么？是用具有音乐美的语句表现一种情境、一种意境、一种感觉，其中包含深刻的哲理。那是成人的世界，成人的骄傲。知道这一点的人，有谁会去逼孩子背什么诗呢？我们会发现，国际上发达地区的幼儿园，有大量的玩具和教具，孩子是沉浸在他们自己的世界当中，自然按照自己的成长规律来发展的。

成人喜欢用成人的观点揣测孩子。我们学校有个小男孩，扎了两条小辫子。他老家在安徽，那儿有一种风俗，小男孩扎辫子可以辟邪。他父亲担心孩子到学校会被别的孩子取笑，我说可能不会，我们学校的孩子没有这个心态。实际上，我说的时候心里还是没有底儿，因为这情况毕竟有点特殊。可是这孩子进校一年了，我们发现，没有一个孩子认为这个小孩子扎了两条小辫子不正常，而有想法的全部是来学校参观的大人。这个现象让我们很震惊，所有的问题都来自大人，都来自大人的想象。

又比如说两岁多的孩子打人，父母就说："不许打人，不可以打人，你怎么能这样呢？"孩子是像成人那样打人吗？其实我们很多家长都发现，两岁多的孩子在解决某些问题时学着用手去做，大部分情况下，孩子只是用打这个动作来排解他不想要或解决不了的事情。几个月后他会改变的。但是当他把手伸出来，你在旁边大惊小怪地说："不许打人！"他知道这叫打人。好了！他兴奋了，开始真打人了！孩子们没有什么恶的意识，除非成人不自觉地强化。

又比如说 6 岁以前的孩子，要让这些孩子建立一种集体观念。理解和使用这么大的一个概念对孩子来说很难。至少蒙特梭利认为 6 岁之前的孩子不可能建立集体的概念，除非这个孩子无所事事，一天到晚没有什么活动的机会，整个心思就放在怎么讨好老师、怎么取悦他人身上，以一种非正常的状态来建立所谓的"集体意识"。正常情况下的儿童不会有这种想法。蒙特梭利有一句话："没有错误的孩子，只有错误的成人。"

第十七讲

“爱和自由”的教育实践

一位朋友对我儿子说：“你从宇宙飞船掉出来就会掉到宇宙里去！”我儿子想了想说：“我们现在就在宇宙里！”成人的概念错得太多了。儿童用自己的眼睛看到一个客观的世界，这不来自谁的教育，这来自他的内心，来自他对生活的观察和体验。

我先讲“美与环境”。对我们来说，环境首先是一种感觉，我们希望它简洁、明快、协调。在蒙特梭利教育中，教室的整个环境的布置有一个颜色的规定。白色、粉色、米色，这3种颜色选择哪一种都行，选一种颜色作为教室的基本色调。

家具的样式和尺寸必须是符合儿童的，所以也有规定。老师们要做的，是在这个基础上美化环境。“美”我就不讲了，因为没有办法讲，每个人都有自己的审美观念。就像你的家跟他的家不一样，我的风格与他人的风格不相同。所以每一个人是依据个人的审美来布置教室的。有的老师把家里的花搬来了，把家里的包啊、书啊……搬来了，都弄得很好，很雅致。但是要记住，儿童的审美高于成人。所以不要主观地认为劣质的和可笑的卡通会对儿童有帮助，那是成人的感觉和认识。当老师们用世界名画来装饰时，我们发现一个孩子站在那儿专注地观赏着，老师留意了一下，这个孩子看了14分钟。所以，我们布置房间时应以最高的审美为出发点，而不是所谓的“童心”。

我们再来说说怎样授课，第一点要记住的是:“让你说的每句话都算数。”这是但丁[①]的话。这句话不要理解成:“说到做到，做不到不行。”这句话的意思是:“不要说一句废话。凡说的都不是废话，凡是废话一概不说。”

教具呢，在教育中没有人有权强制孩子去操作什么教具。蒙特梭利说通过自由的制度，儿童在学校中应该表现出他的自然倾向，只有这样他才能知道他要操作什么，拿什么教具。所以在蒙氏幼儿园里没有上课的铃声，没有具体的一节课，儿童自由进教室，自由出教室，这个阶段由儿童自己把握。

① 但丁（1265~1321），意大利诗人。

所以幼儿园没有规定这课上还是不上，因为我们知道，儿童在刚刚进入教室的时候，是不可能有纪律的，要在长久的过程中，在混乱的过程中，孩子才会逐渐形成一种自然倾向，这时候教师才能知道这个孩子喜欢什么。在这样的状态下，集体课是不可能产生的，因为你正讲着时，他可能没听，也可能走了。每一个孩子的兴趣点也不在一个点上，他还没有形成内在的纪律，他要走掉，你又不能制止他，除非你让孩子害怕你。

所以集体课在蒙氏教育中基本上是没有的。儿童会依据他自己的愿望来活动。刚进园的孩子，有时聚在一起闹，有时站在桌上，有时钻到桌下，大部分时间在园里玩耍，进进出出，出出进进。但两个月后，当他们开始找到自己喜欢的事情时，有时会在院子里反复玩一样东西，有时在教室里会去拿一些教具，并不断地换教具。在这个过程中，儿童逐渐学会了观察，有了观察就有了教育成功的第一步，儿童才能够进入工作的状态，最后产生纪律。

蒙特梭利说，在蒙特梭利幼儿园，几乎很少上集体课，集体课并不重要，我们几乎把它取消了。那么集体课什么时候上？是在儿童已经进入了非常好的状态，而且孩子的敏感期都基本相同时才能上。

蒙特梭利说，授课的最简单的形式是简洁、明白、客观。也就是我们刚才说的，“每一句话都算数”。

“明白”这一点不容易。我和我的孩子在进行交流的过程中，发现要把一个事物给他说明白很不容易，比如说“骄傲”。“妈妈，怎么那个也是‘骄傲’，这个也是‘骄傲’？”儿子问我。到今天我也没给我儿子讲明白。因为我一讲就是一堆话，一堆话也就是一堆概念，对孩子来说，用概念解释概念是说不清的。在同孩子接触的过程中，我感觉到这又是老师进行自我矫正的过程，教师的素质会在同孩子的对话和接触中得到训练和提高。

我们在生活中有许多问题不明白，也不清楚，这样就迫使我们学习。比如说“宇宙”。有一天一个朋友对我的孩子说：“你要是从宇宙飞船里出来的话，就会掉进宇宙里。”孩子却说：“错了，我们现在就在宇宙里。”是呀，我们就是宇宙的一部分，我们怎么会掉进宇宙里去了呢？显然他这个概念建立对了。成人的概念错得太多了，儿童通过观察，能自己把握、建立正确的概念。

有一次，一位家长告诉我，晚上9点钟，她总是让女儿睡觉，女儿正看着动画片，不愿睡觉。妈妈不断地在一旁催促。女儿急了，说：“你总是不给我自由！”妈妈说：“我给你自由了！”女儿说：“不是，一到9点钟，你就把自由锁在了时钟里。”

孩子们在6岁以前不是靠向别人学习来建立概念的，他是依据自己对生活和事物的体验建立概念。

有一次，我丈夫因儿子做错了事发脾气，儿子哭了。我抱起儿子对他说：“爸爸是爱你的，只是有时他太严厉了。”儿子停止了哭泣，沉思了一会儿，对我说：“妈妈，应该这样说，他有时候爱我，有时候不爱我。”我真是很庆幸，他的眼睛能看到一个客观的现实，我不怕他看不到真理。这不是来自谁对他的教育，而是来自他的内心，来自他对生活的高度概括和体验。

一名优秀的蒙氏教师首先不是给孩子讲什么，而是维护孩子们的自由。回想我们成长的经历，许多观念和概念来自外界，来自父母、老师和一大堆同实际生活不相符的文章、书籍，并不来自我们自身的体验。当我们长大，发现世界不是像别人或文章中所说的那样，我们已经无法再建立我们自己的东西了。有一次，我们一位看护后院的老人训斥我们的一个孩子，孩子扑到妈妈的怀里哭着说：“他撒谎，他为什么这样，他还是爷爷呢！”妈妈说：“他老了，孩子……”孩子大叫一声：“不是的！他从来没有得到过爱！”我相信，在今天，有70%的成人都不知道什么是爱，或者都不清楚爱的概念是什么。

孩子们经常会问为什么，是什么。如果我们不能给儿童一个正确的回答，就可能出问题，所以这首先要求老师，如果不懂的话，不要胡编乱造。我们幼儿园有一位老师开始有这个毛病，她不知道蒙氏教育要求她怎么做，但她会想象蒙特梭利让这么做。“老师，这个为什么呀？”她想一会儿，就自己编了一个说法。我问她：“你为什么不查书呢？”她说：“我觉得应该这样。”

每当儿子问我问题的时候，我以前总是认为我想象一下就能回答出来，不在乎对或不对，成人总觉得对与不对在儿童面前不会丢脸。我们如果告诉孩子：“我不知道这个内容，我们可以去查书。”这样结果可能就好得多。我在一本刊物上看到，一位中国留学生在美国做家教，一次那个孩子不断问他问题，把这位家教问得火冒三丈，就说：“你再问，猫过来抓你。”这话让正在做饭的孩子妈妈听见了。那位母亲非常严厉地指出了这一问题，饭也不做了，拿了本《儿童世界百科全书》给孩子讲“猫科动物”。她不愿意让孩子在那么小的时候把猫的概念建立得那么可怕。

我丈夫经常用大灰狼来吓唬儿子，你想想如果我们经常讲大灰狼来了要吃你，每天睡觉前都这么吓唬孩子，让孩子早睡觉，试想一下大灰狼在孩子的心目中会是什么形象。有一次智力测验，用的是狼的图片和羊的图片。绝大部分孩子一看到就说：“大灰狼吃羊。”我儿子什么都不害怕，唯独害怕大灰狼。后来老师讲狐狸的时候，我儿子就问：“老师，狐狸会不会跑到教室里？”老师说：“当然不会，狐狸在森林里，或是在动物园里，哪能跑到教室里？”我儿子经过推理，认为狼也不会。儿子回家说：“妈妈，爸爸是个骗子，狼在森林里，在动物园里，不可能跑到这儿来。”

我母亲为了不让外孙子到水渠里玩水，就说水里有“迷糊子”，孩子问我：“妈妈，什么叫‘迷糊子’？”我说：“‘迷糊子’就是水鬼的意思。”我儿子一听，说：“噢！”他不害怕了。但从那天开始，儿子不再单独同外婆在一起，儿子说：“外婆骗人，她说有‘迷糊子’，可是根本没有！她还说爱我，我不信任她。”后来我感觉到，我们如果不给孩子建立一个正确的概念，对孩子可能有终生的影响，因为他有可能终生不变地使用童年形成的概念。这是第一点。

“简洁”就是废话少说。比如讲一个正方形，我们的老师在给孩子讲的时候会说：“小朋友们你们看！”“小朋友们你们看”就是废话。“你们看，这是一个正方形。这个正方形呢有四条长边……”是不是废话？全是废话。讲三角形，“小朋友们请看，老师手里拿的是什么？这是一个三角形，它呢有三个角，一个角，两个角，三个角。”全是废话。正确的方法是，拿起三角形，说：“三角形。”“哪个是三角形？”“这个！”“这是什么？”“三角形！”这就是三段式教学。

“三段式”这种方法，我在我儿子身上做过实验。有一次我们去农村找一个园艺工。门口有一头牛“哞哞”叫。我告诉孩子：“你看，这是牛。咱们喝的牛奶就是从牛身上挤出来的。你看这是牛拉的屎。”我对儿子讲了许多，那时他两岁多。讲完以后，我又去了后院，那儿正好有一个猪圈，我用三段式进行。我指着猪说：“猪，猪。”我又说：“这是什么？”孩子说：“猪。”到了下午，我想起这个实验，就把我儿子抱到牛那儿，问：“这是什么？”“不知道。”我又把他抱到猪那儿，问：“这是什么？”“猪。”真有效！后来我就经常把儿子抱出去，用三段式给他讲。我发现凡是用三段式讲的，儿子都记得较好，凡是非三段式讲的，儿子忘掉的多，记住的少。儿童对概念不清楚，这可能就是原因之一。

“简洁”是幼儿教学的妙法，它使语词袒露，直指对象。它排除了注意对象以外的干扰，给出即时环境的主词。它非常对应儿童初期“电报语”的特点，突出要语，省略杂陈。

优秀的蒙氏教师，一句废话都没有。你若废话连篇，会把儿童的心搞乱。因为你不知道你的哪一句话把儿童的注意力打乱了，把儿童没有掌握的概念同其他事物隔离开。比如说颜色，我到北京的一所幼儿园去，老师在讲：“小朋友你们看这是气球，红色……你们看一看这个房子里有什么颜色？”一会儿是房子，一会儿是衣服，一会儿……孩子不明白，怎么这么多的生活概念？就全部混淆了。

“简洁”是蒙氏教育中最重要的方法，它尽力将一个概念同其他事物隔离开来。就像我们吃饭摆放筷子一样，我们想用筷子建立儿童对数的概念，但儿童可能完全把注意力放到谁缺少一双筷子上了，而不是数的本身，这样就偏离了我们的目的，就我们的教学目的来说，这就是“废物”。

儿童的记忆力很奇特。就像我上次讲的拼音挂图一样。“ɑ”原来是一位大夫拿着手电筒，一个小孩嘴张开说“啊……”；“o”是一只公鸡“喔……”；“b”是一台收音机在播音。当我们指“ɑ”时，孩子们说：“手电筒！”指“o”问：“这是什么？”“大公鸡！”指“b”问：“这是什么？”“收音机！”

用图画帮助记忆是一种辅助性的记忆方法，对老年人是有帮助的，对那些记忆力差、大脑受过伤害的人是有帮助的，对儿童一点儿帮助都没有，不仅没有，而且会更糟，都是“废图”。所以我们幼儿园把拼音挂图中的图画全部用白纸给贴住了。然后再问：“这是什么？”孩子们说“ɑ”。“这是什么？”“o”。“这是什么？”“e”。直接见到的就是字母本身。从那以后，只要在电视上、电影上出现字母，不管什么字母，我儿子就说：“妈妈你看，这是字母。”显然他知道字母是抽象的符号。这个概念他建立起来了。

再说一个关于辅助性记忆的小笑话。认字母“m”，拼音挂图上画了一座塔，很多孩子一看就说：“塔！”也许儿童那时正好处在对细小事物感兴趣的敏感期，别的什么都看不见，就看见塔，而不是“m”。大一些的孩子还说“找”。太有趣了！我心想，这个问题就没有人解决？废话、废物、废图满天飞，“ɑ”就是“ɑ”，“b”就是“b”，“m”就是“m”。

我们的教师做教案，写教学目标，写教学方法，但教学中真正是怎样的呢？有一天，我让我儿子操作“筹码”，他用最快的速度操作了一遍，然后对我说："行了吧？可以收掉了吧？"意思是说：你满意了吧！我说："这是我教给你的还是你自己学的呀？"儿子说："是我后天自己学会的。"他连昨天、前天、后天都不知道，我该如何让他学数学呢？

有一次在教室里，有一个两岁多的孩子，直直地走过来，面无表情，一屁股坐在那儿，开始摸那些数字砂纸卡。而后面有个孩子，正好把"木钉板"倒得满地都是，前面这个小孩坐的时候，正好把屁股坐在了后面那个小孩的工作毯上。那个小孩就用他的小脚丫蹬前面这个小孩的屁股。蹬一下，这个小孩往前栽一下，一连蹬了好多下，但不管怎么蹬，这个孩子都不动，他不断地在那儿摸数字，"8""5"……不断地摸，最后那个小孩发现蹬不起作用，只好放弃，而这个两岁多的孩子浑然不知，还在那儿摸……这是多么动人的景象啊！儿童的学习原来可以这样投入，这么美！

收教具的时候，我依次放："10""9""8"……孩子一看，又把它们一个一个倒过来，把"1"拿到前面，"2"拿到次前面……全部都倒过来才满意，这个孩子的"秩序"建立起来了。

教学的第三个要点是"客观"。蒙特梭利说："教授必须以不表现出教师个性的方法进行，仅仅突出教师想要孩子注意的客观对象。"比如说让儿童认知颜色的时候，我们只让儿童的注意力集中在颜色上，而不集中在老师的身上。因为我们每一位老师的性格和习惯动作都不一样。我发现，我们学校的小朋友有类似老师的一些动作。后来我仔细观察，原来是我们有的老师留长发，工作时她的头发不断地往前跑……她不断往后捋。时间长了，孩子们也这样，所以我要求老师一定要把头发挽起来，因为你正在操作，头发"刷"垂下来，会影响孩子的注意力。老师的能动性太强，就没有办法让儿童达到一个客观的状态。蒙特梭利方法为什么要求老师要么跪下，要么就盘着腿，整个动作要求一律一致。这样完全是为了规范我们的行为。

比如走路，每个老师的走路姿势不一样，每个班的孩子姿势也不一样，有的老师走路是大踏步，孩子就一路小跑地跟着，有的老师走路速度比较慢，班上的孩子走路也就不快，每个班的孩子出来都不一样。

儿童在发展。当儿童达不到成人的能力时，他就会看你，模仿你，吸收你。就像大家包饺子，你回家看看你包的饺子，90% 是自己妈妈包的样子，小时候养成的很多习惯、很多行为方式，你可能终生都在使用，而且从不会提到意识层面上来认识。这些习惯和方法可能完全来自我们小时候的环境，我们自己都不知道。

所以我们要求老师尽量客观，客观到什么程度？把你自己的所有不文明习惯都抛弃掉！不要以为你的观念——道德、价值、审美都是正确的，更不要试图把它强加给孩子。比如上厕所，我去过全国很多一流的幼儿园，孩子们上厕所几乎都是一个大通间，老师还毫无顾忌地站在那儿。没有一个孩子没有天生的羞耻感，他们不喜欢在做这件事时有人站在那儿或是被人看见。但是没有人尊重这些，大人感觉不到这会造成什么。看看我们成人的世界吧，随地吐痰，在人群中大声擤鼻涕，这同当众大小便有什么差别？我们破坏的是这个民族的羞耻感。

仔细想想，我们只有小心地检查自己，尽力克制我们的偏见、弱点、较低的意识层次，尽可能以我们最好的举止和语言面对儿童，才可能谈得上客观。

一位好老师把班里的秩序搞好，给儿童一个更客观的状态，让儿童去工作，不干扰他就可以了。教学时会出现这样的情景，当儿童对这件事不感兴趣时，应该怎么办？停止。儿童有没有错误？没有。绝对不能说“你笨”，也不要暗示孩子。是儿童对这个不感兴趣，所以不要谴责他。蒙特梭利要求把握住两点：一是在这种情况下不要继续进行；二是不要让孩子感觉到自己犯了错误，或是觉得他自己不懂。只有这样我们才能等待时机，使儿童在他有兴趣时去努力理解。儿童的自信是建立在对自己能力的把握上，而不是同别人比聪明，因为你永远不可能比每一个人聪明。大自然赋予了我们每个人独特的特性，我们不必为别人比自己多了点什么而感到自卑，我们应该发展自己，这个世界才叫丰富多彩。让孩子在一个秩序的环境中发展自己，这就是一个很了不起的客观态度。

蒙特梭利讲过一个故事，故事名叫《我的百万富翁叔叔》。叔叔叫福福，小时候上幼儿园，有一次，福福正要吃饭，突然看见班里的一个小姑娘非常饿，他就把饭一下塞在小姑娘的手里跑开了。离开这个小姑娘几步以后，他把两个胳膊蒙在自己的眼睛上。他第一次产生了一种冲动，一种善良的冲动，这种冲动他不知该怎样表达，就跑开了。这个小姑娘走过来，把他的手拉下来，吻了他一下，福福顺从地也吻了这个小姑娘一下，把这个小姑娘抱住了。蒙特梭利说："这时福福第一次产生了一种善良的冲动。"可是就在这时候，老师站在远远的地方，发出刺耳的声音："你们两个人在那儿干什么呢？回教室去。"蒙特梭利说："这个孩子第一次善良的冲动被粗暴的声音给扼杀了。"

蒙特梭利说，老师的启蒙作用相当于什么？好像一个人独自在森林中漫步，宁静、愉快、沉思，任凭自己的内心世界自由地徐徐展开。这时，远处传来了悠扬和谐的钟声，这钟声把他唤醒，使他比以前更加强烈地感受到这里的平静和美丽。而以前他对此有一种朦胧的感觉。成人的启蒙只起着一个钟声的作用。

儿童虽然有巨大的潜能，但他需要一个缓慢的发展过程。这个过程他需要成人的启发。教具是儿童潜在能力得以肉体化的工具，它是儿童的自然环境。如果教师要借助教具，就必须使每一样教具到位。如果教具不到位，你又不一定有能力创造更好的教学工具，孩子就会胡玩。他在需要帮助的时候得不到帮助，他当然就会胡玩。所以教具操作一定要准确，像汽车的标准件一样准确，这是对教师的要求，不是对孩子的要求。教具是同儿童内在的成长机制相配对的客观环境。

蒙特梭利说：“我们成人以为可以用语言来感染儿童的耳朵，用图片来感染儿童的视觉，用讲王子与公主的故事来发展儿童的想象力和创造力，这是不可能的。”那么童话到底能给儿童带来什么？既然儿童对世界的所有认识都通过感官，而不通过语言的传授，我们就认为讲故事只起了一个作用，那就是可以增加孩子的词汇量和发展孩子的逻辑。这也是一个练习语言的过程，与创造力的发展没有多少关系。教师的所作所为常常凭自己的感觉进行。在教学中和在其他场合，儿童一进入状态，就是他专注的时候，他可能对一些生活细节和日常生活训练做不到位，我们在这时不能再固守平时所要求的一些规则了。如果他忘记了归位，在平时，我们可能会问：“你忘记了什么？”我们的原则是不能训斥儿童，要在日常生活中提醒他。你如果训斥他了，他会当着你的面归位，你一离开，他就不归位了。如果你每次都告诉孩子“你忘什么了？”他一旦形成习惯，你在与不在他的行为都是一致的，这样他就会保持人格的一致。平时的日常生活训练，主要是让老师“跟盯到位”，就是不断提醒孩子。但是一个优秀的蒙特梭利老师能看懂儿童，能区别儿童的状态，他知道在何时应该放弃这种原则。

我举一个例子。我们幼儿园的一个孩子，有一天，他把鞋往门口一放就忘了。他可能是在门口看到别的小朋友操作教具，他完全沉浸在观看教具里，而且非常想操作，他把鞋一脱就进了教室，开始操作教具，操作得特别认真。老师发现鞋在门口，就过去跟这位小朋友说：“你忘了什么？”这位小朋友抬起头来，觉得很奇怪，因为他已经沉浸在工作中了，鞋早就忘了。老师又说：“你再仔细想想，刚进门的时候……”这时孩子将目光移到门口，发现了鞋，就过去将鞋子放好。我告诉那位老师：“如果你总是这样，你们班永远进入不了专注状态。”日常生活训练中的跟盯到位不是目的，而只是一个教学的方法，而我们所有的方法都是为了培养儿童的专注力。我们不要因为这样的一个规则而破坏了教学的真正目的，专注是儿童形成所有品质的关键。

再举一个例子。一个小女孩在工作，她的认真已经达到了极点，以至于鼻涕流下来都感觉不到，当鼻涕流到妨碍她工作时，她也只是用劲一吸。这时老师发现了，立刻过来打断了她的工作，让她去擦鼻涕，小女孩很不情愿地用手抹了一下。老师说："请你用纸去擦。"小女孩只好无可奈何地去拿纸。幸亏，当时这个孩子已经形成了专注的品质。否则，她的专注中的经验就有可能被老师打破。

教具本身内在的逻辑和规律，是在长时间的操作中偶然地、突然地发现的。这种喜悦一旦产生，孩子明天还会继续这么做，如果在他产生喜悦的一刹那打扰了他，经验就没法产生，它被破坏了。我们知道形成经验的过程是一个很艰难的过程，但破坏经验就太容易了。

还有一个事例。一个孩子专心地操作圆柱体插座已经有一个小时了，他在操作一一对应，很可能派生出第二步，这个过程是一个智力发展的过程。但就在这时，老师将孩子一把抱起来说："老师带你去打针。"将孩子抱走了。孩子已经工作了一个小时，马上就要产生下一个经验的时候你打断了他。这个经验的产生可能一个月后才能再出现。我们来想，如果这个班在一周之内出现过三次这种情况，就证明这个老师经常会出现这种状态。那么这个班的孩子就难以进入专注状态。

一般情况下，儿童进入状态在入园的两个半月后，这不包括转入的传统幼儿园的儿童，他们受到的压抑太多了。如果一个班三个月还没有进入状态，老师就要自我反省了，你是不是打扰过、暗示过、压抑过孩子，是不是没有把自由给孩子，或者是根本不爱孩子。

再如，我们在操作圆柱体时，其中有几个概念：高低、大小、粗细。一位优秀的蒙特梭利老师，在孩子接触这套教具时会说："请你把最粗的给老师拿过来！"如果这个孩子没有明白你的概念，这套教具是不能进行的，每套教具每次操作时只能加入一个概念，绝对不能加进两个。

带班时，每班每周只吸收一到两个孩子为好。儿童进入幼儿园的第一件事是先让儿童认识厕所，脱裤子、擦屁股要亲自示范，然后带孩子看卧室。第二件事就是带孩子认识全院的环境。儿童对幼儿园整个环境认识了，就会建立安全感。第一周儿童是不可能工作的，常常是到处游荡，院内、院外。有时有的孩子太惧怕幼儿园，老师就带着孩子上街、到超市、到小公园里走走，带着孩子到处观察。为什么还要带孩子走出幼儿园？因为儿童有一种潜意识，他也许会想，进入幼儿园后是不是不能走出幼儿园了？他对陌生的地方会有恐惧感。

当儿童对幼儿园建立安全感后，就开始进教室。教室的门始终要开着，要让他感觉到能出去也能进来。进教室后的第一步是听老师阅读，然后开始静坐。阅读是每天的开始，也是最重要的内容之一。然后是静坐，我们在许多书中看到静坐对人的智能的开发。静坐结束后，我们要告诉孩子，我们所拿的东西都要归位。这个日常生活练习就是“要归位”。“归位”这个主题课一般要进行一周。这一周教师主要是观察自由中的儿童。儿童愿意干什么都行，只要他不打扰别人，或没有不礼貌的行为。有时有的儿童会去抢另一个儿童的教具，这时应给他建立的概念是谁先拿到归谁，其余的人必须等待。把“等待”这个概念给儿童，因为在生活中必然会遇到这样的问题。我们发现学会等待带给孩子的益处是惊人的，孩子因为学会等待变得能够处理许多问题，从而建立起良好的道德习惯。

比如，几个孩子同时争抢一样教具或其他一样东西，老师这时就应该会区别“谁先拿”，先拿的孩子肯定会说“我先拿的”。老师就应该对其他孩子说：“他拿到的，他先工作，请你等待。”老师所用语言必须规范，不能今天说“等待”，明天又换另外一个词。接下来，教师要做的事就是仔细观察孩子。他拿什么教具都可以，但操作结束后要归位，让他养成这样的习惯。也许刚开始的时候，孩子还做不到归位，他从哪儿拿的也许都忘了，这时应该进行练习归位的游戏。但不能强制孩子，应让孩子逐步调整。老师也可以通过游戏规则，让孩子记住教具摆放的位置、方向。也许有的孩子不明白“归位”，你就帮他拿上教具，并说：“老师带你来。”归位时，你要将这个词说出来，让他把动作与语言配上对，反复这样进行，他就知道什么是归位了。

也许有的孩子进教室后把所有的教具全都扔到地上。这时两位教师绝对不能离开。比如班里新来了5个孩子，其中有两个“大闹天宫”。一个老师就要留在教室里观察另外3个孩子，另一个老师带那两个孩子出去玩。如果一同来的这几个孩子的状态都不好，那两位老师就一起带孩子出去认识外面的世界。有了在外边的游逛后，有的孩子会自觉进教室，进教室后，有的孩子也许会将全部的东西扔得乱七八糟，这个时候你就不可能让他归位了。老师在这时不要多说什么，只需讲“我们要归位”，帮孩子将东西归位。耐心和爱心是蒙氏教师必备的素质之一，要相信在这样混乱之后，秩序的曙光肯定会在爱和自由中到来。

还有，一定要给孩子的家长讲为什么这么做，让家长配合。因为只有一个办法能让孩子安静下来，那就是自由。我们幼儿园里曾有一个孩子，像小猴子一样从来不会安静地坐下来，他不是蹲在柜子上、电视机上，就是在杆子上爬。老师给他完全的自由，一两个月后，突然有一天，他安静地坐在楼梯上，并将手也安静地放在腿上。只有当一个孩子的手安静下来，他才能慢慢安静。

养成这些习惯后，日常生活训练就可以进行别的内容了。生活训练要从孩子的生活着手，比如说拿杯子喝水、端碗吃饭、上厕所等。这些日常生活训练是每天早上进行的主题课。主题课不要超过10分钟，老师不要“演讲”，要用实物和在真实的情景中进行。主题课进行后要看孩子掌握得怎么样。一周后，如果发现所有小朋友都掌握了主题课的内容，但还没有实体化，下一周还要继续进行这个内容，只加进一个新的内容。直到这个内容实体化了，再进行下一个日常生活训练。

这个过程会很慢，但不能着急。例如进行“纸要扔到纸篓里”的训练，不能只对孩子讲这句话，这样没有用。老师应该拿一张纸，擦了鼻涕，将纸篓拿过来，告诉他这是纸篓，并用一个夸张的动作将纸团扔进去。儿童明白概念后，是否实体化了，要靠教师对孩子行为的观察才能得出结论。当孩子乱扔废纸时，老师要对他说：“你忘了什么？”这样重复几次，孩子就会永远建立这一秩序。

如何对待别人的东西呢？老师要告诉孩子：“别人的东西不可以拿。”儿童自己的东西也必须受到尊重，包括分享。儿童不愿意将自己的东西给别人的话，任何人都没有暗示、强迫孩子把东西给别人的权力。也不能用夸奖和赞赏来刺激孩子把自己的东西给别人。因为儿童此时正是感觉自己私有财产的敏感期，强制儿童将自己的东西给别人就意味着教孩子去强行拿别人的东西。

如果孩子拿了别人的东西不松手，老师应当告诉他“别人的东西不可以拿”，如果他不听，老师就要强行取回并还给别的小朋友。不必讲大道理，可以允许孩子哭一会儿或生气。但经过几次这样的事情后，儿童自己就会总结出别人的东西是不可以拿的。成人用语言来教育儿童没有太大用处，但在行动的过程中儿童会自己形成自己的经验。

以上这些如果都能做到，就为进一步观察儿童的心理状态建立了最重要的基础，儿童的秩序在学校里就会形成了。

儿童进入幼儿园一个月后就可能会开始操作教具了，这时不要过多去帮助他，在没有专注的情况下，他会把教具当作玩具来玩游戏，也不要纠正他，先培养他专注，专注到位再开始校正教具的操作。儿童应该更喜欢工作而不是游戏，游戏没有智力目的，游戏结束后儿童没有成就感，但工作结束后儿童会有成就感。

蒙特梭利说过，刚进入幼儿园的所有儿童原来都有心理歧变，所以在头两三个月是一个校正的时期。这个过程没有必要很严格地按照规程进行。儿童想玩就玩，想工作就工作。比如有的孩子刚进园时不进教室，一个月后他开始站在门外看，过了几天，他又坐在门外看，再过几天他就脱鞋进教室了。这中间，教师不要强迫儿童，不要把儿童搞怕了。这样孩子就能自己逐渐进入状态。

主题课一般是 10 ~ 15 分钟。主题课的内容主要是告诉孩子日常生活的规则，如果时间太久儿童会厌烦的。有的孩子不愿上主题课，那他可以四处走动，或去拿教具工作，不一定强制孩子坐在那儿。安静游戏时，儿童如果不够安静也没有关系，儿童的安静是逐步达到的，如果强制他安静，很多孩子为了保护自己，会假装安静。对待不能安静的儿童要慢慢来，儿童有一种“集体”意识，在这个意识中他会感知他应该做到的自我控制。当他在这个环境中突然发出声响时，他会觉得将这个氛围打破了。没有人喜欢打破这种自然的氛围，这就好像我们参加一个典礼，主持人在讲一件很严肃的事，你绝对不会讲一句玩笑话将大家逗笑。一般情况下人们会控制自己。儿童也是这样的，也会自动地控制自己。

如果他不能控制自己也不要紧，蒙特梭利在她的书中讲过，当老师说“请大家安静，我们现在做安静游戏”时，有一个小朋友故意发出声音，结果其他小朋友就哭了。其实这个小朋友只是在做一个实验，这个实验就是“对”与“不对”的实验，他会故意试一下，老师只是一笑置之，继续进行。当儿童知道安静与不安静时，他会故意制造一些不安静，让自己去感知这个情形。就像我对我儿子说“你的手上有脏东西不要抹到妈妈的身上”时，他就会故意抹，但有过这么一两次后，他就不再抹了，而且还会提醒你。

给儿童的宽容一定要宽容到让他自己故意破坏一下，去感知对与错。儿童与成人不一样，成人觉得对就是对，错就是错，但儿童得感知一下，这是儿童的一种心态，在这时我们一笑置之就行了。或者有的老师面对孩子这样做时，将其抱入怀中说：“你知道的，那样对不对？”孩子就笑了，他知道你理解他。

静坐要有一个很长久的过程，不要强制儿童，一旦强制，他就会讨厌这个活动。他就会发现每天的静坐是一种苦差事。

下面是工作时指导教师的注意事项：

1. 指导教师事前就要决定在工作毯上或桌上工作。比如“零的游戏”，有几个小朋友共同参与，老师事前就要知道在哪儿工作。儿童自己的工作由儿童自己决定，在哪儿都行。不合适时，儿童会自己调节。

2. 坐在幼儿右边。

3. 为使幼儿容易理解，教师提示时动作需分解清楚。在操作教具的过程中，所有的动作都必须分解。

4. 要幼儿集中注意力的地方，需特别强调提示方法。提示方法有多种，每一种的目的都是让儿童的注意力长久地留在教具上。

5. 提示时所用言辞要得当。如果动作已经不足以提醒、迫不得已非要用语言来提醒时，一定要记住蒙特梭利所说的“我们一定要把儿童的注意力隔离在一个感觉上”，我们在言辞的提醒上要做到这一点。

6. 说话须简单扼要，发音要正常。在蒙特梭利幼儿园的课堂上听不到老师的话，即使下午的课上，老师的话也极少。蒙特梭利说“一句废话都不要说”。因为你的话也许就会打扰儿童的注意力，会引起他的很多想象。

7. 提示时从头到尾一切动作要稳重。动作稳得可以达到让儿童对事物产生一个明确的概念。稳重是非常重要的。

8. 提示中注意幼儿的表情。出色的老师到教室中的第一件事是观察，就像蒙特梭利所说的：“我们要像一名天文学家观察天体一样。”

9. 提示中对要不要幼儿触摸教具要有明确的判断。

10. 提示时要使幼儿能够注意到控制错误的地方（每一种教具都有自我校正功能）。

11. 提示后向幼儿说劝诱的话。这个劝诱不是让我们去诱骗孩子，教师会说：“你愿不愿意自己来做？”提出问题，以增进幼儿对工作的欲望。

12. 提示后给幼儿操作的机会，教师在一旁观察。

13. 教师已经能辨别出孩子玩耍或工作的动作。玩耍没有什么意义，儿童从中也不会得到什么，其实儿童本身也不喜欢玩耍。一个儿童，状态的好与坏关键在老师。在儿童无所事事、神态茫然时，老师要去启发他，当他对教具没有信心要放弃时，教师对他的主动启发会对他有帮助。如果教师创造的氛围不好，儿童就容易混乱。儿童更喜欢通过一个事物发现内在的规律与逻辑，这个东西能给儿童带来喜悦。老师如果没有起到积极的作用，那必然起到消极作用。儿童真正的状态应该是：坐在那里长久地工作。这个状况出现与否，主要取决于老师水平的高低。蒙特梭利说教师只是一个启发者、观察者、环境保护者，而不是教儿童怎么做。

14. 神游状态的儿童会将教具当作玩具玩耍，如果孩子的专注状态还没有培养起来，就不要去打扰他，让他玩。

15. 改正幼儿的错误需要谨慎行之，发现儿童对与错是教师工作的重要环节。

16. 给予幼儿反复练习的机会，不可强制。

17. 幼儿提出的问题，教师应当做适当、确切的解答。如果老师对问题不懂又乱解释，就会破坏儿童探索这个问题的能力。

18. 工作结束时提示收拾、整理教具的方法。在这点上不完全符合蒙特梭利教育法的精神。蒙特梭利在讲儿童发展的几个阶段时特别讲到，当儿童的专注力达到某种状态，一样教具操作结束后是不收拾教具的。在这时，儿童需要一段时间来整理、组织和思考，蒙特梭利称之为“充满思考的休息阶段”。在这种工作状态中，儿童会有3种情况：一是坐在自己的工作毯上看别人工作；另一种是看自己工作的结果；还有一种是会拉别人来看自己的工作。这3种情况是儿童智力发展所需的重要部分，这表明：一是儿童在自然地进行一种自己和别人之间的“比较”研究；二是儿童在自己工作的结果中认识自己；三是使自己与别人及环境进行交流。

对于第一种情况，教师必须明白这绝对不是儿童无所事事的表现，这是儿童的思维在整理前面的操作过程。如果在这时提醒他收拾教具会破坏他的思维状态。当儿童在进行思维整理之后不想再整理了，决定结束这项工作时，他会自己收拾教具。

蒙特梭利教师除爱心外还要有耐心，允许幼儿依其时间、速度与节奏工作，这样做就是接纳幼儿。教师的耐心不仅是一种工作的需要，更是一种重要的美德。

用蒙特梭利方法授课是比较难的，即使你把以上讲的内容背得烂熟，即使你受过3年的正规培训，可能都不顶用。你必须把蒙特梭利思想实体化。能做到这些，你就成了一位优秀的儿童心理工作者或专家。

第十八讲

因为有爱而愿意顺从，因为有意志而能够顺从

班上来人听课，老师希望孩子们表现得好一点儿，孩子们能感觉到老师的心思。为了配合老师，吕辞算题写答案长达一个小时，老师知道孩子这样做完全是为了老师。孩子的顺从几乎是无限的，为你拿东西拿得手发麻，跟着走路脚都起了泡，他们是在爱中决定顺从，在意志中执行顺从。

我们谈论到儿童品格时，都要谈到两点，一是顺从，二是意志。对于成人，我们讲的是对真理与事物本质的客观的顺从，是坚持与探索真理的主观的意志。当然，人们对真理的认识差异很大。我这里讲的都是正面的、肯定意义上的。

很多家长都知道，幼儿园的孩子怕换老师，孩子怕，家长怕，园长也怕。怕什么呢？怕孩子不适应。我们幼儿园小天使班的主班老师、孩子们喜爱的宋老师忽然调到北京了，这个班情绪一点儿波动都没有。

蒙特梭利学校根据老师发展情况和工作效果、根据儿童发展情况调换老师。每次调换，孩子们都非常平静，仍像往常一样生活。新来的老师问："南南，请你做这道题好吗？"南南说："我现在正忙着呢，工作是不能打扰的。"新老师又问："吕辞，请给我们弹个曲子。"吕辞说："我不弹，因为我现在不想弹。"常务园长感慨地说："这个班的孩子不认老师，只认真理。"所以我们学校不怕换老师。

但是，当孩子发现老师旁边坐着客人，老师从心里希望孩子去工作时，孩子会感觉出来。他就认认真真去做，真心配合老师的工作。吕辞算题写答案，能做上一个小时。老师知道孩子本来是不情愿的，他这样做完全是为了老师。老师顿时对孩子充满了爱和感激之情。

孩子的顺从几乎是无限的，而且无限地感人。当孩子出现顺从状态时，你让他做什么都行。拿东西，端盘子，照顾小孩……孩子会想各种办法完成一项困难的任务，而且会为做好一件事而感到快乐。在这顺从中，儿童的意志力也就出现了。

最让李淑波（蒙特梭利幼儿园一位家长）感动的就是她那次晚间上课，儿子东东没人带，她只好带着上课。李淑波说：“东东，我们在上课，你不可以出声音，也不可以乱动。你画画吧！你能做到吗？”孩子点了点头。他才两岁多，不到3岁！孩子两个小时没有大动，没有弄出声响。李淑波感动得不得了。

这里既有极强的顺从，又有坚强的意志。有时孩子还不能从理智中决定行为，他是从爱中决定顺从，从意志中执行顺从。孩子为你拿东西会把手拿到发木的，跟着你走路脚都起了泡。有这样的意志，为你拿个什么成绩，不在话下！

旧教育总是希望孩子对成人绝对地顺从，越顺从就越认为这个孩子懂事、听话。成人对待孩子，似乎能做的就只是说教与树立榜样，我们想通过这种方式使一个孩子顺从我们。实际上没有这种可能。这样做的结果是，即使孩子表面上顺从你，但内心他根本不想顺从。蒙特梭利告诉我们，传统教育在很大程度上压抑和强迫了儿童，长久以来儿童突然发现，他不得不服从某一个人或某一位老师，这时他内在就产生出极大的压力，这个压力当老师不在或者没人控制时就会爆发出来，他就开始胡闹。所谓有压迫必有反抗。

真的是这样。我们过去接收的从普通幼儿园转来的孩子，刚来的几天孩子特别规矩，坐着都要挺腰背手。几天以后，他们发现这里很自由，老师非常尊重他们。这个发现可不得了！他们大喊大叫，当“汽车人”“冲天霸”，把玩具和教具扔向天花板！把教具架推倒在地，然后在上面跳舞……一闹好几天。你们说要让这样的孩子安静下来，直到达到内心顺从的状态，得费多少力量？只能用爱！用自由！用灿烂的微笑！所以每当听说要从其他幼儿园转来孩子，老师们就害怕，头痛。

直到现在还有人问我，从蒙特梭利幼儿园出来的孩子怎么能适应这个社会？他们怀疑的理由是：我们的孩子太自由了。这些人认为从蒙特梭利幼儿园出来的孩子不懂得守纪律。实际上恰恰相反，接受蒙特梭利教育的孩子最懂得遵守社会的准则与纪律。而且他们说到做到，他们能把握自己到底有多大的意志来遵守某种规则。我们的孩子去体育场看运动会，能静静地坐在那儿一个小时，像部队战士一样，决不会乱走乱跑，对此人们十分惊奇。实际上我们的孩子外出到哪里都一样。因为他们的纪律不是在老师的喝令和压制下建立的。

接受蒙特梭利教育的儿童，在正常状态下都有自我控制的力量，他会自己明白在什么场合下应当怎么做。我们幼儿园的教师常带孩子们到飞机场、火车站、图书馆……在哪些环境应保持安静，孩子会自己把握。在自由中，如果无人扰乱儿童的话，儿童可以用心灵观察环境，自我调节。

这样的儿童是作为一个精神自由的人存在的，他在任何环境中都能感知到这个环境需要遵守什么样的规则，他应该采用什么样的姿态。而那些对环境无法感知的儿童是因为他受到的压制太大了，当压制大到足以使他痛苦时，他不但不能把握这个环境，而且他一旦发现这个环境中没有人约束他，他就开始搞破坏，发泄自己。

自由状态中的儿童，因为受到了尊重，因为他所有的举止和动作都是依赖于自己的断定，那不守纪律的现象就变成偶然的现象了。

在我们国家，大部分家长都这么认为：有两样东西绝对是成人给予儿童的，一个是知识，一个是道德。这样我们必然走到了一条歧路上，我们不相信自然赋予人类本身一种最伟大、最高尚的精神力量。蒙特梭利说，儿童的品格、人格、智力的形成完全依赖于他自己，根本不依赖成人。儿童通过工作来建构他的一切，但这种能力 6 岁时就消失了。6 岁以后，孩子用 6 岁前建构的这个基础开始接收知识，也就是说，人生这座楼房的基础完全是 6 岁前打下的，这个过程依赖于儿童个人，不依赖于老师或父母。

这里我要说一下，通过十多年的教育实践，我们发现蒙特梭利的这个说法还需要商榷。6 岁以后儿童的吸收能力不一定消失，在一些孩子身上这个时间可以延续到 8 岁，甚至更晚。

我们通常所说的意志是指有目的地克服困难。比如有一个孩子遇到困难，他能克服，我们就认为他有意志力。实际上，克服困难、完成工作，是儿童乐此不疲的。害怕克服困难的不是儿童，而是成人。蒙特梭利认为，儿童跟成人的命令斗争到底的精神也叫意志力，儿童一旦有心理问题时，他就没办法同成人抗争了。这个能力一旦丧失，他就开始屈服于成人，看成人的脸色，当他开始看成人的脸色时，他的意志力就被完全地剥夺了。

所谓天才儿童是什么样的人呢？他内在有一种内驱力，就像我前面所讲过的，儿童一旦形成了自己的品质，这种品质不断告诉他“去干这件事”，他不做这件事就会觉得很痛苦。在这种力量的驱动下，儿童做一件事情会做得非常好，这种儿童叫天才儿童，他不依赖于任何成人对他的强制和扶持。

意志力的形成也是这样。儿童在自我的发展过程中自己形成了意志力。蒙特梭利在这里提出了一个观点，她说：“如同人们过去经常说的，我们也会感觉到支配意志或破坏意志的需要。因为我们觉得这是必要的，所以我们必然要以我们的意志为转移去强迫儿童服从。”这种现象非常多，我们经常认为不能把孩子给惯坏了，该做的事情他可以做，不该做的事就是不能让他做。

我们有一个错误的概念——意志是一个中性词。比如我们认为，一个坏人虽然很坏，但他有极强的意志力，因为他做坏事时能够一做到底。实际上不是这样，儿童的精神胚胎指导他去做的事情都是建设性的行为。0 ~ 6 岁发展精神胚胎，把精神胚胎实体化的这个过程是建设性的。如果这些建设性的行为都得到满足的话，就像蒙特梭利说的，儿童所有的行为就都是善的，他一生的目的就是不断地完善自己，包括恋爱与理想。

当一个人富有理想的时候，理想实施的过程，就是意志力的表现过程。30 岁以前是一个准备自我的过程，30 岁以后是一个不断冲向完善的过程，是一个从生到死不断自我完善、心灵净化的过程。假如人的正常状态是上述这个情形的话，意志对人就非常重要。

实际上，人自然的、正常的发展过程，就是一个意志力形成的过程。儿童做他感兴趣的事，总能深入其中，这种深入变为专注，意志就开始形成。

很多人不认为传统的幼儿园让孩子坐在那儿、老师给孩子讲课有什么不好。国际上，幼儿教育观念在20世纪初已经发生了巨大变化，人们已经不再用口授的形式对儿童进行“教育”，儿童是不断地通过行动来构建自己的。为什么我们还在沿用落后一个世纪的教育观念和教育方法？我们沿用的是我们父辈的那一套教育方法，什么新的观念都不接受。你到任何一个国家看一下，包括非洲的一些国家，他们进行教育都不用口授的方法。而在我国，儿童不能用他的行为来实现他内在的精神胚胎，他不得不乖乖坐在那儿，不得不“听课”。儿童太弱小了，他每天都要仰望成人。蒙特梭利说，我们常常在控制儿童的意志，我们有的时候支持儿童的意志，有的时候剥夺儿童的意志。口授过程就是一个剥夺儿童意志力的过程。

儿童必须通过生活自立而获得身体上的独立；必须通过自由的选择而获得意志上的独立；必须通过不受干扰的工作而获得思想上的独立。

一个人在这3个方面独立了，他的人格状态就被完善地建构起来了。儿童所有的自发性的活动都应得到尊重。使用意志力就是当他要做什么的时候他自己选择。这个选择的过程是不断使用意志的过程，你不能把儿童的意志闲置起来，就像把不看的书放在书架上。不能使用意志，意志力不固定，儿童就丧失了做事情时的能力。

儿童要不断选择，当你不让他做的时候，他敢同你抗争，儿童的意志力就是这样建立起来的。蒙特梭利说：“事实上意志不会导致混乱和暴行，混乱和暴行是情绪紊乱、痛苦的表现。”蒙特梭利认为，如果孩子0～6岁没有发展好，就会困在琐碎的事情与物质利益之中，一辈子跳不出这个圈子，就像被困在一堵围墙里面。围墙外面是美好和科学，但是他们却穿不出去。人的一切努力就在于要超越物欲本身而达到一个精神的状态。我们现在已经偏离了人的正常发展轨道，不知道人的状态应该是什么样子，我们很少看到一个正常的人，所以把不正常的人当作正常的人。人如果达不到正常状态，人与人之间的关系必然就是一种斗争的关系。

蒙特梭利举过一个例子。一位夫人问孩子："你们喜欢做什么就做什么吗？"这意味着她认为儿童的所有行为都是随意性的。孩子回答道："不，夫人，不是我们喜欢做什么就做什么，而是我们喜欢我们所做的工作。"这就变成了一种有意识的工作。也就是说，每个孩子在做他们喜欢做的工作，而不是想做什么就做什么。蒙特梭利说，有件事情应该是不言而喻的，意识和意志是随着运动和活动而发展起来的一种能力。

这种能力是怎样发展起来的呢？我们做一个简单的比喻，比如说走路。1 岁的时候儿童开始行走，当你告诉孩子不能走路时，他不可能按你说的做，他每一分钟都是要脱离你而去走路，那么走路干什么呢？因为他的腿不断地告诉他"要走路"，他必须顺应他的腿。他开始不断地练习，直到腿的行走机能成熟以后，他走路的能力完全巩固的时候，他就开始转变了，他会说"妈妈抱抱"。人就是这样，当他产生一种愿望时，他就要不断实现这个愿望，一旦实现，这个愿望就被固定下来。儿童通过有意识的活动练习他的腿，这种能力一旦具备了，他就会放弃它而让父母抱。

问题的关键是，意志的发展是一个缓慢的过程，是通过与环境有关的持续活动而发展起来的，因此很容易遭到破坏。蒙特梭利提到，在意志的形成过程中，人的精神是一座在秘密中自我构建的建筑物，它的建筑者既不是母亲也不是教师，而是儿童自己。无论是母亲还是教师，他们唯一能够做到的就是帮助儿童工作，"帮助"是他们的任务与目的。

我们通常愿意进行榜样教育。通过讲故事，使某个人成为儿童模仿的典范，成为评价儿童对错的裁判，儿童的想象和意志就被闲置了。这是一般教育中最常见的偏见。事实上，意志只有凭借一个人自身的力量才能得到发展。儿童的想象力、创造力、意志力是在他们自发的活动中建立起来的，并不依靠我们没完没了的说教，我们不能把儿童的意志和想象闲置，意志一旦被闲置起来，一个人就会失去成功的品质。

蒙特梭利说："在过去的教育中，老师是按照一种逻辑的方式进行推理的，他说：'要教育别人，我必须是很好的、完善的，我知道应该做什么，或者不应该做什么。所以，如果儿童要模仿我、服从我，一切都会是令人满意的。'一切事物的根本奥秘在于服从，这就使教师的工作变得容易，甚至令人自豪，他争辩说：'在我面前的这个人是无知的，不正常的人。我要让他改正过来，把他变成像我这样的人。'他在做一件《圣经》中提到的事：'上帝按自己的形象造人。'他在扮演上帝的角色。"蒙特梭利说："成人没有意识到他正把自己置于上帝的位置，还忘记了《圣经》中关于魔鬼是怎样变成魔鬼的那些话。也就是说，他出于自豪感而想取代上帝。"实际上老师正在做一件破坏儿童创造力与意志力的事情。

儿童的精神内部进行着远远比教师、父母想象的更崇高的工作，他 0 ~ 6 岁一直在做一件事，就是建构自己的精神。父母和老师只能做一件事情，就是给儿童提供帮助。

第十九讲

孩子达到顺从的 3 个阶段

对于儿童来说，顺从是一种荣耀，一种快乐。想一想爱情的面纱尚未揭开时相互暗恋的爱人，她请他做点儿什么时，他是何等的荣耀！顺从的人就是自我实现的人。当儿童有时顺从、有时不顺从时，那是他还没有具备顺从的能力。一旦儿童具备了能力，他就可能听从成人的指示去做事，以便在真实的生活中检验自己。最后，儿童会渴望顺从，因为他顺从的是真理。

蒙特梭利认为，人的正常状态是服从，是顺从。对于儿童来说，服从会变成一种荣耀，一种快乐。对成人来讲，最典型的现象是谈恋爱的时候，尤其是爱情这层面纱还未揭开，你倾慕的对象请你帮忙，荣耀就真正地到来了！

顺从就是这样一种感觉：荣耀和快乐。意志是服从的基础，先有意志，后有服从。这是什么意思呢？我前面讲过，当一个儿童练习走路（1岁左右）的时候，他能不能服从你的命令（如你不让他走路，或让他快快地走路）？他不可能服从，当他的腿的机制发展得比较完善、具备了行走的能力时，他就开始服从了。当成人给他说什么的时候他会考虑，我能不能服从？这个服从能不能使父母高兴？儿童是依据他个人的能力来服从的。

在小学里，很多孩子好动、爱说话，老师不断地告诉他们，上课不要说话，这些孩子能不能做到？不能做到，教师就惩罚这个孩子："给我站起来！"过一会儿，他还是说话，他站着说话。这个孩子没有能力控制他自己不说话，因为他自己说了不算，他所想的同他的行为分裂着，无法合一。那是因为在他的成长过程中，他的意志受到了极大的伤害，他的自我控制能力丧失了。有一次，我们用《儿童EQ的开发与培育》来测试儿童（7岁半）。我们问："能遵守规则吗？"一个孩子沉思了一会儿说："一半能遵守，一半不能！"我问："为什么？"他说："比如，音乐课太难了，我没法遵守！"我恍然大悟，当规则难度太大，儿童没有能力遵守时，强迫儿童只能让儿童形成不诚实的品质。幼儿期是形成意志的关键期，儿童都在学着依自己的能力遵守规则，顺从事物的规律，建立真正的顺从，但难度太大就会带来我们意想不到的恶果。

顺从才是儿童的正常状态。当儿童不顺从的时候，正是他没有能力顺从的时候，那是他的意志力没有完善。

好动，完全是在儿童自发的活动遭到破坏以后，儿童没有发展的目标才出现的。蒙特梭利说："这里所说的服从比通常所说的服从具有更深刻的意义，这个服从指的是意志的升华。服从是个人意志的升华。"一次，我问外甥女："玲玲，你说说，邻居家谁最顺从？"玲玲说："我觉得王老师最顺从。"王老师真的非常顺从。你请王老师拿一样东西，王老师就去，你让王老师今天去炒菜，王老师就去炒菜。在外人眼里，王老师是一位和善、顺从、忍让的好丈夫。当别人发表与他不同的观点时，他就安静地听。他的美好，他的宁静，他的深邃，普通人无法了解。他从不参与到任何世俗的事务中去。当你仔细观察他，你就会发现他是因为生命状态远远高于别人而在迁就和照顾别人，他是一位科学家，但他又不仅仅是一位科学家。他像一位圣贤那样总是在关键时刻说上一句，平时他从不占用别人的空间和时间。他是我见到的人格发展最正常的人。

顺从的人，按照马斯洛①的说法，就是自我实现的人。他实现了自己，就会关注和帮助他人实现自己。

但是，如果一个儿童正在发展他的某个敏感期，比如他到了发展触摸的敏感期，他要到处抓摸，你让他顺从、安静、坐在那儿不要动，他是不可能顺从的。蒙特梭利告诉我们，如果人类灵魂不具备这样的品质，如果人类从来没有通过某种深化过程获得这种服从的能力，就不可能有社会生活。儿童首先要实现自我，才能超越自我，才能达到与社会的和谐。

以往顺从的含义是，教师和父母告诉儿童做什么，儿童就去做什么，这是传统教育中的顺从。在蒙特梭利教育中，顺从分3个阶段。

---

① 亚伯拉罕·马斯洛（1908～1970），美国心理学家。

第一个阶段，儿童有时顺从，但并非时时如此，这可能给你留下“任性”的印象。我们的很多孩子回家以后的表现令父母头痛：“哎！这个教育不行，我们的孩子才去了一两个月，回家已经任性得不行了。”

我们来看看孩子是怎样任性的，当儿童正在发展某种机制和观念的时候，比如，在发展一种“完美”观念的时候，你破坏了这种“完美”的感觉，儿童会跟你“斗争到底”。比如说，一张饼，儿童是绝不容许你把它掰成两半的。但爸爸买了张饼，正好从中掰成了两半，小半给了孩子，大半给他自己。然后，他的孩子拿起这半块饼大哭着把饼扔了。爸爸很尴尬，很生气。然后，他的解释是：这个孩子很贪婪。但实际上，这个孩子在建立一种“完美”的观念，爸爸破坏了孩子“完整”的感觉。孩子极为痛苦，为了维护他心目中对事物完美的追求，他会与成人“进行斗争”。我们大多数人把这种情况称为“任性”。

那么，儿童什么时候能服从你呢？儿童在自己的观念发展完善之后，当他具备了这种能力，顺从就会开始了。比如说，当儿童已经学会走路但还要让你抱的时候，你告诉他：“爸爸妈妈抱你一会儿，你走一会儿，好吗？”他会考虑，然后说：“好的。”因为他不是不会走路，他需要你抱他走一会儿，他自己走一会儿。这种状态属于半顺从、半不顺从状态，这是第一状态。

儿童顺从与否同他具备的能力有关，所以判断孩子是否顺从的时候，我们必须与儿童现有的能力联系起来判断。蒙特梭利认为，儿童在 0 ～ 3 岁是不可能顺从的。什么时候会出现顺从呢？比如说，他这时想玩水，你告诉他：“好，去玩水。”他这个时候的本能冲动与你的命令正好一致，他会顺从你。如果不一致，儿童就绝不会顺从你。他根本听不明白你所讲的，除非惩罚代替了说教而使儿童恐惧，他才会顺从。蒙特梭利说，必须了解儿童已经达到了什么发展阶段。命令一个人用鼻子吃东西是荒唐的，命令一个不识字的人写字也是荒唐的，因为他的能力没有达到。儿童在 3 岁以前是不可能顺从的，除非他接受的命令与他的冲动相一致。

在传统的幼儿园里，我们经常会看到这样的现象：当你把一个教具拿到教室的时候，孩子们会蜂拥而上，所有的人都会要这个教具！蒙特梭利讲，这样的孩子没有形成自己的个性，这是不正常的。应该是这样，东西拿出来的时候，只有一两个孩子去拿，像正常成人那样。我们教室里的情况就是这样的，你去放一个新教具，刚开始没有人发现，偶然有一个孩子发现后，就开始拿起来操作。过一会儿，另外一个孩子发现了："咦，他在操作这个教具，这个我没见过！"然后，这个孩子会说："咱们班有个新教具。"如果想玩，他会等待，等那个孩子放下的时候，他再去拿。

我儿子看到另一个小孩子在玩新的教具——数块，我发现我儿子在旁边（我看了一下手表）整整坐了 30 分钟，一直等到这个孩子不玩了，把教具放到教具架上，他才赶忙把那个教具拿过来自己工作。他要想操作这个教具，就必须进行自我控制，那是他心中的规则，那么这种能力是儿童能够达到的，他就遵守了，他也顺从了这一规则。

我们会发现这样的情况，两岁的儿童已经开始会说话了，那时我们成人就开始试图让儿童服从他。但这个时候，成人还不会用暴力或其他专制的行为，成人这时可能会说服，不断地说服：这个不可以，那个也不可以。结果把儿童的大脑搞得一团糟。一位家长看见孩子在玩水，家长说："宝宝，这是喝的水，不可以玩，你应该去拿玩的水。"小孩就把喝的水倒入杯子，他妈妈又说："宝宝，这个杯子不是喝水的杯子，是玩的杯子。"这些话让孩子的大脑彻底混乱了！这些话成了孩子心智发展的障碍。如果孩子这时顺从了这个成人，那是因为他自己的意志和个性已经丧失了。

3 岁以前是儿童个性发展的重要阶段，蒙特梭利说，3 岁以后，在幼儿能够顺从以前，他肯定已经发展了某种品质，他不可能突然就按另一个人的意志行动，也不可能一夜之间就能理解我们要求他所做的事情。在这 3 年中，儿童是通过活动，在事物中缓慢地形成他的内在品质的。品质只有牢固建立以后，才能为儿童意志所运用。我们知道，许多孩子到了一定场合，是不遵守公共秩序的。儿童从椅子下去又上来，开始是不懂，一方面是他需要练习攀高爬低，另一方面因为他太小而需要站立起来观看，这时你不能也无法要求他不这样做。但随着年龄的增长，儿童的观察会帮助儿童建立一种秩序：在一个正式的、高雅的地方，我不能够再这样做。如果你不训斥他，而是提醒他、宽容他，给他时间观察和自我调整，他就会发现这种规则，然后他会试着去做。虽然有时成功，有时失败，但都没有关系，儿童会把这些内化，也就是蒙特梭利所说的习得。当这种习惯一旦巩固下来，它就会为儿童服务，也就是说，这种习惯就能为儿童的意志所用。

所以，在蒙特梭利幼儿园，老师从不骂孩子，只是不断提醒孩子。这样儿童在任何地方，都会把握好尺度。记得有一次，我的儿子去我单位，那时，他才两岁多，长得特别矮小，正好同事给他买了一袋饼干，让他坐在椅子上吃。他吃完以后，想把椅子归位，他站在椅子后面，这个椅子对他来说非常庞大，他只有椅子的一半高。他用手推不动，就用肩来推，硬把椅子推了进去。当时我就站在门口观察，周围没有其他人在，他这样做不是给任何人看，他认为这是他应该做的。此时，他具备了意志力，他在任何场合都知道应该怎么做。

还有一次，我带儿子去饭馆吃饭。我说，你在这儿坐着，妈妈去拿餐具。后来他看不见我，就站在椅子上大喊："妈妈，妈妈。"我赶快过来说："嘘，公共场合不可以大声喧哗。"他一听赶忙坐在椅子上，不再大叫了。这个时候，他表现的是顺从，他具备了自我控制的能力。

了解这一点至关重要：在这一阶段，儿童顺从首先取决于其能力的发展。在一次执行命令中，他可能成功，但下一次就不一定成功，儿童做事情都是这样的。比如说，他要把水灌进瓶子里，他第一次灌的时候，可能很成功，一次就灌进去了。但是，第二次灌的时候可能不成功，这个时候，我们成人应该不去管他，儿童恰恰是通过灌水来控制他的手。所有成功的前面阶段必然是不成功，每一次的不成功都刺激儿童重新再做一遍，这反复的过程锻炼了儿童的能力。就像我们幼儿园的立立，他要把绳子挂在钉子上面，每一次挂不上去都会刺激他，他会想办法再把它挂上去，这样反复地刺激，直到挂上去。儿童通过自发的反复练习，能力被固定了，儿童就是这样固定和掌握自己的一切的。但是，我们常常会发现大人这样说："你笨死了！"或者说："来，让爸爸妈妈替你做！"大人不允许儿童犯错误，不给儿童犯错误的机会。

错误对于儿童来说没有什么意义，儿童不知道什么是错误，他只是觉得，这次没做好，再来一次，他不断地做，不断地重复，最后，终于做好了，他有成就感了，在这个过程中儿童就形成了自己的能力。但是我们看到成人很容易抱怨，当孩子不照父母那样做的时候，父母会责怪他们："笨死了，哪有你这么笨的人呢！你看我怎么做……"

长久以来成人有一种潜意识，就是让儿童以为成人是了不起的。瑞士有一位大教育家叫裴斯泰洛齐，连这个教育家也认为他最不能容忍的是任性，他不能容忍一时顺从、一时不顺从的儿童。蒙特梭利说，甚至连裴斯泰洛齐也如此认为，其他的教师要犯这样的错误就司空见惯了。

所以我们蒙特梭利学校碰到的最大障碍是家长。常常是，一个孩子入园 2 个月到 3 个月的时候，他的一切突然都改变了，孩子开始极度任性，与过去大不一样。比如青青，一开始的时候，她简直是爸爸的好宝宝，她爸爸让干啥就干啥。她到幼儿园的第一个月就开始操作，老师说"这个孩子的状态好"。可是到了第二个月，就不这样了，她回家后就开始"闹"，下楼的时候要求："妈妈抱抱！"妈妈不抱："你都这么大了，妈妈为什么要抱你？"青青一听，躺倒就哭！她爸爸说："你看看这个蒙特梭利教育，我孩子以前那么听话，硬是给弄得这么任性了。”过去这个孩子不敢和爸爸对抗，因为她是被训斥出来的。正常的状况是：儿童太想被人抱了，就像热恋中的人一样渴望得到拥抱。有时我抱着儿子下楼的时候，儿子就笑……把他那张小脸藏在我的脖子里，不断地笑，真让人陶醉。儿童要我们抱的时候，完全是一种心理需求，结果这个强烈的心理需求常常被认为是“任性”。

我还记得有一次，一位家长给自己的孩子买糖，糖买来后，就把糖纸“刺啦”一下撕开，然后把糖给孩子，这个孩子当即就把糖给扔了，躺下大哭。他妈妈说：“你看！你看！他倔不倔？！在你们幼儿园就搞成这样。”我说：“孩子吃糖要自己把糖纸撕开，然后自己把糖吃到嘴里，而这个过程让你破坏了，他能不大发雷霆吗？”

这时候这个孩子会不会顺从你？不会，因为他要通过剥糖纸这些动作完成智能发展。他会为“剥”这个而要那个。就像前面提到的那个想买红薯的小女孩，孩子买红薯的目的是想剥皮，结果妈妈一直没让孩子剥，妈妈自己小心翼翼、慢条斯理地剥，最后孩子气得火冒三丈，根本不吃红薯。她妈妈一直不明白怎么回事。我们知道，所有的儿童发火、发脾气都是有原因的，都是因为某种需求、某种发展的愿望没有得到满足。

这种情况下，我们设想，如果这小孩子有坚强的意志力，要“拼死抗争”，大哭大闹，情况将会怎样呢？那就可能爆发一场“战争”。成人可能用暴力“镇压”孩子的“无理取闹”。

我相信只要有爱，就不会有这荒唐的每一幕。有爱，就不会有“孩子任性”这个看似有理、实则无知的看法和说法。对大多数人来说，能够有真正的爱太难了！

即使有些家长给予孩子宽松的环境，不训斥孩子，但他们在一旁说教也容易使孩子丧失信心。蒙特梭利说，最有害的莫过于丧失信心。这个所谓的自信心是怎么丧失的？比如，当一个成人在做一件事情而没做好的时候，另一个成人说：“做错了，你看，应该这样做……”如此这般示范了一遍，这时你会心虚，久而久之，旁边总有人对你指指点点，你会丧失自信心。儿童也是这样的，蒙特梭利说，如果儿童尚不能顺从自己的意志，那就更不用说顺从别人的意志了。

当儿童产生自发行为的时候，他是不是在顺从自己的意志？回答是肯定的。顺从自己意志的能力建构起来的时候，他才能顺从别人的意志。

所以，顺从的第一个阶段是：儿童能够顺从，但并非总是如此。在这个阶段里，顺从与不顺从是相互交织的。

顺从的第二个阶段是，儿童不再因缺乏控制而导致障碍。比如，小孩子端水，当他走动的时候，水会不断地往外洒，这时候，他妈妈说：“你看，你看，不要让水洒出来。”不断地强调这些就会使这个孩子不把水洒出来吗？这不可能，水必然会洒出来，因为孩子的能力达不到。在我们幼儿园里有个叫迎迎的小女孩，她妈妈说：“哎呀，我现在可痛苦了，我女儿端水的时候，只要洒出来一滴水，她就大哭，而且一定要把这杯水倒掉，再重拿一杯，当她将这杯水一滴都不洒地端过来后才罢休。”显然，这个时候儿童在锻炼她的平衡能力，她正努力把事情做得完美。做一件事情追求完美，这是人自然的本性，所有正常环境下的儿童都会这样：小心地、缓慢地、颤颤巍巍地、艰难地把满杯水从一个地方端到另一个地方。儿童还会这样搬动其他各种东西，大盒子、大盆、杯子等。这个敏感期他实现了，发展好了，长大了就会形成具有艺术家水平的审美观。

在第二个阶段，如果儿童具备了这种能力，做起事来就不会有障碍。比如说，他端水，能够控制自己的手和身体，使水杯里的水不洒出来，他就没有障碍，这种能力一旦建立起来，教师或家长请他帮助时，他会快乐而兴奋地去做，他在这个时候就能顺从，以便在真实的生活中检验自己的能力。这样他的能力得到进一步的巩固，这是他迈向顺从之路的一大步。就像一个人，他的英语掌握得很好，请他翻译就成为一件乐事；如果一个人外语水平不高，他翻译时很可能就产生心理障碍，因为他知道他的能力不及。我想起我们幼儿园的外教露西，我和她交谈的时候，因为我不了解她的汉语词汇量，我就问“你在美国待了多久”，她听不懂，但是我说“你在美国住了多长时间”，她就能听懂了。我问：“学校好吗？”她听得懂，但如果问：“你认为我们的学校与你们的学校有什么不同？”她就听不懂。不等我再跟她谈什么，这个外教就赶紧跑掉了。

还有一次，我儿子想吃玉米，露西问：“玉米是什么？”我说：“玉米就是一粒一粒的，这么长的一个植物果实。”显然“植物”这个概念她不懂，她又问：“植物是什么？”结果，我就硬是没有给她讲清“玉米”是什么。她跑去问她的一位朋友：“玉米是什么？”朋友说：“玉米，跟茄子一样，是一种能吃的东西。”然后她就明白了，说：“啊，我知道了。”

朋友用类比的方法，使她掌握了这个词语，从这里我也想到儿童学词汇、学语言的情形。很多成人对儿童讲这个讲那个，讲得又多又复杂，孩子越听越糊涂。显然，儿童必须通过现实中的实物去掌握基本词汇，等这类词汇达到了一定的量时才可以用词句解词，用图片、类比等东西解词，就像词典那样。

人的认知发展特别奇怪，朋友问：“你们的孩子是不是不喜欢这个外教？”我问：“怎么了？”她说：“3 岁左右的孩子一见这个外教就哭。”我说：“不是不喜欢，是他的心智状态还不到，孩子突然发现在我们这种面孔中，又加进来那么一种面孔，这破坏了他以往的秩序和概念，就吓哭了。”所以外教一接近这些孩子，这些孩子就害怕，就远远地观察。但是，大孩子就不一样了，他们的心智发展到能接受这种长相的人了，他们已经知道世界上有白种人、黑种人等。所以外教一来，大孩子就盯着看，特别喜欢这个外教，而且还叫“妈妈”。

让外教带3岁左右的孩子上课几乎达不到学外语的目的。这时孩子认识的对象是外教的面孔。是这些孩子没有意志力吗？不是，是因为他们的能力达不到自我控制的水平，他们还在认识这个世界，他们突然发现这个世界上还存在着另一种人，这种人的鼻子、眼睛与我们黄种人的鼻子、眼睛不一样。在现在这个阶段，这个认知对他们来说是最重要的。这时候让他们顺从去上英语课根本不可能，整整一节课，孩子们都在不断地观察这个人，以便将来产生辨别能力，他们不可能去学习什么英语。直到这个认知过程完成，他们才可能去学知识。

第三阶段，儿童会渴望顺从，这时顺从只是转向他认为优秀的人。他突然发现能够从这个优秀的人那儿获得指导，获得帮助，从而产生了新的热情，变得渴望顺从了。当人达到某种状态的时候，顺从便成了一种渴望。儿童已经意识到教师能够做自己不能做的事情，他对自己说："老师远远超过我，因而她能使我变得与她一样聪明。"当儿童有一天忽然认识到一个成人的能力超出他的时候，他就愿意顺从了，这就是生活。蒙特梭利说，顺从应为人类社会生活带来益处，若没有顺从，社会生活就会变得杂乱无章。

蒙特梭利自己举了一个静坐练习的例子。她说："只有在场的所有人都乐意时，才可能达到完全的安静，哪怕只有一个人也能打破它。"很多人说我们这个幼儿园有一点不如传统幼儿园，那就是这个幼儿园没有集体荣誉感。比如，每次接力赛的时候，我们的孩子跑到半路，突然发现一个警察跟一个人说话，他就可能停下来，拿着接力棒观察警察说话，直到那个警察说完走了，这个孩子才接着跑起来，把接力棒传给另一个孩子。这时我们的老师就会急得大叫："快跑呀，跑呀！"但孩子们不急，就是站着不动，新来的老师就说他们没有集体荣誉感。蒙特梭利认为，那是因为儿童的注意力没有放在赛跑上。即使那个警察不出现，那个小孩子也不能达到那种状态。当儿童能够达到顺从这个状态的时候，他会发现，若一个人破坏了这个状态，整个氛围、整个环境就会受影响。

那天我进小天使班，老师正在跟孩子们做安静游戏，我记得当时一个叫琪琪的孩子拿圆柱体插座，拿了以后给了老师，教师说："好的，请归位。"琪琪很高兴地拿回去，圆柱体插座比较重，而琪琪还小，所以当她把一端放上教具柜的时候发出了很重的响声，结果一紧张，另一端也发出了响声，琪琪赶快坐下来，另一个小朋友说："噪音。"后来，另一个小朋友拿长棒，长棒对于孩子来说特别长，最长的那根，往往是够着这一头就够不着那一头，孩子拿着长棒经过柜子时，"嗵"的一声，长棒杵到了柜子，所有的孩子都缩了一下脖子，一个孩子说："太难听了。"这个时候，我们的孩子是不是已经有了集体荣誉感？他们知道一个人发出的声音，破坏了整个教室的安静，这才叫真正的集体荣誉感。

这种集体荣誉感，儿童自己觉得不可以破坏它，破坏了就没有美感。一旦儿童知道不能破坏它的时候，他就有了自我控制能力，你还害怕什么呢？我们上中学的时候，排队去什么地方，只要老师不管，前面还有队伍，后面的队伍已经不知道在哪儿了，但我们的孩子出去不是这样的。我们带孩子去看恐龙展的时候，解说员整整讲了 40 分钟。最后，解说员惊叹地说："我们给大人、中学生、小学生讲，没有一个像你们幼儿园的孩子听得这么认真！"这个时候，孩子们在公共场所已有了自我控制的能力，已经达到了顺从的状态，大孩子顺从了，把小孩子也带动起来了。

儿童在漫长的头 6 年不断按自己的心智发展并建立相当的能力后，他开始把握事物的本质和规律，并且开始顺从这种规律，第三阶段的顺从就建立了：顺从真理。这就是我们学校的孩子表现出来的："我爱我师，我更爱真理！"孩子最后不再看人，而是遵循事物发展的法则。

蒙特梭利讲，顺从是意志发展的最后阶段，儿童达到的顺从水平如此之高，因而最终成为成人的榜样。

第二十讲

儿童的优秀品格如何形成

很多成人追求真善美，但这过程很艰难，他们的大部分时间都在自我挣扎中度过，一生成为生活的苦行者。但一名儿童如果在 0 ～ 6 岁形成了健全的品格，向善就成了他的自然内驱力，他一生就是为了不断完善自己。

对于一个人来说，还有比他的品格更重要的吗？人的品格就是他这个人本身。民族是以它的品格傲立于世界的，人是以他的品格立足于社会的。

人的品格从儿童期发展而来。这个判断有问题吗？品格是由儿童自己建构和发展的吗？是的，答案是肯定的。蒙特梭利说："儿童是成人之父。"

是不是有点儿夸张？蒙特梭利认为儿童自己在 3 ～ 6 岁所进行的一系列长期而缓慢的活动构建了自己的品格。

蒙特梭利描述过一幅图，图中央是个红色圆心，表示完善中心。环绕这个圆心的是一个蓝色区，代表那些品格完好、比较坚强、平衡、有魅力、正常的人。白色的区域表示各种不同程度的尚未达到正常的大多数人，边缘一层是一个区域较小的深红色圆环，表示正常范围之外的那一类人，比如说精神病患者、违法者。

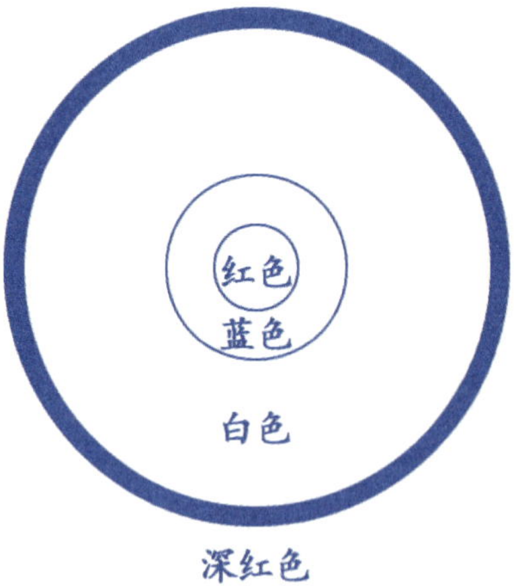

新教育与旧教育的差别到底在哪里？蒙特梭利说，人对周围世界的适应能力在生命的头6年就开始了，如果头6年儿童按照内在的指导正常发展，他自然而然就是蓝圈中的人，不用任何人来教育，别人就是打他、骂他、不让他追求完美，也是不可能的，他就是要追求完美。

真善美的人是人们热爱的人。贞德、林肯、甘地……杰出的科学家、艺术家、政治家，优秀的工人、教师、战士，还有其他正直的人，对社会有建设性行为的人都是真善美的。

很多人为追求真善美而奋斗、牺牲。我看过一本小说《人》，是意大利女作家奥里亚娜·法拉奇写的，主人公是希腊一位著名的政治家，一辈子被折磨得死去活来，从这个监狱到那个监狱……但这个人没有放弃他的追求，尽管受尽痛苦的折磨，他仍然不懈地追求理想——要改变当时的政治体制。挫折和苦难没有把他的斗志消磨掉。南非的曼德拉也是那样。他是一个天生的走向完善的人，死亡都不能阻止他走向完善。所以蒙特梭利说的第一类人是具有坚强性格的人，而其他类型的人，包括白圈里的人在内，则被认为是品格较弱的人。

我们来看身边的现实。在我们的生活中，某些人能为正义的事情呐喊，比方说我的一位同学，她为一棵要倒的树可能给路人造成的危险到处呐喊。她从这个部门跑到那个部门，跑了大半天。实际上这根本不关她的事，但她就去呐喊，到处奔波。因为她的品格不断驱动她这样做。但是还有一部分人，会漠视这些，他们每天都干什么呢？被琐碎的事情、现实的物质利益捆缚住了。又比如说一个婚姻很痛苦的男子，他非常烦他的妻子，他自己的心智发展又不够成熟，没有能力去爱他的孩子。他又爱上了别人，那他怎么办呢？他就不断地在这个矛盾中折磨自己，自我挣扎。如果他没有做更糟的事情，那是因为有一种世俗道德告诉他那样做是一个坏人；如果他做了什么，他会在内疚和负罪感中自责不已。

我想没有人有意要当坏人。为了保证自己不至于成为坏人，他就拼命地控制自己。蒙特梭利称这种人为苦行者。他的一生的上进和退步不断受到某种外力的约束，而那种在蓝圈里的人则完全处在一种自由状态，他的整个生命是向善向美的，任何东西不可能约束他，包括一些世俗的道德说教，因为他远远地超越了这些世俗的道德。这种人就是完全达到自由状态的人，他一生的努力就是不断完善自己，一个人在完善自己的同时，所做的一切工作恰恰也是在完善这个社会。

但是在白色圈里的人不是这样，这个圈里有两种人，第一种人很麻木，他的生命和精力都在这种自我挣扎中度过，这就是我们所说的平庸的人。

第二种人则倾向于滑向外圈。这些人容易受到引诱，除非他们不断地进行努力，否则就会成为品质低劣的人。他们需要道德约束来使自己免受诱惑。在生活中，我常常看到这样的人。比如说偷东西，有一种人偷东西已成为习惯，这种犯罪的人内在也有向上的力量，但这种力量很微弱，他常常被愤怒、报复心或其他的阴暗心理所左右，这种人被蒙特梭利称为神经病和犯罪分子。蒙特梭利曾说过一句话：不道德不是来自道德本身，而是来自他的意志，他控制不住自己。

《十日谈》这部小说描述的是瘟疫发生后人们的状况。那时候大多数人已经不受道德的约束，反正要死了。这样的人，平时是靠社会的规则、法律、宗教信仰的约束不做坏事，他每天都和自己斗争，很累，他生命的能量只能消耗在这上面。这类人有一个最大的特点，就是倾向性。

比如说希特勒，他在一夜之间把民众号召起来去侵犯别国，去杀别人，跟随他的就是这些人。这些人向恶和向善的倾向可能是一样的，是平庸的人，是要不断通过世俗道德来约束的人，他们的内在就像墙头的芦苇，没有分辨能力，因为他们对道德的观念是模糊的，他们对事物的看法也是模糊的，在这种模糊的状态中，只要有一个人比他们稍微强一点，他们马上就会顺从这个人。

但 0 ～ 6 岁心理发展好的孩子，绝对不会从众。我记得《约翰·克利斯朵夫》里面有这样一段论述：伟大的人都在“墙的这一面”，如果你选择这一面的话，你必然要忍受“孤独与寂寞”，墙的那一面充满了喧闹与嘈杂，你在那一面就可以听到那热闹声。当然这种“孤寂”是一种美，他能和伟大的心灵对话，也能引导大众。

一个好的蒙氏老师绝对不会让一大群孩子去“爱”她——离不开她，她所做的一切是使儿童自然发展。如果儿童能够得到自然发展，每时每刻都沉浸在自己的内在发展中，那么他对和自己内心发展无关的外界事物就不感兴趣。称职的父母也是这样，不要让孩子觉得这个世界上只有妈妈最好，剩下的都是危机四伏。很多孩子一离开妈妈就觉得这个世界太恐怖了，而正常的孩子应该是，我爱我的妈妈，我依恋她，我离不开她，但我常离开她，能常离开她，我离开她的时候，我依然能发展我自己。

我们衡量一个正常孩子时会发现，这种孩子好像是“孤独”的，他沉浸在自己的世界中，不依附外界、揣摩外界。很多父母说我们的孩子在外边不像他想象的那么“合群”。我觉得这是一个很正常的状态。一个孩子交朋友，和别人在一起玩，朋友交得愉快，玩得也好，是一个很正常的状态。那么什么样的人不正常？是内心充满了依恋与附属的人！正常的孩子，他不愿跟随便什么人都接触，因为有些人不理解他。即使一个成人，如果他的整个心态都是不断向善，不断完善自己，他一辈子都寻求真理，为大众服务，如果一个人有这样的目标，他就顾及不到琐碎的小事了。

环境的压力越大，生存条件越差，人就越趋向于恶。因为生存条件的恶劣使儿童偏离了发展的轨道，在他还未建立他的人生目标时，因为受伤害而建立了其他的非人性品格。

对很多成人来说，用真善美装备自己是一种快乐和安慰，但这种“装备过程”却成了一种艰难的生活，一种苦行。苦行不可能快乐。所以他们愿意依附那些比自己强的人，以帮助自己抑制诱惑。但是如果我们在 0 ~ 6 岁形成了我们的品质，我们就不再苦行了，向善的品质已经是一种自然内驱力，我们不这样做的时候反而会痛苦。

蒙特梭利说，教育者总是把自己作为一种榜样，因为他不时地感到恐慌，于是他说：“我必须树立一个好的榜样，要不然我的学生将来会变成什么样子呢？”这句话的意思是教育者自己可能变成坏人，所以教育者特别担心他的学生变成坏人。我们理所当然地这样想孩子，因为成人抵制不了引诱，每天都在自我挣扎，因此，教育者在教育学生的时候也会以这样的心态去看孩子。看看我们周围的生活，大多数成人都在担忧：“这样做孩子会变坏。”然而一个发展完善、正常的人，他不会这么想。我们不断告诫孩子，那仅仅是因为我们自己对自己从来都不放心，我们内心有恐惧。

蒙特梭利说：“人类的悲哀在于白圈的人去教育蓝圈的人。”当蓝圈的孩子不断按照自我完善的轨道发展的时候，白圈的人会把我们的孩子拖离这个轨道。儿童在整个成长期不懂得什么叫不好，他的一切都顺应自己内部的发展，他追求完善是一种自然状态，不费任何力气地趋向完善，他们对完善的寻求不是一种牺牲，而是他们的生活本身。

对于追求权钱色欲者，要禁他的欲，他就会非常痛苦，因为他抵抗不住权钱色欲的诱惑，让他一辈子不想这些，对他来说简直就是一种苦行。所以他们要严守他人制定的法规，或严守他们的精神领袖所规定的信条，以帮助自己抵抗诱惑。但是蓝圈的人不需要别人传播什么教条，因为他们忠实地严守着其内心天性的信条。他们不需要一个领袖，他们也不需要一个宗教的教规，他们只是遵守内心的规则。这个内心天性的建立恰恰就在 0 ~ 6 岁，这是问题的关键所在。所以白圈里的人和最旁边的红圈里的人，做梦也不可能想象蓝圈里的人有多快乐。

儿童对于成人来说是高状态的人。蒙特梭利认为，一个人的思想境界达到较高水平就会对社会产生推动作用。所谓创造世界的人，是说对这个社会有推动作用的人，是愉快的人，是自我完善的人。虽然这个世界上白圈里的人多，蓝圈里的人少，但蓝圈里的人创造的精神财富却更可能对人类的进步产生推动作用。

回顾一下我们的历史，就会看到在每个时代，都有人为自己向往的理想做点什么。比如林肯解放黑奴，曼德拉解决种族歧视问题。蓝圈里的人没有必要在同诱惑的搏斗中浪费自己的精力。人类的整个目的是为什么？我认为是完善自己。

即使你有 1 亿美元，有了全世界，可你发现你还是你，你还在原地踏步，那么拥有什么都没有任何意义。可是当你在不断完善自己的时候，你就会发现一个秘密，因为你在完善自己的同时也完善了你所在的这个社会。

小说《嘉丽妹妹》里有个说法：有的人天生就在墙内，有的人通过努力，可以达到墙内，有的人会在墙头上，有的人终生努力都到达不了墙内。这恰恰与蒙特梭利所说的一模一样。面对一件事，很多人都会说："这件事是不可能的。"为什么呢？原因是他们总在同自我作斗争，而那些没有同自我作斗争的人，却把全部精力放到了一件事上，他克服各种困难，这件事就成功了。

所以蓝圈里的人与白圈里的人截然不同——蓝圈里的人把所有注意力都放到了完善自我上，白圈里的人把所有注意力都放到了自我挣扎上。

蒙特梭利说，总之，从品格的角度而言，白圈里的人很多，他们需要用拐杖来支撑自己。如果教育仍然一如既往，人类的水平还会下降。如果一个民族，它的儿童在 0 ～ 6 岁没有得到很好的发展，那么这个民族的素质就会下降得特别快。一个来自白圈的人向属于蓝圈的孩子讲话，他可能会说："不要贪权钱色，这可能会导致罪恶。"而孩子会说："我们不喜欢权钱色。我们喜欢真善美。"很显然，来自白圈的教师只会降低儿童的水平而不会带领他们走向完善。这就是蒙特梭利所讲的新教育与旧教育的不同。

我们今天所从事的教育是一种新教育。可能有人意识到了，一个平庸的人源于他小时候没有接受良好的教育。实际上，一个人的低能完全来自 0 ~ 6 岁受到了成人的控制。

蒙特梭利说，如果我们进行了新的教育，人为地对儿童的限制将会取消，人们注视的将不是如何做“大事情”，呼“大口号”，而是从最现实的事情做起，那就是让儿童完全自由地听从内心的驱动去做他的事。只要我们能做到这一点，我们的孩子就会发展得非常好。

一个人可以读完全部历史、全部哲学，而依然缺乏能力。这一点我体会最深。我的好朋友和她的爱人生活了十几年，头 5 年她读了很多书，她发现她依然没有能力，出去不知道怎么办事。但是在后 10 年的成长过程中，因为真正的爱和从未有过的自由，她的心智得到了发展，她开始成熟了，她发现她的能力来了，她的事业得到了很大的发展。一个人的能力并不取决于他读了多少书，而取决于他人格的完善，这样的人在心理上没有障碍。

没有障碍的人身上有一种力量。这种力量驱使他把所有注意力都集中在一件事上，他一心一意要把这件事办好。

所以很多人发现，有的人没有受过教育，却能发展得很好，有的人虽然受过很好的教育，却活得一塌糊涂。这至少说明了一点：你读了许多书，但依然可能缺乏能力。如果你以一个积极的心态去看别人、看世界，你的心情会很舒畅。如果你觉得处处险境，事事难办，总有人在算计你或阻挡你，你就会分心、沮丧，就没有办法把注意力放在最重要的问题上。琐碎把我们束缚在了小事上，远离了人生目标。

第二十一讲

怎样努力才能为孩子创造好环境

"环境必须是有生命的，老师能够追求自我成长……这个老师一成不变的话，她就不可能给儿童创造一个有生命的环境。"这句话，同样适用于父母。如果一个成人的生命状态是僵化的、封闭的，那么所营造出的家庭环境也必然是缺乏生命力的，这样的环境将会制约孩子的成长。而如果成人的生命状态是开放的、流动的，那成人将能够感知到儿童生命的流动和成长，并协助儿童的成长。

大自然创造了每个人，每个生命都是不同的。而每个人都能够自发地建立起一套生存和发展的系统，这是大自然赋予人的本能，因为这一点世界才变得精彩，变得有创造性，变得充满生机。

一位心理学家说过这么一句话，个性跟创造力肯定联系在一起。实际上每一种个性都是好的。

儿童将依据自己的个性建构他自己的思维和情感方式。比如在语言方面，有的孩子说话的敏感期特别晚，两岁多才开始学说话；有的孩子 1 岁过一点儿就说得很好。我们发现说话晚些的孩子，他的逻辑思维能力比较强；说话早的孩子，相对敏捷，反应能力、应变能力比较好。你不能说哪一种好，哪一种不好。

蒙特梭利教育方法就是给每一个孩子提供发展的条件，自由是儿童最好的发展条件。自由中，儿童将已经懂得的东西反复练习并将它实体化（肉体化）。没有一个儿童不是自己从事这一活动，这种将知识转化为能力的活动就是创造力。等到 6 岁一过，吸收性心智一旦消失，他就开始吸收外在的用语言讲述的知识了。创造力和将知识转化为能力的机制已牢固地建构在儿童的身上，使他终生享用。所以新教育的目的和方法，是同我们过去的教育观念截然不同的。

比如语言，我们发现很多孩子在语言方面非常有创造力。孩子们喜欢躲在无人的地方，比如角落里、桌子下面、壁柜里、树丛里小声交谈。在蒙特梭利幼儿园有一个小朋友，跟着母亲到餐厅吃饭的时候，他把嘴张开，哈了一口气，那时正好是冬天，他说："妈妈，你看这是什么？"他母亲说："水蒸气。”他说：“不是的，这是火一样的热情。”当时所有的人都笑了。他母亲问他为什么这么说，他说：“这几天的音乐课我们每天都在唱《欢乐女神》，其中有一段词是‘我们怀着火一样的热情来到你的圣殿里’，你看嘛，‘怀着’嘛，所以，我就哈出来了。”

但是，看看我们成人！有一次，我们的一位教师从一家幼儿园门口路过，发现孩子跟老师一起在传球，老师将球扔过去的时候，一个孩子没接住，老师说：“笨死了！球都接不住。”这个孩子就跑去捡球。捡来球，孩子把球扔给老师，这一扔老师也没接住。我们的老师当时想，这下孩子可以说你笨死了吧。但只听那位老师说：“笨死了，连球也不会扔。”听完这话，我们的老师目瞪口呆，她回来说：“哎呀！这句话还能反过来这么说。”

这就是一些成人说话的方式。我们在面对孩子时，过去的成长经验和习惯表露无遗。我们太喜欢说教，这是我们受压制太多，没有办法对付成人，只好对付弱小的孩子。而成人意识不到自己的恶劣。在这种环境下成长的孩子根本没有创造力，他学会的只是察言观色，见机行事，以此来缓解自己恶劣的生存条件。但成人会说：“啊，好聪明的孩子！”“这么聪明就是不好好学习。”

聪明是什么呢？

让我们通过对蒙特梭利理论的理解，来建立一个关于想象力和创造力的概念。蒙特梭利认为：想象力和创造力，这两种能力是在儿童与环境交互作用下建立了心智能力后才发展的内在天赋能力。因为儿童要将环境中获得的知觉加以组织，所以环境又必须真实。这样，儿童才会将事物的主要特质抽象化，因此而成功地联合它们的形象，保存在意识的最前面。蒙特梭利强调，这种抽象能力必须具备 3 项特质；第一，要有惊人的注意力及全神贯注的能力，这是几乎在沉思时才能出现的一种状态；第二，要有相当的自主与独立判断的能力；第三，要有随时期待着接纳真理与事实的信心。

有人问，蒙特梭利教育只在幼儿园进行，那么家庭、社会这方面能不能够配合？孩子在家庭中受的教育和他在幼儿园受的教育能不能够统一？另外，幼儿园出来以后要上小学、中学，那时候他受的教育和蒙特梭利教育还是截然不同，蒙特梭利教育怎样得到延伸呢？

这是好多家长提出的问题，因为有的孩子是跟爷爷奶奶或者保姆在一起，家里没有办法配合。进蒙特梭利幼儿园，我们一般要求家里和学校必须配合，如果不配合，学校就不接收这个孩子。我们发现家长越配合，孩子就发展得越好。

实际上能把孩子送到蒙特梭利幼儿园的家长，他的观念已经是相对超前的，比较有远见的。尽管相比而言，这种教育的收费高了一些，但许多家长还是愿意接受的。即使如此，新教育和旧教育的极大不同，给实施这种教育的人还是带来了极大的压力，也带来了使命感和责任感。改变家长的观念，让家长和孩子一起成长，成为学校和家长的共同责任，成长给大家带来了喜悦。

蒙特梭利幼儿园老师的素质要求很高，而且每个班只有 20 ～ 25 名孩子。这让孩子有足够的空间和时间跟老师接触，并能充分享用老师为孩子提供的大量工作材料。接受蒙特梭利教育以后，家长发现儿童有了不可思议的变化。

另外一些家长担心孩子上小学怎么办？根据我们的了解，蒙特梭利教育不仅仅是为小学打基础，也是为整个人生打基础。它不注重具体的知识，即使到了小学，它也注重知识转化为能力的过程，实际上很多家长已经发现，有了创造性的思维，掌握了生活的规律和准则，孩子就知道什么时候该做什么。孩子们准确地掌握了概念，过了一两年，你突然会发现孩子不仅身体好，意志超群，喜欢做题，他还会同你一起探讨较有深度的问题。你惊奇地问："什么时候学的呀？"孩子说不知道。"谁教给你的呀？"孩子说不知道。孩子就是这样学习知识的，在快乐中不知不觉学会，并把这种素质、这种能力自觉运用到他一生的生活中。

在教学中我们发现，很多孩子不按教师教的方法进行学习，他很快就总结出自己的“一套方法”，这是最重要的，也是令我们的老师最欣慰的。

所谓“知识”的东西，什么时候需要呢？

6岁以后孩子“吸收性心智”基本消失了，开始接收“知识”，也就是开始接收通过“知识”的形式来传递的东西。6岁以前他不接收抽象的知识，他只是自己选择一些事物，不断发展他的潜能、创造力。知识和技能对6岁前的儿童来说往往像照片上的食物一样，是一种间接性的东西。

皮亚杰是瑞士著名的心理学家，也是现代幼儿教育心理学家。他告诉大家，儿童通过不断活动建构自己，比如说拿杯子，他不断地拿起来，放下，拿起来，放下……在这一过程中他形成了一种经验，儿童的智力、智慧就是在这种经验中产生的。这个经验告诉儿童，下一次怎么做更好，通过大人的说教却无法实现。大人说：“孩子，这个碗，这么放不会摔。”不起作用，儿童下次照样会摔。但孩子自己不断地使用它，不断地练习，在过程中产生经验，在经验中产生智慧。

传统教育中的“填鸭式教学”，不管孩子兴趣到了没有，试图用引诱和奖励来唤起学生的热情，往孩子的脑袋里使劲“填”所谓的知识。在这种教育状态中，儿童的创造力会被深深地埋葬，6岁一过再也没有机会开发出来。新的教育方法就是使孩子不仅要知其名，而且要知其实，知其然，认识事物的内在规律。

知其然也不是最终目的，而只是一个结果，因为孩子感兴趣，所以反复练习，因为反复而专注，因为专注而产生了自我控制能力，因为有了自我控制力而有了意志，有了意志力能深入到事物的本质上。所以知其然只是一个工具，借助它使儿童自我发展，这本来是一个自然的过程，在这个过程中，知识、学习变成了附带物。但是当我们把这一切反过来，把学习和知识作为最终目的时，孩子的灾难就来了。我们知道，很多灾难的根源在于此。

我们的工作，就是给儿童一个好的发展环境，这是一个高难度的工作。

从原则出发，这个环境要求自由、美好、真实、自然，其中一个关键条件就是老师。老师是最主要的环境。那么什么样的教师才能够让儿童得到发展？蒙特梭利强调说："环境必须是有生命的，老师能够追求自我成长……如果老师一成不变的话，她就不可能给儿童创造一个有生命的环境。"这点特别重要。我的一个朋友家整洁、有秩序、简洁、明快，这几点符合蒙特梭利的标准，但是每一次我去他们家都有点儿不舒服，她说："为了我女儿，你一定要帮我找到原因。"后来我猛地感知到了，我说："你们家好像没有生命。"她说："我们不是生命吗？"我说："你们在自我成长吗？"她陷入了沉思，而后怀疑地问："我们要成长吗？"这就像蒙特梭利说的，如果一个成人的生命是一成不变的，他的个性就很僵硬，他一成不变，他就没有一个自我成长的过程。每个人一旦处在变化中，他就会像一条河变得有了生机。你必须是一条流动的河，否则你永远无法感知你的孩子。

老师就是这个环境中流淌的河流，如果老师不断地发展自己，整个环境就会变得有生机。罗曼·罗兰在《约翰·克利斯朵夫》中提到一个当老师的邻居，那个人像个风车轮子在转，日复一日，年复一年，总是很忙，但没有变化，永远那样，这让人感到悲哀。他给人一种感觉，好像当老师的就是那个样子。但蒙特梭利幼儿园的老师绝不应是那样，我们幼儿园的老师，每个人都在不断地发展。所有的人都说，我们的老师变了，如果没有这样的变化，他们不可能给儿童创造一个好环境。

我知道，很多同学分别几十年，再见面会说："啊，你还是老样子！"真不知道这是荣耀还是悲哀，人的状态不该是这样。人从生到死的整个过程是一个不断完善、不断自我成长的过程，即使到了30岁以后（因为大多数人在30岁以后就不再成长了），当他把爱赋予别人、赋予孩子、赋予妻子、赋予社会的时候，他的整个一生也是变化的。就像罗素所说，人刚生下来的时候就像空中的水汽凝聚，变成雨滴和雪花落入高山和大地；然后像雪山上的雪一样，融化了，变成一条小溪逐渐流淌下来；到了少年时期，这条溪流越来越大，奔腾跳跃，水流湍急；到了青年时期，就汇集成怒江呼啸而下；到了中年，就成了长江，水流宽深，宏伟量大；等到了老年，就特别宽阔缓慢，蕴藏丰富的宝藏和阅历，最后流进大海。人整个发展状态应该是这样的。如果有这样的发展状态，人所创造的环境就活了，就变得富有生机和活力了。

儿童在富有生命的环境中能够自由地发挥自己的一切潜能。如果你创造的环境是一个没有生命的环境，这个环境会制约孩子的发展，因为在这种环境下你感知不到孩子的成长，“老师必须对生命采取开放的态度”。如果这个老师的生命是在成长中，那么她就会对自己、对儿童、对整个生命状态采取一种开放的态度，会用一种等待的态度对待孩子。如果这个老师的生命是静止的，她就看不出孩子的变化。

只有老师变了，她才能感知到孩子变。生命的状态是最具有感染力、吸引力的。每一次从洒满绿荫的树下走过，那种扑面而来的气息能够给我们奇特的感觉。那种感觉是生命对生命的感觉，一种相通，一种和谐，一种力量的赋予，一种能量的传递。试一下，当你情绪不好的时候，跑到森林里，或者跑到树荫下，站到那儿，你的情绪就会稳定下来。你从树上获得了什么？是能量。当你才思枯竭的时候，试着跑到森林里去，你会获得新的灵感。如果你的生命状态是很强盛的，不断发展的，你就能给儿童创造一个富有生机的环境。这样一个环境，儿童能从你身上感知到。

儿童是从哪儿获得能量的？儿童依靠我们的爱而获得安全感来发展他自己。如果我们不能给儿童足够的爱的能量，儿童就不可能发展得很好。

儿童是自然的一部分，他不像成人已离开自然，而且越离越远。比如说，小孩抓狗弄猫，很亲切，很亲近。小动物们一般不提防和回击小孩。我家以前养了一只猫，开始儿子和猫相处十分好。儿子一岁多时，经常把猫的尾巴提起来，或者骑猫，对他来说，那猫可能跟马差不多，那猫已经被他折磨得要“精神分裂”了，只要一见我儿子进来，它就“嗖”地躲起来。我儿子一走，它才爬出来，蹲在我丈夫的桌子上，看着他写作，或者自己玩一会儿。当这个房子特别宁静的时候，有一只猫在那儿动，就能产生更深刻的宁静。奇怪的是，猫从不生小孩子的气，它从不回击我儿子，它只是躲着他，从不抓他，有时我们从床下将猫和儿子一起提出来。

蒙特梭利说：“儿童时期是属于自然的一部分。”记住，他是作为自然的一部分存在的。儿童应该从成人那里获得精神中最优秀的部分。只要这个老师在成长，她本身散发出来的那种东西，会给儿童提供非常好的环境和状态。成人往往到了40岁，甚至不到40岁就放弃了理想和希望，这就意味着放弃了自我的发展。万物以发展为法则，为什么人的心智不再发展反被看成正常的呢？不发展意味着精神的堕落，意味着我们对世界不再有感觉，意味着我们不再有真正的喜悦。没有这些如此本质的东西，我们的生活对孩子又意味着什么呢？

我一个朋友的姐姐，结婚时婆家没有给买毛毯。20世纪50年代的中国还很贫穷，一条纯毛毛毯大概很贵重。随着岁月的流逝，这条毛毯渐渐变成了这个姐姐的一个情结。只要和丈夫吵架，毛毯问题就被提出来，一提就是几十年。现在条件好了，再买一条就可以了嘛，不行，就要当初那条。这种心智和生命的状态，分明是在3岁。这样的妇女永远不会是好母亲，也不会成为好妻子。她会因为一件小事而同孩子争斗，当然最后肯定是成人取胜。大量的对孩子有虐待倾向的父母基本上都是童年成长不幸的人，他们从来都不会理解孩子为什么要这样做，从不会对孩子宽容，他们更喜欢强制孩子。他们已失去理解的能力，无论对孩子，还是对整个世界。

所以在我们的教育实践中有一个经验，如果家长不赞同蒙氏教育观点，我们就不收他们的孩子。我们知道，家长如果不赞同蒙氏教育观点，他会在家里指责这个教育，儿童受父母的暗示，就无法同环境和谐相处。比如我们幼儿园有一个孩子，他是从其他幼儿园来的，他母亲了解了这个教育以后，就把他送来，但他父亲、爷爷和奶奶特别反对。因为孩子是从传统幼儿园过来的，他喜欢这种自由，天天玩得很高兴，他天天玩，玩了吃，吃了玩，根本就不进教室。这是从其他幼儿园转进蒙氏幼儿园后的正常现象。但是他回到家后为了讨好奶奶，说老师不让他吃饭、不让他喝牛奶、不让他睡觉。家长就来问，老师觉得很奇怪，说："每次他吃完一碗我都给他盛第二碗，他吃得特别好呀。"我专门去问老师，老师说他有撒谎的习惯，后来我发现是因为他奶奶反对他来这个幼儿园，他为了讨好奶奶而这么说的。像这样的孩子，因为家庭因素太复杂，孩子无法判断是非，他会根据家庭成员的态度和要求，编一些谎话去讨好他们。这样的话，无论老师多么努力，他的发展还是很缓慢，人格还是在分裂中，他的发展受家里的影响太大。所以这样的孩子我们是不接收的。成人的暗示特别严重。比如说自由，有的家长说我们学校太自由了，我们幼儿园就有许多孩子问："妈妈，什么是自由呀？"这就使孩子产生了疑惑。

一个人不成长，什么都讲不通，十几年前的观念可能到今天还没有变。记得有一次，我对一个大学同学说带孩子要讲科学、讲方法。她是让保姆带孩子的，她说："保姆带多好，又能给你做饭，又能带孩子。"我告诉她："如果你想让你的孩子长成保姆那样，就让保姆去带；如果你想让你的孩子更出息，就让一个大学生去带。"这个道理特别简单。

学校必须对孩子的前途、对民族的素质负责，我们必须有最好的老师，使孩子有最好的人文环境，这是最高原则。实际上我们选择老师的时候，就希望这个人有一个良好的精神状态，而且能够自觉地、不断地、长足地发展自己。如果你发现一个事物对你有帮助，你就应立刻抓住这个事物，因为它可能改变你。不断地抓住，不断地抓住，10 年以后，你全部变了，你会发现你把身边的人远远地甩在了后面。这样你就会优秀，如果你是优秀的，你会有成功的那一天，你坚信这一点。这个社会要用最优秀的人。社会不用你，肯定是你身上有什么致命的弱点。我常仔细观察我周围的人和事，我发现，那些才华横溢的人却没有被重用，实在是因为他身上还有其他致命的弱点。所以只要相信你自己，提高你自身，你就能找到适合你自己的位置，你就能把你放在一个你喜欢待的位置上。

如果我们成人能这样不断地改变自己，我们就会发现，我们从儿童身上能吸收大量的优秀的东西，毫无疑问。因为我们的儿童没有受过污染，在精神上不仅有自身有待发展的那部分，同时也能诚实地反映出我们成人的问题。比如两个孩子为了争一顶帽子，打起来了。一会儿一个孩子悄悄地溜到另一个小孩的后面，老师看见了心想："完了！他拿什么东西打这个孩子呢？"但是没有！这孩子拿出那顶帽子，给前面的孩子戴上，还欣赏了一下，走了！但我们成人就会认为这个孩子会去报复另一个孩子。这是一件小事，但能证明我们成人有多少观念是这样的，而且已经形成定式。事实上，你如果一直以一种积极的心态看待别人的话，你会觉得这个世界充满了希望。

所以，能发展自身是从事蒙特梭利教育最关键的部分。你只要不断发展你自己，你就能够达到一定的水平。所以蒙特梭利说："教师是否能够参与不断变化中的儿童生活，是其中关键所在。"

第二十二讲

关于"吃"的生理和心理问题

吃是儿童早期建立心智的一个重大领域。吃能发展智能，建立自尊和意志。比如说我们带孩子去买东西，如果你把"选择"的权利交给儿童的话，儿童会排除众多诱人的食物而选择他最需要的，这是一种意志力建立的过程。但事实上，很多父母是要干涉孩子的。

有些家长认为孩子很自私，跟孩子在一起吃饭，如果有孩子喜欢吃的东西，即使大家都喜欢吃，孩子也不会考虑别人，这种现象说明了什么呢？

孩子这时还没有“道德”意识，当然更无所谓“自私”，蒙特梭利认为道德观念是在12岁以后建立的。吃的东西对他太重要了，是他的全部世界，他只是坦然而诚实地使用他的自然本能，就像杰克·伦敦《热爱生命》中的那个人，在饥饿的九死一生之后，他“胖”得吓人，浑身塞满了四处拿来的面包，饥饿的经验使他现出本能。

但儿童两岁多的时候有“这物”“那物”“属我”“属他”“属大家”的意识了。也可以通俗地说，有了“私有观念”和“共有观念”了。他知道什么是自己的，什么是别人的。在这时，应该给孩子建立一种别人的东西不能动、自己的东西可以自由支配的道德观念。这种秩序（可能还没成为观念）一旦建立，就是一个生活的基本准则，也是道德的萌芽。

吃是儿童早期建立心智的一个重大的领域。吃能发展智能、建立自尊和意志。比如说我们带孩子去买东西，如果你把“选择”的权利交给儿童的话，儿童会排除众多诱人的食物而选择他最需要的，这是一种意志力建立的过程。但事实上我们很多父母是要干涉孩子的。孩子要买这个东西，就说：“你不要买，那个东西不好吃。妈妈告诉你，这个东西好。”哄着孩子买她认为的好东西。结果东西买回来后，孩子情绪非常不好，甚至很痛苦。实际上儿童非常欣赏他自己选择的东西。

自主选择是儿童意识独立的标志，这个独立的出现、尝试和应用，使孩子非常快乐和兴奋。这种买的过程对儿童是非常有帮助的，但也最容易让孩子受到挫折和压抑，因为这里面牵涉到“经济问题”。我经常给家长说：“你选择一个，是用这点钱满足你孩子一个非常好的心态并使他成长呢，还是害怕浪费这点钱，非要买你认为对他实用的东西不可。”我们会发现很多家长会选择后者。

“吃”对儿童意味着心智的发展，意味着通过口对事物进行认识，意味着自尊，意味着选择，意味着意志力的形成。所以吃和玩是儿童两大主要任务。

如果在吃上不满足，儿童在自尊上肯定发展不好，自尊心不强。他会经常看着别人的食物，他有时候不是为了满足肚子，他完全是为了满足嘴的感觉。就像儿童刚生下来是用口腔来认识世界，什么都要往嘴里塞一样。这个时候他要认识外界的东西，而且是通过口来认识，吃就成为他发展的条件了。这个世界很丰富，成人也喜欢“尝试”，有时候只吃一点儿就不要了，有时只是想买，但买来后就不要了。时间久了，成人自然就知道那个东西是怎么回事。大人都是这样，更何况孩子。阻碍他尝试，就像阻止我们看这个近在咫尺的世界一样。尽量让 0 ～ 6 岁的孩子满足，他不会要超出他需要的东西。记住：努力让他满足。

最好的办法就是一周给他买一次。把时间固定好，比如说星期天，那就每周的星期天带他去超市。我们曾约了三四个孩子的家长做试验，时间一久，我们发现孩子买东西不会超 30 元。你把自由给他，让他去挑，你不要干涉他。我经常对我儿子做这种试验，我发现他只挑到 20 元左右就停止了。你再问他，他说：“不要了！”很满足地要走。一周一次，他也不向别人要东西，也不眼馋别人的东西，非常有自信心。他提着东西和买东西时那种充满自信的样子，是很让人陶醉的。

经济条件的好坏在我看来并不影响孩子的发展，钱多钱少都没有关系，你可以根据自己的条件决定给孩子买东西的钱数，问题的关键在于你是否把选择的自由交给了孩子。

在餐桌上，孩子的吃和成人的吃有着极大的不同。成人喜欢桌上的食物丰富多彩，品尝每一样。但儿童不同，儿童有时就吃一样，然后什么也不吃了。有时儿童喜欢吃肉，抓住肉不放，之后可能一天甚至两天基本上不吃东西。成人开始担心，并想方设法让孩子吃，有时孩子为了安慰成人吃下去了，结果消化不良，发烧、扁桃体发炎。想想森林里的老虎吧，吃完一顿肉后总是几天不进食，只喝水，饿了才去捕食。我相信，孩子的肠胃绝对没有老虎的好。为什么不让孩子把肉消化了呢？我常发现我的孩子总这样，有时吃一盘肉，有时只吃一碗饭，有时只吃菜。但从一周的饮食来看营养是均衡的。他看上去结实、快乐，极少生病。

长久的观察让我得知，儿童的身体是知道饥饱的，并且能自我调节，通过自身的感觉来调整饮食结构。所以，我常常把不同的食物放在桌上，由儿童自己选择——自己选择吃的时间、吃的食物。不要像孩子们所说：“我们多辛苦呀，又要吃东西又要睡觉。”

第二十三讲

孩子的问题出在哪儿

在一些传统幼儿园里，大部分时间儿童都不能自由活动，他必须很规矩地坐在课桌前听老师讲。这样，儿童就失去了自由，失去了自我发展的机会。比如，一个孩子现在想去玩水，但是老师让他必须画画，当愿望和行动不能统一时，孩子就不可能专注在画画上，怎么办呢？他开始想象，用想象来弥补他不能得到的活动，他想象自己去玩水，或者编一个故事来安慰自己。长久下去，儿童的心力和活动就被分开了，“人被分裂了”。

蒙特梭利说："经验表明，儿童的正常化会使得许多幼稚品质消失，不仅是那些被认为是缺陷的品质，还有通常被看作是好的品质。"这里所谓的"通常被看作是好的品质"，就是我们要说的"歧变"。蒙特梭利说："在那些消失的品质中，不仅有邋遢、不服从、懒散、贪婪、以自我为中心、好争吵和不稳定，而且还有所谓的'创造性想象'、喜欢编故事、对别人的依恋、游戏、顺从等。"

在很多人看来，神游编故事，在自己的故事中欢乐、哭泣、痛苦，这种情况被大多数人认为是富有想象力和创造力的，蒙特梭利认为，这正是儿童的歧变。蒙特梭利说："儿童的本质还没有被今天的人们真正认识。"

蒙特梭利对儿童的歧变讲了 8 点。她说："儿童一旦发生歧变，能够改变他的，可能就是使儿童专心致志于某些使他跟外界现象相接触的体力活动。"

所有歧变产生的原因，是儿童正常的活动不能得到实施。我前面讲过"肉体化"（也就是"实体化"）是每个儿童发展的目的。但就在儿童的精神胚胎需要发展和试图发展的时候，成人遏制了它。勒令幼儿坐在课桌前，听老师讲课，孩子想玩什么，大人通过各种方法不让玩等，这样长久下去，会使儿童产生歧变。

蒙特梭利说："儿童所有的歧变都有一个根源——儿童不能实现他发展的原始计划，在他的发展期遇到了一个有敌意的环境，他的潜在能量本应该通过实体化的过程展现出来。"

蒙特梭利说："实体化的概念可以作为一种指导来解释歧变的性质：心理能力必须在运动中得到实体化……"她在《童年的秘密》中这样解释：

儿童内心有一个心理密码，这个心理密码就是我们说的精神胚胎。心理密码需要在儿童 0 ～ 6 岁成长的过程中靠他自己破译，任何成人都没有能力破译。当儿童要接近这个目标，他的内在心理密码会告诉他：你去接近这个目标，去为这件事情努力。这个时候，他应该走过去，但这个过程却被成人禁止了，为了实现这个目标，儿童可能会和成人斗争，但是儿童的力量很弱小，当儿童无法做他想做的事时，他就去想，靠想象去做他想做的事，心力和活动被分开了。

在传统幼儿园里，大部分时间儿童不能自由活动，他必须很规矩地坐在课桌前听老师讲，完全处在一种静止状态，人格就被分裂了。这个孩子长久下去会成为一个在人格上不一致的人。但是人类特别奇怪，即使环境是这样的，儿童也要想方设法通过其他方式来弥补。比如一个孩子现在想去玩水，但是老师让他必须画画，当愿望和行动不能统一时，孩子就不可能专注在画画上，怎么办呢？他开始想象，用想象来弥补他不能得到的活动，想象自己去玩水。

这种现象不可能是暂时的，为什么？如果一个儿童想做一件事情的时候，你不让他做，他的状态是：我什么都不做，我就坐在这儿痛苦。但是这种痛苦不能长久地持续下去，于是儿童注意力就开始转移，他不再痛苦了，因为他发现这是无望的，他开始胡思乱想。思想是自由的，没有人能够禁锢住人的思想。蒙特梭利说，如果这种“统一”不能获得，不管是由于成人占据了支配地位，还是儿童缺乏动力，心理能量和运动这两个组成因素就各自发展，“人被分裂了”。

儿童在两岁左右的时候会不断地去寻找一些会动、会响的东西玩。成人认为那样很危险，他们制止儿童而不是帮助儿童去认识并学习怎样避免危险。他们往往是用另外的东西将儿童的注意力引开，从来不试图教给孩子用准确的动作来面对他感兴趣的东西。每一次活动时儿童都被成人用另一个东西引诱走。这种不断地引诱，只产生了一个结果，就是把儿童内在的精神胚胎逐渐地蒙蔽起来，儿童自己也不知道他的内在到底要他干什么。在这个过程中，儿童就出现了一个最致命的弱点：好动，不断地动！当他的内在指导他去做那件事情的时候，一个外力不断地诱使他去做另一件不符合他内在的事情。蒙特梭利说：这种现象就叫心理能量跟运动不能成为一体。

心里知道自己该去做一件事情，而所做的事情却正好相反。这种现象在我们成人中间大量存在。比如说一个失业者，他要做的第一件事情应该是什么？重新“包装”自己，再到外面去寻找新的职业。但情况往往不是这样，他在家里看电视、发牢骚。他在心里是想找工作的，但他做的事情恰恰跟找工作相反。再比如，我们常常看到一个没有考上大学的学生，每天他所有的愿望就是怎么复习，怎么考上大学，可他一拿起书本就开始胡思乱想，他的胡思乱想阻碍了他，他没法复习，这个人的心与力就被分开了，这种心力的分开，蒙特梭利称之为神游。

为什么儿童会出现这种现象呢？蒙特梭利说：“由于从本质上来说，没有一样东西会被创造或消失，所以，儿童的心理能量不是按它们应有的方式得到发展，就是沿着错误的方向发展。”他的发展方向就是这样，不是按正确的方向发展，就是按错误的方向发展，不可能居于一个中间位置。儿童的状态也是这样，他如果不按照正确的轨道（他内心的精神胚胎）通过活动来实体化，他就被压抑了。蒙特梭利说：“当这些心理能量大到失掉了它们的终极点而毫无目的地漫游时，通常就产生了歧变。”

人是要有一个终极的目标的，人应该自始至终按照那个目标前进，儿童尤其如此。这个目标非常明确。但是通向这个目标的是活动。如果你不让他这样发展，这个终极目标就被成人阻碍了。成人告诉他：“你今天休想办到！”孩子会告诉你：“妈妈，我特别想干，求求你了，让我这么干吧！”“不行，你今天就别想了，死了这条心吧！”儿童一旦发现他真的没有办法实现，就会神游，小孩子、大孩子都会这样。蒙特梭利说：“心灵本身应该通过自发的体力活动来塑造。”一定要明白这句话，心灵应该通过自发的体力活动来实现。不是某一个人告诉他应该怎么做。比如，3 岁以前的孩子，要到处走动、触摸，甚至有把东西打碎的可能。此时，成人应该顺其自然，只要没有危险，任儿童去触摸。只有这样，儿童才能够真正地得到发展，进而成熟。否则儿童会躲在幻想里喘息。我常常说，当一个人受了伤，没有人安慰他的时候，他会自我安慰，自己用舌头舔自己的伤口，然后告诉自己：“你多么可怜呀！”“你多么伤心呀！”因为他得不到别人的安慰。儿童也是这样，当他的终极目标被破坏，他就会躲进幻想的世界中。

我们有些成人也一样，我们已经很清楚自己不可能再考上大学了，尽管这个事实已经很真实了，但是我们依然会告诉自己：假如我上了大学会怎么样，想很多很多事。而且能长达几个月处在这种幻想中，进行自我安慰。

这种幻想对儿童来说是可怕的，对成人来说更可怕。我们很多人早晨不愿意起床，喜欢躲在被窝里胡思乱想。实际上这些想法对你一点用处都没有。有的人睡得很早，一躺在床上就开始胡思乱想。原因来自什么呢？就是在他童年的时候心理能量和运动分离了，这种分离在很长时间以后就会形成一种习惯，他长大以后，就变成我们现在说的那种只会想不会做的人，就像蒙特梭利说的，他会是一个很伤感、很浪漫但毫无意志的人。他可能说：“我喜欢文学作品，我想当一个作家。”但是他没有意志力，因为做一个作家，不但需要有天分，还需要艰苦的劳动和努力，他不具备艰苦的奋斗和努力，就是没有意志力。所以他一辈子可能一会儿喜欢这个，两年以后又喜欢那个，他什么都做不成，这样的状态就是他童年时期神游造成的。

蒙特梭利说：“当漂泊的心灵找不到它可以工作的对象时，它就被图像和符号所吸引。”

我们应该回过头来深深反省、自查一下我们在教育中的失误。当儿童漂泊的心灵找不到工作对象时，儿童可能走到图像和符号里。我们想一想，我们今天所从事的教育，不但没有给儿童活动的机会，而且还故意地、努力地把图像跟符号教给儿童，让儿童去神游。因为我们大多数教师在给孩子讲课的时候，不是让孩子自己活动去获得他心智的发展，而是通过教师的讲授，帮助孩子去神游。比如，一个小学三年级的学生写作文，老师出的题目是“植树”，然后老师在课堂上讲了一个植树的故事，就让孩子们写植树，孩子没有植树的经历，只能靠老师的诱导和自己凭空的想象来写这篇作文。

一个人如果童年具备了意志，他以后就能面对任何事情。如果没有，他就只能站在旁边想。如果别人做到了，他会这么想：有什么了不起的，我也会，只不过我没有做。像与哥伦布同时代的公子哥儿们，他们说：“发现新大陆？那事儿我们也会。”也像操作教具一样，我们看的时候觉得动作很简单，但我们做的时候发现自己很笨拙。看和做是两码事。蒙特梭利教育告诉人们：儿童的整个心智发展是一个活动的过程。他就是通过自己做来发展自己心智的。如果他做不到这一点，他的心灵就会到处漫游——因为找不到要学的东西，儿童会很痛苦——那么在这种痛苦中，就会像蒙特梭利所说的：“饱受这种失调折磨的儿童会坐立不安地乱动。他们充满活力和不可压抑，但是毫无目的。”

所以就会出现像珠珠刚入园时的情景：珠珠刚来时，刚拿起一样东西，还没有做完，就把它扔掉，再去拿另一样东西，还没有做完又把它扔掉。老师说，当他看到一个目标的时候，他向那个目标走过去，就有七八个目标在吸引他。而这样不断滋生新的目标，他的心智会非常混乱。这样一个在混乱中的儿童，他是坐立不安的，是极其好动和焦虑的。我们知道成人的焦虑正来自这里。当一个人坚定地向自己目标迈进的时候，他不可能出现焦虑。相反，他不知道自己该怎么做的时候，他会很慌乱、很焦虑。那么成人所有的这一切来自哪里？恰恰就来自童年。如果一个人，在他童年的整个过程中，他的整个活动实体化了，他的人格状态就形成了，他作为一个人就站立起来了。但很多人不是这样，童年时代完不成实体化这个过程，只能处于神游状态，等待成人创造他们。

蒙特梭利说："不管成人是惩罚还是耐心地容忍这些失常儿童的漫无目标和不规范行为，实际上他们都是赞成和鼓励儿童幻想，并把它们解释为儿童心灵的创造性倾向。"对这一点我有很深切的感受。

我的一个朋友，她的孩子 4 岁多，她经常夸她的孩子说："我的孩子可聪明了！"我问："怎么聪明了？你给我讲讲。"她说："我的孩子很有创造力。你看嘛，我的孩子经常坐在那儿编故事，编着编着自己就哭了，编完后有时候就笑了，我对她说：'孩子，你不可以这样，因为那个故事是编出来的，你不用哭，那不是真的。'可孩子还是沉浸在那个故事里，一会儿哭，一会儿笑。"然后她对我说："你看，我孩子要是没有创造力，哪能编这么多的故事！"我一听，糟了，这孩子发生神游了，但是她妈妈不知道，如果你告诉她"你的孩子神游了"，她肯定不接受这个现实。她说："你怎么能这么说，这叫有创造力！"最可怕的是父母不知道孩子出现了问题，反而把问题当作优点。

我们经常看到很多孩子，用教具"做蛋糕""摆家家"。当时很多人问："是让孩子这样做呢？还是不让他这样做？"我当时思考了一个多月，我觉得这是神游。那么多的孩子还在"摆家家"，要不然就坐在那儿，他当爸爸，她当妈妈，我知道其他的幼儿园经常有这种活动，假装当丈夫，假装买菜，假装过家家，假装做……把它称为兴趣课，叫角色游戏。

一次我到我同学家，有意识地拿一些东西给孩子做心理测试。同学的孩子两岁多，他的语言能力很好。我问他："你给阿姨说说，今天做了什么？"孩子站在那儿想了一会儿说："草，呜——起来了，天上的飞机，呜——飞过去了。"作为成人，你能想象出草"呜"地长起来了吗？草跟飞机又有什么联系？他妈妈笑了，说：“是这样的，我今天跟儿子在院子里除草的时候，正好有一架飞机从天上飞过去。”这种状态是正常的，因为他在描述一个情景。我们再看另一个孩子，也是刚来幼儿园，他在呆呆地看着窗外，老师过去问他：“你在看什么呢？”那小孩说：“有一只胳膊在飞呢！”这是明显的幻想、神游。

神游也借助于玩具，借助于玩玩具的活动。感到自由以后，有些孩子不操作教具，而在不断地玩，就是“过家家”这些事情，第一年这种现象特别严重。我有点儿担心，后来我产生了两个想法：一个是，孩子存在的神游将继续一段时间；另一个想法是，是不是孩子在模仿期没有得到满足呢？他是还在继续一种模仿吗？模仿期在一岁半的时候来临，两岁的儿童是最喜欢模仿的，你去买菜，他就提个筐；你擤鼻涕，把纸扔进纸篓，他就不断擤，不断地把纸扔进纸篓，会把你的纸都用完，你干什么他就干什么。

我当时想，是不是这些孩子在模仿期没有得到满足呢？我们的幼儿园每个班都买了全套锅、碗、瓢、盆、家具，刚开始孩子蜂拥而上，玩了不到一个月都丢了。这是一拨孩子，可是在后 3 年的发展中，这种情况就不那么严重了，其中大部分孩子不把教具当作某种玩具，“过家家”的现象没了，显然这和模仿无关。

自由，让孩子做他自己愿意做的事情是治疗神游的最好办法。

蒙特梭利认为所有的东西都应该是真实的。蒙特梭利教育包括戏剧课，很多人以为蒙特梭利教育的戏剧课可能是扮演角色，你当妈妈，我当什么。不是，这里所有的戏剧课就是到真实的地方去。比如说商店、医院、邮局、火车站……如果今天的戏剧课是到医院去，那老师就领孩子去挂号，看病。所有的情景一律是真实的。比如听诊器，我们幼儿园就买真的听诊器让孩子去听。

在成人看来，儿童是真的，但儿童活动的对象可以是假的，于是成人就对儿童假装起来，儿童只好把它想象成真的。蒙特梭利说：“成人教儿童观察他自己通过各种方式用积木搭成的马、城堡或火车。儿童的想象力可以给任何物体一种象征的意义，但是，这就在他的心灵里产生了一种幻想的景象。一只旋钮变成了一匹马，一张椅子成了御座，一粒石子变成了一架飞机。儿童可以玩他们得到的一些玩具，但是，这些玩具产生了各种幻觉，未能提供跟现实的实在而富有建设性的接触。”

儿童得不到爱时，一切危机都出现了，这就是儿童产生歧变的一个过程。

蒙特梭利说：“成人认为，对儿童的随意活动来说，玩具是发泄精力的唯一渠道。”但是我们蒙特梭利幼儿园的大部分家长都说，给孩子买的玩具，玩几天就不玩了，甚至有的拿回来玩几下就扔掉了。当然，玩具的生命若能达到一个小时，它就是有意义的。

但是儿童对蒙特梭利教具的喜欢长久不衰。有的孩子在这儿待了 3 年，每天依然在不断地操作这些教具。因为蒙特梭利教具具有教育目的，这个目的就是儿童每次重新操作，都有新的发现。他不断地操作，不断地发现秘密，正好给儿童提供了一个心智长久发展的工具。像长棒，有一个孩子操作长棒达 3 个月，他有时候把它立起来摆，摆完了以后就开始摸，一个接一个地摸。老师心想，他怎么是这样？但是他就是这样。摸完后，他又拿起最短的那根长棒，开始一根一根地比，比完了以后一推，“哗……”长棒就像多米诺骨牌一样倒下了。这里头肯定有很多孩子需要的东西，否则他怎么能在长达 3 个月的时间内去操作同样的东西？也就是说，这套教具恰恰能够让儿童的精神胚胎实体化，它达到了这样的目的。

许多玩具的寿命是很短的。我常想，蒙特梭利教具的整个操作过程是有规律的。儿童天性喜欢规则，并为发现规则而充满喜悦，这种喜悦又会促使儿童进行更高的、自主自觉的智力活动。儿童通过心智的发展，不断地对教具改变操作方式，然后根据操作的熟练程度继续发现它内在的秘密。但这一切必须在儿童自由、自愿的情况下进行，他可以工作，也可以出去玩。若做不到这一点，他的发展是谈不上的。但成人总在猜测儿童。蒙特梭利说:“尽管儿童很快就会厌倦他的玩具，并把它们搞坏，但成人这种信念还继续存在着。”所有的成人还是不断地要给孩子买玩具，让儿童去玩，认为玩具就是世界上能够赋予儿童智慧的唯一东西。蒙特梭利说:“玩具是这个世界赋予儿童的唯一的自由，但儿童应该在这个宝贵的时期为更完善的生活奠定基础。”而这个基础却需要儿童内在的心智发展来完善。成人眼中的玩具，只有不被儿童看作玩具的时候才是有用的，但成人不知道。所以在许多学校及许多爸爸妈妈等成人的心目中，恰恰是儿童的这种“分裂”被认为是最具有创造力和想象力的，当我们看见儿童“真玩”玩具的时候，当我们听见儿童编一个故事的时候，我们就认为这孩子极有想象力。

一个正常儿童不会这样做的，他才刚刚生下来几年，他所有的精力跟他内在所有的需求都不断地告诉他“去认识这个世界，去发展自身”。他的每一分钟都要让他活动再活动，但这个孩子却坐在那儿编故事，这像是一个老人做的事情。

一天，有一个老师跟我说:“我们班新来了一个孩子，我感觉他对什么都不感兴趣，他坐在车上，好像很老实，什么也不想，就坐在那儿一动不动。”我说:“这孩子可能是跟爷爷奶奶长大的。”她说:“正是。”一个孩子是不可能坐在那儿不动的，这是一个老人的状态。一个是刚刚升起的太阳，一个是将要落下的太阳，两种对世界感知完全不同的人，却硬是被配合到了一起。一个生命刚刚开始，对世界充满了好奇，另一个生命则快走到了尽头，靠回忆度日，而我们却把这两种人放在一起，根本谈不上教什么，那种心态就会把儿童影响得对这个世界不感兴趣。我们幼儿园有这样的孩子，刚来时对什么都不感兴趣，什么都不喜欢。你让他干什么都不参与，运动会不参加，公园也不愿意去，就坐在看大门的爷爷对面，一坐两个小时。老师开玩笑说:“怎样的迫害，才能把一个一刻不能停止活动的孩子搞成这样？”

为什么会这样呢？我们知道，一个孩子和奶奶在一起，奶奶最喜欢做的就是“包办”，当这个孩子发现马路对面的一只小虫子，他会很好奇地朝那只爬动的小虫子走过去，奶奶这时会毫不犹豫地把他拉走，她害怕出问题、惹麻烦。这种做法让儿童的精神分裂，儿童实体化的过程被破坏了。

但当我们在幼儿园里为孩子提供一个非常好的环境，儿童能够马上融入这种环境的时候，儿童的这种激动、幻想和坐立不安都能消失。我知道在北京有一所专门治疗孩子多动症的学校，学校专门让孩子去玩、去摸一些东西，还弄来一些设备，一节课收很多钱。但我们知道，儿童好动是长久造成的。要治愈它，也必须通过一个漫长的时间，给孩子一个自由的环境，让孩子聆听自己的心声，使他不断地活动，仅仅一节课是不能把孩子改变过来的。所以我对那位介绍北京这所学校的朋友说：“蒙特梭利幼儿园没有一个好动的孩子。想让孩子正常化就试试这种教育。”

我们有一个叫狗狗的孩子，刚开始特别好动。老师一转头，他就把他们班的杯子从二楼全扔了下来。他的动作极快，刚给他把大衣脱下来挂到衣架上，老师去给另一个孩子脱衣服时，他已经把他的衣服塞到盆里了。他一看到你掉头就跑，因为他知道你要追他来了，他已经形成那种一看你就跑得更快的心态。他的动作极快，抓这个弄那个，结果把老师都要愁死了。我就对他的家长说：“我们双方配合，从今天开始，他干什么都不要说，哪怕搞破坏你都不要说，先让他调整自己。”3个月以后，这个孩子就变了。有一天他妈妈等着接他，他在沙坑里玩，他妈妈对我说：“我真应该感谢幼儿园，我太满意了，才3个月，我孩子在沙坑里已经能玩两个小时了。”所以我对很多人说：“蒙特梭利幼儿园没有多动症患者，没有一个孩子是好动的。孩子们总是能长久地坐在那儿不断地看，不断地操作他们喜欢的东西。”

蒙特梭利说，每一个孩子在进入蒙特梭利幼儿园的时候，多多少少都有一些心理障碍，这些心理障碍都是在家里形成的。所以，在国际上，孩子进入蒙特梭利幼儿园后，都有两个半月的时间进行调整。两个半月后，如果儿童还没有安静下来，还没有进入专注的工作状态，那就要对教师来一个检验：你可能给予孩子的爱与自由不够。如果再等待，3个月后还没有进入状态，老师就要自查：我给孩子的自由够不够？我到底哪儿做得不好？我可能不够爱孩子？家长是怎样的状态？这种自查马上就能让你找到原因。

有的孩子一周就进入状态了，差一点儿的一个月。一般状态下，孩子在两个半月到3个月都能进入状态。只有那种5岁以上的孩子，或是在其他幼儿园待了很久的孩子，需要半年到一年的时间。你要不断调整他，他已经被压制得太久了，再加上吸收性心智眼看就要消失，所以你扳他会很吃力，我们的老师比较害怕面对这种孩子。

我们现在为儿童所提供的环境，能够使儿童无目的的行为、好动的行为都变得有方向。蒙特梭利说：“他们的手臂和大脑成为渴望了解和真正认识他们周围现实的心灵的工具。对知识的探究现在已经替代了无目的的好奇。”大孩子的心理歧变更为严重复杂，那些曾经发生过的压抑即使在自由的环境中也要经历一个漫长的发泄期。因为神游是一种逃避，逃进游戏或逃入幻想世界常常会掩盖已经分裂了的心力。

神游代表了自我的一种无意识的防御，这种自我逃离苦难或危险，把自己隐藏在一个面具之后，实际就是神游状态。对成人来说也是如此，当我们没有办法解决这个问题的时候，我们总是处在一系列的幻想中，进行喘息和自我安慰。如果一个成人真的变成这样的话，他内在的自我矛盾简直太大了，心理问题就像一堵墙壁，他冲不出这堵墙壁，他一直在里面进行游戏，外面的世界是什么样的呢？外面的世界很广阔，他也想出去，但冲不出去，他不断地碰壁，不断地在自我挣扎中进行自我安慰。因为人类真的太苦了，没有人安慰的时候，他只能进行自我安慰。

有时候人们对自己撒谎，比如说谈恋爱，我发现很多女人都有一个特点：她已经发现这个男人身上有很大的问题，而且这个问题可能是致命的，但她会对自己说："不是的。"然后她马上给这个男人找一个理由，帮助他"开脱"。等她结婚以后发现这个幻想真正破灭了，她痛苦不已，她会说男人："你是个骗子。"

前不久我看到一项美国人的研究报告，一个孩子，不管男孩还是女孩，她心目中的第一个男人是她爸爸，他心目中的第一个女人是他妈妈。如果这个女孩得不到她父亲欣赏的话，她长大后会有一个特点，当她找到一位男士，她就会深深地依恋这个人，这个人绝对不能跟她"拉倒"，一"拉倒"她就痛苦不堪，她一定要在这个人身上得到肯定。你看很多人，如果对方告诉他她不爱他，本来他完全可以放开她去寻找新的爱情和幸福，但他不，你不爱我，我就要杀了你，你必须爱我。实际上他爱不爱她呢？他不爱她，他只是深深地依恋她。他在找什么呢？他在找他妈妈对他的肯定，她在找她爸爸对她的肯定。人类的悲哀就是这样的，他（她）在童年已经形成了这些。

我们知道，一个孩子，不管自己母亲怎么打他，他还是要爱母亲，要让母亲肯定他。如果儿童需要你的爱，你为什么不给他呢？他满足了，你也满足了，这简直是一箭双雕的美事，但是我们不能。很多孩子说："妈妈抱抱，妈妈抱抱。"妈妈却说："不可以抱，你已经长大了，你已经独立了，应该自己学习走路。"这孩子跑在后面说："妈妈抱抱，我累了，妈妈我肚子疼。"想尽办法让妈妈抱，他的妈妈认为不该抱，应该让他自己学会独立。

我从孩子身上发现，5 岁多的孩子有一种恐惧，这个恐惧来自他的成长。5 岁半的孩子，他感到他 6 岁以后会有一个变化，这个变化让他害怕，所以他又返回来依恋母亲。就像一个十一二岁的孩子，他内在的生命也感知到要有一种变化，这种变化让他感到很害怕。这种变化实际是迈向独立的一种变化，是离母亲越来越远了，离这个安全的港湾越来越远了，他要到外面的世界搏击去了。这种潜在的意识可能是很强烈的。你看八九岁的孩子最依恋母亲，动不动赖到母亲旁边，跟母亲挤在一起。这似乎是分离前的依恋，从3岁到6岁，到9岁，他要不间断地走向独立，他有点紧张和害怕，他需要临行的力量，他需要回来得到母亲的爱。

我儿子5岁的时候每天让我上楼抱，下楼抱，坐车子从来不坐到我后面，爬到我身后，双手搂着我脖子，我从车上下来，再把他放下来。许多人说："这么惯，把他惯坏了。"我想，他需要这种感觉就给予他，我感觉这不会宠坏一个孩子。爱怎么可能让一个孩子变坏呢？帮助孩子成长吧，因为孩子太无助，因为我们是孩子能拥有的一切。如果做妈妈的不去维护孩子成长的过程，想一想，这个世界还有谁能做到呢？

让我们看看《读者文摘》中的一则故事。有一群斑羚，被一个猎人一直追赶，最后到了一个山头上，底下就是悬崖，而这个悬崖和对面的悬崖离得很远。当猎人追过来猎杀的时候，这群斑羚突然变得安静下来，它们好像在开一个会。当这个会开完之后，就有一头老斑羚第一个向悬崖对面奔去，这头老斑羚跃起的一瞬间，后面一头老斑羚也开始跃起，因为没有斑羚能跳过这个悬崖，只有前面那头斑羚在拼命奔驰的时候，后面这头斑羚同时起跳，用它的后蹄垫在前面那头斑羚身上，才能跳过去。前两头老斑羚是在做试验，紧接着它们就开始排成两行，第一头老斑羚跳，紧跟着小斑羚跳，一头老斑羚、一头小斑羚，直到所有的斑羚都跳过去，小斑羚都得救了，老斑羚都牺牲了。最后一头斑羚是头领，它坚定而果断地一跃，掉下去摔死了。我想，没有一个人读完这个故事不为之感动，假如这是真的，难道我们不为自己作为人而感到羞愧吗？

所以弗洛姆在《爱的艺术》中明确地告诉我们：父母对儿童真正的爱就是关心他的成长。这是你所能够做到的最好的。因为关心人的成长是一个极其复杂、极其艰难的过程。如果一个母亲关心孩子的成长，不仅仅意味着一个家庭的希望，还意味着一个社会和一个民族的兴旺。

我们讲了半天神游，有个感觉，我觉得我们都是神游大队中的一员。下面将会讲到神游给我们成人以后带来的一些麻烦。

蒙特梭利说，那些富有想象的，也就是神游的孩子在学校里一般被认为是富有想象力的好孩子，但是这些学生一般在学校里不会学得很好，也就是说他不会有一个很理想的成绩。但是对这样的孩子，没有一个成人会认为他已经是一个有麻烦的孩子了。蒙特梭利说："人们认为巨大的创造性智慧使他们不能致力于实际事务。"大多数的成人认为一个富有幻想的人太有"创造力"了，他太富有想象了，以至于他就没有能力把现实生活中的事情做好。

不能正常发展智力的情况和能否获得爱有关。我们幼儿园有个孩子叫圆圆。她父母生下她以后，不到两年又生了个弟弟，就没时间照顾她了，经常把她送到别人家里。后来送到我们这儿，为的是"全托"。这孩子的心智就几乎没有正常过。

那天，我给儿子辛辛穿了一双新鞋，辛辛特别高兴，见人就说："我妈妈给我买的新鞋！我妈妈给我买的新鞋。"圆圆趁辛辛不注意就在他的新鞋上踩了一脚，辛辛大哭，圆圆的脸上却出现了满意的微笑。每天下午我只要一到幼儿园，或者我爱人一到幼儿园接孩子，她都说"抱抱"或是"你带我去骑车子"，我丈夫就把她放到车子上。因为她那时候是全托，我们关注她比较多。我常常让我丈夫抱她以弥补父爱的缺憾，每天不断，结果在很长一段时间我儿子痛苦到了极点，以至于老师们都跟我丈夫吵起架来，说："你怎么能这样？你知道不知道你这样是不对的。你儿子的心理状态也会变成圆圆那样。"后来我发现，只要我们不在，圆圆跟我儿子在一起就说："我就不让你的爸爸当你的爸爸，就当我的爸爸，我就不让你爸爸抱你，我今天还不让他抱你。"我儿子被折磨得在那里大哭。后来我就对圆圆说："不可以这样子。园长妈妈也爱你，辛辛爸爸也爱你，但你不能这样对辛辛。"

只要幼儿园一来客人，圆圆马上就上去迎接，说："阿姨好，我带你参观。"然后她会带着大家参观："阿姨，这是我们的音乐室，这是钢琴。""阿姨，这是艺术厅……"所有的人都认为她聪明。而我们那些真正聪明的孩子，你过来的时候，他看都不看你一眼，专注地工作。圆圆在心智上发展很不正常，但是所有的人都认为她聪明。凡是来我们幼儿园，不了解蒙特梭利教育的人，都说她聪明得很，因为她会察言观色，你的一个神态她就知道是什么意思。她还喜欢成人表示出对她的喜欢。她的注意力就放在两点上：一是到处寻找爱，一是寻找机会发泄。她哪里还有精力放在发展智力上！

神游的第二个特点是，让一个人远离他的发展目标和路线。

我记得有一次，有位老师要来我们幼儿园教英语。这位老师要试一种方法，这种英语教学方法好像在全国各地都有，就是做动作，像表演一样，一会儿坐下来，一会儿站起来，边做动作边说英语，他要在我们学校尝试。我说："这种方法不适合我们学校的教育。"他说："我在所有的幼儿园都尝试了，孩子们都非常喜欢，怎么你们不喜欢？"我说："我们的教育方法不一样。"他说："那你让我尝试一个下午，如果我尝试了不成功也就算了。"然后这个老师就来了。开始把小朋友组织起来，站起来是什么，坐下是什么，挥手是什么，摇头是什么……那个老师高兴得不亦乐乎。你猜猜，我们所有的小孩，不是在面无表情地观察，就是捂住嘴偷偷笑，其中有个孩子说："你像个猴。"后来那位老师说："我比较失败，在你们幼儿园，孩子都不跟我学。"

游戏就是游戏，当我们试图把知识放入游戏中，久了就会出现学习上的心理障碍。但我们幼儿园只有一个孩子学得特别好，这孩子就是圆圆。她站起来就说："站起来是 up，坐下是 down……"她做的跟那老师一模一样，其余的孩子都捂住嘴笑，说她也像猴。我当时有个很深切的感受：这个方法确实挺适合圆圆这样的孩子。而且这种方法竟然适合那么多普通幼儿园的孩子。可见，我们不懂教育的话，真的会把孩子引入旁门左道。

如果一位老师本身可能就是个神游者，已经没有创造力可言了，可他却在给孩子们讲课，“1”是根棒棒，“2”是只鸭子，“3”是个耳朵……就像我们学习英文字母一样。汉语拼音“ɑ”“o”“e”“i”“u”“ü”，不是还有个“n”吗？传统课本讲“n”有这样一幅图：一个拱门，正好拱门的中间有座塔。讲“m”，是一个人在“摸”。每次我给孩子说这是“n”，所有的孩子都指着中间那座塔说：“塔！”“o”是一只公鸡，张着嘴巴“喔喔”叫，每次指到那个“o”，孩子们就说：“大公鸡！”

编这个内容的人，我猜他是想用一种联想式的记忆法来辅助孩子记忆。但对一个儿童来说，他的记忆力没有发生任何故障，这样的做法只能分散他的注意力，反倒把他的记忆力给搞坏了。

人的心理状态好才能迎接挑战，而迎接挑战需要勇气。我们知道一个人的智力跟勇气都是非常重要的。如果丧失智力和勇气的话，那他作为一个人在这个世界上会很窝囊。蒙特梭利早就说过，一般儿童的智力都是同等的，没有什么差别。但是当儿童的心理发展遇到障碍的时候，他的整个状态差别就大了。蒙特梭利做了个比喻，这就相当于骨折和没骨折过的人。我们试想一下，一个人骨折了若不复位，不但没有发展，而且还有负担，骨折后是不可能再发展的，你不给他真正复位的话，他的身体不可能活动自如。

人的心理状态好也能承受压力和挫折。在工作和生活中，压力是最平常的事。一般正常自我调节的过程应该是这样子，压力越大，人的承受力应该越高，这是对成人而言。但是很多情况却不是这样，一有压力，你就受不了了。这是因为你的童年没有得到自然而正常的发展，你的心里无力量，你没有自我反省的智能。蒙特梭利讲：“一个歧变的心灵不可能受强力压迫。”在这个社会中，在工作中，在未来的生活中，我们不可能不面对压力，这是一个正常状态，也就是说人类面对压力是一个正常现象。每一个人应该具备承受压力的能力，但一个具有心理障碍的人，他的承受力会非常非常弱。

有这种心理障碍的孩子，他发现不了事物的法则和生活的秘密。比如说数学，本来数学是一个逻辑的过程，它有很多内在的秘密，我们操作长棒的时候，就会发现最长的那根比次长的那根差一个校正棒，以此类推。这里头有数学的逻辑和规律，而这个秘密是让儿童自己发现的，儿童在发现这个秘密的同时会产生喜悦。他发现这个秘密之后，会产生自主自觉的智力活动，比如说从连续的数 0 ～ 99 中，他就会发现 0 ～ 99 里 10 ～ 19、20 ～ 29、30 ～ 39，全都是 0 ～ 9，全都是这个规律。但是有心理障碍的孩子，他发现不了秘密，他难以理解事实，他适合老师教他，他自己发现不了。

一个这样的成人会排斥外界，抱怨和认为事事不公平是他正常的情绪状态，这是智力没有发展所表现出的幼稚品质。

一个叫唐河的家长跟我讲，她跟一位公安局的朋友聊天，讲到我们的蒙特梭利教育，那人说："你们这教育能适合中国国情吗？我看不行，迟早要被砍掉！"说完以后他说："我看你们这个教育培养出来的人都是犯罪分子。自由嘛，培养出来的就是犯罪分子！"然后唐河对他说："一个人心理受到压制、压抑太久，他才可能会爆发、会犯罪，一个人心里没有这些，他怎么去犯罪呢？""反正我不知道，你们这教育就可能培养犯罪，迟早要把你们砍掉！"唐河对我说："他根本就不理解，而且不想去理解，他就排斥。"

这就是有严重心理障碍的人。但他自认为特别理解，这就是画地为牢。这样的人很多，有的家长就说："孩子不打能成才吗？"那个公安局的人就对唐河说："我就特别感谢我妈妈打我，总往死里打。你看！我就是被打大的，我现在是公安人员。"他说："教育竟然不惩罚，这不是胡闹吗！"

我们是不是多多少少也这样？思想上不易接受新事物？实际上外面的世界很精彩，但是我们常把自己封闭在我们的世界里。对儿童来说，我们所说的思想是什么？也许我们认为，像蒙特梭利那样阐述这么多东西是思想。但在儿童期不是这样的，很多思想会表现在很小的事情上。

比如，我经常带我的儿子去买东西，有时候钱不够了，我说：“妈妈只有10块钱，但这一大堆东西超过了10块，所以你只能选择两样。”我儿子很快就能在这一堆食物中挑出两样，将其他退掉，就痛快地走了。

但是我一个朋友的孩子就不这样。每一次他看见辛辛买东西的时候总说：“妈妈，我也要。”他妈妈说：“那就去买吧。”但是每一次，当他站在琳琅满目的柜台前，他的内心一片混乱。你问他：“要不要这个？”他说：“不要。”可他就站在那儿。每一回我都能陪他站一个小时，一个小时以后我心急火燎，焦虑得都要发火了：“你怎么还挑不出你喜欢的东西。你到底要什么？”但他挑不出来，当他刚刚把这个东西拿到手里的时候，他说：“嗯，我不想要了，我想换一个。”这个孩子已经不能够自己控制自己了。

这件事情给我的触动特别大，如果发生一次，我倒觉得这只是偶然事件，但第二次、第三次再挑东西的时候，我发现也是同样的表现，他慌乱得不知道该怎么办，他已经像蒙特梭利说的，不能够“控制自己的思想”了，这样的孩子肯定不能很好地正常发展他的智力。

我们知道，儿童依据他内在的精神胚胎的指导，通过活动来实现这个精神胚胎，获得正常的发展。如果这个孩子的心智已经受到阻碍，已经开始神游，他的正常的智力绝对不可能得到发展，他肯定会偏离正常发展的轨道。

我邻居的孩子，有一次手被划破了，那是冬天，我在下班的路上看见她，我说：“黎黎，你的手划破了。现在是冬天，这容易感染。”“你一定要进去让你妈妈帮你包一下。”她那时候3岁，她说：“没关系，不要紧。”她是个女孩子，语言发展得很好。我说：“要紧哪！你现在用手抓脏东西，特别容易感染。你得让你妈妈帮你包扎一下。”我劝了她好半天，她说：“那好吧！走吧，我们俩一起走。”我跟在她后面走，结果她刚走到门口，就“哇”地哭了起来，大哭着说：“我的手破了！”她妈妈说：“噢，来……妈妈给弄。”她妈妈就去找了一块胶布，“噌”地给她卷了一圈，没有经过任何处理，也不用创可贴，说："黎黎，像英雄。"说完就忙别的去了。那个小孩就高举着这个手指头说："啊！英雄，我是英雄！"举着这个手指就跑掉了。

哎呀！我当时感觉人真的太粗糙了，人类真的太苦难了。你们看没看出这孩子前前后后的心态？那女孩为什么不愿意去找妈妈？为什么非让人陪伴？为什么见妈妈反而要哭？为什么她说自己是英雄？人类成长的路程太严酷了。应付孩子是大人常有的行为，没有学历高低之分。

我有个同学，在上大学的时候，学习成绩总是88分或者89分，她一直不明白为什么。有一次她和我的另一个同学杨苹在一起，她对杨苹说："你每次都考90分以上，而我就上不了90分，显然老师在把握这个分数的时候，总是让一部分人上到90，而一部分人要落到90以下。"我跟她相处了一年，我发现她跟杨苹有极大的差别。

她的特点是对某些事物的掌握一次就到位了，但不确定、模糊，因此在细小的问题上别人一提问她，她就不知道怎么回事了。但是杨苹不这样，杨苹对事物各种细小的区别有很敏锐的感觉，在大问题上把握得准确、迅速，在小问题上，你一提到什么问题她马上就能告诉你，她的知识是有系统的。而那位同学是靠记忆在学习。看看她的成绩，考不到90分以上，人家问细节她不知道，一问她就感到惊慌，这个问题怎么没有考虑到？而实际上，问题的实质恰恰就发生在童年的智力发展上，这是个思维问题。从细节思维到大的方面之后，还应当重回到细节中去；从感觉得到概念，还应当再回到感觉中去。而很多人在中间中断了。

我们可以考察一下，学习不好的孩子，绝大部分小时候父母是专制的，父母会对孩子说："什么都得听我的。"而那种成绩很好的孩子，相对来说他家里的状态是民主的。这样家庭的孩子思维比较完整。

这一切恰恰来自童年，儿童的整个状态没有发展好。我表妹的孩子经常受到他父亲的训斥。每次在讲《儿童世界百科全书》内容的时候，这个孩子掌握得比我孩子似乎要快，但那是大概的，知识是零散的，他不能将知识进行联想和分类编排。智力状态不高的原因是他的心灵跑到相反世界去了，也就是说他神游到幻想世界去了，一遇到困难就丧失信心。一个正常人的状态是遇到困难之后会进取："啊！遇到困难了，表现我能力的时候来了。"但是大多数人遇到困难以后就退缩。很多人遇到困难就垂头丧气、愁苦："这怎么办呢？"

儿童也是这样，比如说幼儿园六一儿童节进行服装表演，有一部分孩子，一说服装表演就高高兴兴上台去了，但是有的孩子，平时练得特别好，一上台就"怯场"。这就表现出一个最典型的特点：遇到问题就退缩，自信心就开始动摇了。

我举一个例子。在我们幼儿园有个小朋友叫久久，她跟她妈妈去她姨姨家。她的姨姨也有一个女孩，名叫行行。行行比久久要大，以前行行妈妈很骄傲，觉得她的女儿比她妹妹的孩子要出色。她们在一起待过 3 个月。在这 3 个月当中，行行常给成人表演节目，背诗、跳舞什么的，一看就特别灵活。

久久在我们幼儿园上了一年以后，两个孩子又到了一起。有一次，两个孩子玩着玩着发生矛盾了，行行就打了久久一下，久久没理她，行行又打了一下，这下，久久反过来照着脸就给了她一耳光。行行坐在地上哭，久久却没有找自己的妈妈。久久来到行行妈妈面前说："她第一次打我我没反应，她第二次打我我才还击的。"她使用了"还击"这一词，有理有力有节。这个孩子的勇气十足！

我有个同学的孩子长得丑，大人常戏弄那个孩子："这孩子长得真丑。"久久站起来说："你可不能这么说别人！"大人说："又没说你。""你说谁都不行。"我的同学一听她这话有点惊奇，因为从未有人这样明确地对待过这件事。

我感到这就是一种辨别是非的能力，也是概念清晰、勇气十足的表现。

如果一个孩子，他的心灵发展正常，他一步就可以看到问题的实质。当他一步能看到问题的实质的时候，他就能够说出自己的见解，因为他不缺少勇气。如果他不说，那不是勇气的问题而是他的策略，这当然是对正常儿童而言。当一个孩子缺少勇气的时候，他也许有这个想法，他不敢说，而实际上大多数孩子连这种想法都没有。想法是智力，敢做是勇气，做法是策略。

有一次，为一件事情我们家人都在争论，争着争着我儿子站起来说："大家都不要说了，妈妈有道理，都听我妈妈的！"本来这件事情倒也没有什么，但是我感觉这孩子在听了这么一大堆复杂争吵后，对问题竟然这么有主见。一个小孩想吃羊肉串，他说："爸爸，我今天下午实际上吃饭了，但是我还是饿。我这阵饿得都回不去了。"他爸爸说："那好吧，我们回去吃。"他就在后面哼哼唧唧。他爸爸说："你哭什么？"他说："我想吃羊肉串呢！"然后他爸爸问我："他为什么不直接跟我说？"我说："因为他害怕你！"

实际上孩子完全可以直接对爸爸说，为什么不可以呢？当他每一次这样做、这样说的时候，他遵循了他内在的发展，他就不会有问题。但他每一次都鼓足勇气后还要绕着弯说，时间长了就会出问题。可生活是长而细的，我们的心理和习惯也长而细地发生作用。

第二十四讲

蒙氏教育思想适合中国的孩子吗

蒙特梭利的方法、思想和理论因其科学性和普遍性而属于国际，属于全世界。科学是没有国界的。只要我们把焦点或注意力放在我们的孩子那儿，实际上我们已经中国化、民族化了。

有人问，蒙特梭利的教育思想是一个外国人的教育法，是否适合我们中国的孩子呢？人们并不去仔细了解她和她的教育思想，也不去仔细观察孩子。总之有100个人，就有99个人脑子一转提出这个问题：外国的这个儿童教育放到我们国家，适合不适合？

教育是一门科学。人类早期的教育基本上是相通的。为什么这么说呢？按照蒙特梭利自己的理论观点来看，在6岁以前所奠定的一切是为整个一生做基础的，而不是为了某种文化、某所学校、某种专业做准备的。这是人类普遍具有的特性。

蒙特梭利教育方法要提高的是人的基本素质，是人的基本品格。又有人问，从蒙特梭利学校出来，曲高和寡或者金鸡独立，不适应现实社会怎么办？我们知道一个优秀的人，一个具有优秀品格的人，不管在哪个社会都是非常适应的。蒙特梭利自己说：“我只是创造了一种科学的方法，适合于任何一个民族。”她又说这个教育的目的是培养孩子的发展潜力，适应环境和利用环境的能力。新教育观也告诉我们：只有充分地发展人性，才能创造出未来的新人。

当我们完全为着儿童，真正搞教育科学，寻找能帮助我们的方法、思想和理论的时候，我们找到了蒙特梭利。我们是萃取，不是照搬。我们还研究其他优秀家长、教师、教育家、思想家、心理学家们的东西，因此我们不是完全沿用欧洲的方式。这不仅因为我们不是长着黄头发、蓝眼睛的外国人，而且因为我们只能用我们的思维习惯和文化观念来认识蒙特梭利，但在一点上我们和全世界是相通的，那就是对真理和科学的把握。只要我们把焦点或注意力放在儿童身上，我们把它拿来的时候，已经用我们特有的文化把它消化了。

关键在于问题的起点，我们工作的目标。把注意点放在孩子那儿，我们就能接近真理；当我们面对儿童，问无数个为什么时，我们就接近了儿童，也接近了真理。不是为了实施一个著名的教育方法，不是为了“教育新招”，不是为了增加教育“品种”“形式”，不是为了“经济效应”，一切都是为了孩子的成长。

实际上，中国的蒙特梭利幼儿园在实施蒙氏教育方法的过程中，也不可能像欧洲人那样，因为欧洲的整个文化状态跟我们不一样。我们在对待孩子的过程中，要克服自身的很多弱点。比如说管孩子，我们要不断地提醒自己，少管孩子，把权利给儿童。在这个过程中，一方面我们给儿童提供机会，把权利交给儿童；另一方面我们必须克服我们几十年来所受的教育的局限。

与国际先进的教育思想相比，我们落后了一个世纪。我们一直认为孩子是由我们成人教育出来的，而20世纪初这个教育观点在国际上已经开始产生了变革：儿童将依靠自己的内在精神发展自己。可我们今天依然认为，教育以发展孩子智力、掌握知识为首要任务。20世纪初，人们已经提出传统教育和现代教育的差别在于，现代教育的目的是发展生命，极大地发展人性和开发人的潜力。这样一个观念深入人心需要几十年的时间。

所以将蒙特梭利中国化是一个极危险的信号，它可能意味着将蒙氏教育庸俗化，意味着每天操作一或几小时的教具，意味着抛弃教育理念，仅重教育方法。而我们认为，观念与方法都不能忽视，观念重于方法，观念决定教育的走向。

第二十五讲

爱和自由，规则与平等

以爱的情感唤醒儿童成长的积极性；以自由的空间确立儿童的创造热情和自我意识；以规则的内化形成儿童的社会秩序和内在智慧；以平等的关系引导未来社会的和谐和文明。

给孩子什么样的爱

我们的生命是一个非常奇妙的过程，从生下来那一天起，我们就透过内在深处来认识外在的世界。但是我们时刻要跟内在联结着，我们联结得越好，我们对这个世界就越不感到害怕，我们作为个人就越不感到孤独。由于婴儿来到这个地球上的时候，他在身体上跟那个大的能量产生了一个断裂，但在精神上婴儿却是全然的开放，他会唤醒母亲内在的爱的本能，这是自然设定好的程序。婴儿的安全感就是依靠父母的联结，我们称为爱的东西，而活下来的。对孩子的爱，透过父母跟婴儿产生联结，使婴儿建立起根本的安全感。

爱不是我们头脑中产生的一个想法。比如说，所有的父母都会这么认为：没有父母不爱自己的孩子，我是爱我孩子的。我们把所有的做法都冠之以一个名称，就是“我是爱我的孩子的”，但是我们看到的结果是，这个孩子身上没有爱。

问题的关键在哪里？中间发生了什么？

我们发现，问题就在于，我们成人和我们孩子的距离相差得太远了。儿童最初是在生命中的，他从生命中走出来的时候，带有生命里面的特征；而成人已经离开生命很远了。就像今天我们在座的各位，大家都相邻而坐，但是我们很难用我们的生命跟身边人的生命联结并产生一个流动。往往是“我是我，你是你”，如果两个人想要了解，就必须通过说话来相互沟通。语言是最苍白的，使用语言是我们不得已的手段。

但是儿童不这样，儿童在一开始，根本不会语言，在其后也没有太多的语言表达，儿童还没有形成充分表达的思维和逻辑的语言能力。究竟儿童是透过什么来和父母沟通的呢？用生命，用生命中的情绪、感觉和心灵来和成人产生联结。每一个母亲必须启动这种高级的生命形态，放下成人思维和成人惯有的与人交往的模式。只要是妈妈，最终都可以发现一个秘密：你的孩子不用听你说什么，他直接可以感觉到你话语背后的真实含义，常常是你自己都未觉察到的潜意识。比如当你焦虑的时候，孩子就会哭闹得越发厉害，这正是你内在焦虑的投射。孩子越哭，父母也就越焦虑，你假装平和是没用的，说什么他都不会听，孩子具有高度的感知真相的能力。如果你说什么，孩子都可以听的话，这个世界就会变得特别简单。

我们所有的父母，都会这样跟孩子说："我希望你变好，我希望你有成绩，我希望你的道德品质非常好。"但是我们依然看见今天的孩子做不到这些。为什么？因为孩子明确地知道，你说的是一套，背后还存在着另外一套，而儿童的状态是直接了解你背后的那一套。迷惑和混乱使你根本不知道你的孩子怎么了，最后也导致了孩子的混乱。

今天有很多的父母这样跟我说，我的孩子十四五岁了，现在天天上网，天天打游戏，一有钱就不见影子了，不好好学习，等等。然后请我帮助他们的孩子，我说我帮不了你的孩子，是你导致孩子变成这样，如果你真的想让你的孩子改变的话，你必须先改变你自己。因此，我帮的是你，你如果改变了你现有的模式，孩子立刻就变。

所有的父母都认为自己在给孩子爱。孩子考试没考好，你会这样说："你怎么才考 60 分？你怎么这么不争气！你天天玩游戏，这样能考好吗？""你丢人不丢人……"你是否和孩子一起坐下说："妈妈和你一起看看问题出在哪里？"是概念不清？是思路不清？是孩子的认知年龄不到学这些的时候？是老师的问题？是孩子尚未到抽象思维的时候？还是心理年龄不到？等等。

但你什么都不想知道，就知道一点：孩子不好。说这么一大堆话之后，你转过身对别人说:“我这样说他是基于爱，我爱他，我为他着想才会这样说他，为这个孩子我操碎了心。”这个道理充足还是不充足？充足，只在你的角度上充足。但这样说的结果是，孩子不会听你的，他会指责你、抱怨你。孩子的心态是:“你不是不让我玩吗？我偏要玩给你看；你不是让我学习吗？我偏要不学习给你看。”孩子甚至自己都不知道自己的潜意识是这样抵触的，但导致的结果是这样。绝大多数的父母都是这样导致了孩子的问题。

很多人会想，为什么我们跟孩子的对话变成了这样，为什么呢？那是因为，我们自己从小就是被指责长大的。我们从小是被权威斗争出来的孩子，我们成人之后，自然会沿用这套模式，我们变得都不会跟孩子说话了。

前几天在北京的时候，一个家长来找我。她的孩子 9 岁，坐在沙发上，这位妈妈不断地说话，像滔滔长江水，“一泄千里”，不是“一泻千里”。老师如何总找她，孩子有这问题那问题，她回来如何不断地谴责孩子。这位妈妈接受过很高的教育。她谴责孩子的模式是这样:“你为什么上课要说话？你告诉我你为什么上课说话？”还不等孩子回答，她又接着说。似乎“说”是问题的核心，她需要不断地说下去……这一说就是两个小时。我看到那个孩子坐在那里直眨巴眼睛。妈妈问:“我的孩子为什么老耸肩？为什么老眨巴眼睛？”我说那是压力导致的。这一通说，孩子能坐着听下来，能抵抗住就已经很了不起了。所以，孩子自然就只有眨巴眼睛的份了。

我问孩子:“你是不是觉得妈妈这样不断地说让你很有压力？”

孩子点点头。

我说:“为什么你的老师总是说你？常要请妈妈去？你是怎么理解这件事情的？”

孩子说:“因为我喜欢跟我旁边的同学说话。”

我问:“你为什么要跟同学说话呢？”

孩子说:“有两个原因：第一个，下课的时候说游戏的事没说完就上课了，我憋不到下课，忍不住就想说；第二个，老师讲的课，后面那一部分我觉得老师说的是废话，不想听。”

我问：“你告诉妈妈了吗？”

孩子说：“我妈妈根本就不给我说话的机会。”

我就问他妈妈：“你知不知道老师为什么要这样说你的孩子，要你回家去教育你的孩子？”

妈妈说：“就是上课说话呀。”

我说：“老师也不想知道原因，她和你一样要说出来，给你施加压力。她不断给你说，对你施加压力，你不断给孩子说，把所有的压力又都放到了孩子身上，自己一点儿都不承受，全都给孩子。”

我说：“你有没有分析一下，老师跟你说话的语气、态度，哪一部分是来源于他自己的情绪，哪一部分是来自孩子的真实情况？”

我问孩子有没有办法解决这两个问题。孩子想想说：“那我下次就争取找个时间跟同学说完，中午休息的时候有足够的时间，我能把这个话题说完。”

我说：“那第二个问题，当你的老师讲得特别无聊的时候，你该怎么办呢？”

孩子说：“我没有办法。”

我问：“你能不能写作业或者是看书？”

孩子说：“不行，那样老师会更愤怒的。老师说了，你听不听我不管，但眼睛要看着我，这样表达对我的尊重。”

这是孩子的描述，准确、清晰……

老师把强制理解为尊重。老师有一份虚弱的“小我”在里面，这就是现实，残酷的现实。如果老师听孩子说话，她是否可以内省自己呢？

我说：“当你妈妈说完你的时候，你怎么处理你被压抑的情绪？”

孩子说：“我有两个办法，一个办法就是我拿着软垫子砸，把情绪砸掉；

第二个办法是我妈妈不在的时候，我在房间里喊。”

我大为感慨，如此智慧的孩子，如此清明的孩子，几乎没有废话。但是他不得不面对这样的成人，而且他们不会放过他，这个妈妈不放过他，每天都收拾他，老师不放过他，要收拾他。这一切都在不知不觉中发生着。

孩子的脖子是拱起来的，背有点驼。他一直忍耐地听着，耐心而平静。

这是一个知识分子型的妈妈。妈妈接着说：“他还有一点，就是有时候会接老师的话茬，老师稍微说得不恰当的地方，他就中间接一句，然后全班同学哄堂大笑。”

这是一个斗智斗勇的过程，由此可见，老师在心态上产生了多大的压力和愤怒。这个世界就这样存在着。

妈妈说：“老师下课以后，冲到办公室，拿起电话就打给我，把我训一顿。我回家就训他一顿。”

妈妈对孩子说：“你应该知道的，妈妈昨天刚跟你谈了3小时。你想想，妈妈是多么爱你和关心你。”

3小时，孩子一直在听妈妈说，多么可怕的时间历程啊。给我的感觉是，这个孩子是妈妈的心理治疗师，是妈妈压力的倾听者。妈妈不断地说，孩子不断地听，听……

妈妈依然在告诉我，她是多么爱她的孩子。

究竟什么是爱呢？

孩子会帮助我们学会什么是爱。孩子会帮助我们改变以往的生存状态。

前两天，我问一个老师：“你在这个学校待了3个月，你的体验是什么？”

她说：“我的第一个体验是孩子懂得爱，而我不懂得爱。”听了这位老师的话，我很感动，因为她说得那么真实。

我问她：“你怎么感受到的？”

她说：“有一天，一个孩子从我身后面跑过来，把我围抱住，对我说：‘你是我的小亲亲，我多么爱你啊！’我转过身来，蹲下身面对孩子，但那一刻我不知道该对孩子说些什么。”这个孩子表达爱很坦然，但老师还不会表达，因为她进入学校不久。所以她就憋了半天，对孩子不自然地说：“老师也很爱你。”孩子走了，很高兴、很快乐地走了。

她说，那一刻她被触动了，她在想，为什么她自己表达不出来呢？我相信她会成为一个好老师，因为她可以觉察到自己内在的变化。

我想说的是，为什么我们的家长责怪孩子的话，一张嘴就出来，爱孩子的话就是死活也说不出来，是卡在哪里了呢？是成长的历程把我们卡住了。

人类不可以没有爱，不管今天在座的每个人，你有多么高的成就，你有多么本质地想体现你的价值，人类有一个最根本的愿望就是获得爱与被爱，关注与被关注，认同与被认同，自我价值感，尊重以及安全感，这几样东西是人类最基本的需求。不管是一个小孩、婴儿或是一个强有力的成年人，还是一个老人，无论是你还是任何人，都有着这些最根本的心理需求，而这样的需求不取决于你取得了多么大的成绩。

儿童只有在童年成长的过程中，受到了父母的关注和爱，受到了父母的重视，在他 0 ~ 12 岁，在他所在的幼儿园和学校里，得到了作为人的尊重，这种爱、这种价值感才会牢牢地建构在自己的生命中。孩子确定：我本身就是高价值的，我本身就是可爱的，我本身就是重要的，我会给很多人带来快乐，在这个世界上，如果没有我，我知道很多人会痛苦。这种状态是依靠儿童小的时候，在自身中建构起来的，不依靠外来的价值。这就是为什么我们说，这种教育与以往教育的不同就在于：

老师爱你就是因为你是你，不因为任何别的原因。我不因为你故事讲得好，我不因为你考试考了 100 分，我不因为你今天做了什么事情，我因为你本身，你本身就足以让我来爱你了。这就是我们所说的生命的至尊状态。生命是高贵的，由于生命的高贵，所以他生命浑然表现出来的能量就是爱。

所以很多人说：“我要给孩子爱！”我跟很多的妈妈说，你要说：“我的孩子唤醒了我生命深处的爱。”你去看任何一个婴儿诞生的时候，不管在地球上的任何一个地方，你看到婴儿跟这个世界是浑然一体的。而且所有的人，即使一个坏人见到婴儿的时候，都会不由自主跟孩子“哦，啊”，因为他有爱？不是的，是因为这个孩子的状态引发了被他远远地遗忘掉、抛弃掉、不再相信的东西，那就是爱。

婴儿一次又一次地引发着我们。所以在这个地球上，婴儿的诞生，是在给我们这个地球带来无尽的爱，诱发你尝试着把你原有的、失去的爱再找回来。

爱孩子，表现在点点滴滴的生活中

爱绝不是表现在你的头脑里，爱不是你想到这样爱孩子就可以爱孩子，不是这样的。爱表现在你的每个眼神，每个动作，每个姿态，每个想法，每个意识中，它表现在你点点滴滴的生活中。

我要说的是，爱是一种关系。爱不储存在我的内在，因为我看不到；也完全不储存在你的内在，你也看不到；但是当我们连接时，是彼此的关系让我们看到了爱。

“你这个孩子怎么这样？”这不是爱；“这个东西你怎么又弄坏了？”这不是爱。如果孩子做错了一件事，你拉着他的双手对他说：“妈妈爱你，但是这件事情不可以这样。”这是爱。如果你的压力过大，自己开始发脾气，控制不了自己了，你对孩子说：“妈妈现在情绪不好，妈妈需要独处，去处理自己的情绪。但妈妈的情绪跟你没有关系，不是你的错。是因为妈妈工作的压力。”这是爱。

所以，爱从来都是点点滴滴地表现在生活中。它不可能抽象地隐藏在我们的大脑中。你对孩子说：“你怎么穿这件衣服啊？”孩子说：“我喜欢。”你说：“这件衣服不好看，不许穿，简直是小流氓的穿着。”这不是爱，这是更爱你自己。你不能用你的孩子服务于你的目的。你看到丈夫不回来，对孩子说：“去，让你爸爸赶紧回来，去跟他说。”这不是爱，你是在利用你的孩子做自己的事。

生命就是在这点点滴滴的生活中被造就出来的。你的孩子长大后怎么样，就依赖于你这样点点滴滴的和他生活的情景，而不取决于你大脑中的某一个愿望。所以，所有的愿望都取决于你在跟孩子交往的过程中如何去做！

我们要学会很多表达爱的方式。我们说，所有相恋的爱人都要拉手，都会拥抱来表达彼此的爱。但是我们对孩子往往不是这样。我们也应该跟孩子手拉着手，跟着孩子的步调走，而不是让孩子跟在我们的后面。如果我们特别着急要走的话，告诉孩子，妈妈现在非常着急，所以不能跟你慢慢地走，妈妈抱着你走。这也是爱。

我们学会在我们的生命中和孩子每一个时刻流动着这种爱。

学习如何跟我们的孩子相处，是所有父母要学习的主题。

在我们的文化里，我们不善于表达爱。即使这样，我们爱一个成人时用拥抱、亲吻来表达爱，用时间的陪伴来表达爱，用关注对方的好恶来表达爱。但成人之间的爱，往往容易受阻、不信任。面对孩子你不用怕这些东西，你不必担心孩子的心态，孩子是纯粹的，没有心态。你可以坦然地向孩子表达爱，如果你不会，你可以向你的孩子学，向孩子学如何表达爱。感觉他们扑向我们怀抱的感觉，感觉他们把头埋在我们颈部的感受，感觉他们纯粹的不带任何功利的爱。

在孩子看来，爱不存在于我们的身体里，爱也不存在于孩子的身体里，孩子认为，爱就爱啊，连接上就通体体验到爱了。

有一次，孩子们讨论什么是爱，一个小朋友就说：“打是疼，骂是爱。”后来很多家长就很难过地说：“谁的孩子这么说的？”一个家长知道了是她的孩子说的，特别难过地说：“难道生活中我给孩子的信息都是这样的吗？”

我们做了这么长时间的教育，深刻地感受到，我们中国人不善于表达，我们认为爱是储存在心里不流露的。但是今天，爱必须学会表达出来，爱必须学会表现在动作中，爱必须学会表现在跟孩子每一个拥抱上，每一个眼神里，每一个感觉中，这样儿童才可以收到爱。否则，他收不到。就像你寄出去的信一样，孩子没有收到，爱就杳无音信了，就是无爱。因此我们不把这些东西称为爱，那是你的看法和认为，但不是孩子的，孩子将带我们走向真爱。

爱孩子，让孩子成为他自己

如果我们懂得爱孩子，我们就让孩子成为他自己。很多人说，成为他自己跟不能成为他自己，差别究竟在哪里？有一个天大的差别，就是儿童成为自己的时候，他会形成一个自我，然后成为实现自我的人，最后他就能走出他的自我。我们父母不是特别追求现实中的成功吗？没有自我，就无自我实现的可能，也无所谓成功可言。

孩子获得爱和尊重的时候，就会将生命的大部分精力用来创造和形成自我。这是生命的本能和法则。这个阶段独特的生命现象就是，完全处在生命中，以自我为中心。全部精力和注意力集中在自我的创造上，他没办法从自我中出来。这是人生命中顶顶重要的 6 年，或者说 12 年的时间。错过这 12 年，再想建构自己，实在是太艰难了。错过这 12 年，到了成人期，再以自我为中心，就是障碍和病态。

当孩子把自己建构起来了，就会用下一阶段的时间，也就是到 18 岁，用已经建构起来的自我跟现实的外在世界搭建一座桥梁，他把自己与外界连接了起来。

等他搭完这座通往现实的桥梁以后，他已经超越了自我创造的历程，走向社会，他将要实现一个社会人的价值。当一个人从自我的自然人中走出来的时候，这个人就能去实现他社会的自己了。这就是成长的一个自然历程，无须培养，只求不被破坏。

现在情况变了，现实的情况是，当儿童形成自我的时候，父母不让他形成自己，而是告诉他，这个不对，那个也不好。你不能成为你，你要按爸爸妈妈的心愿做事情，帮助爸爸妈妈形成“爸爸妈妈”。这才是你的使命。然后，这个人长到 18 岁的时候，他没法从自我中走出来，他依旧处在自我中心中，父母就怒不可遏。父母有什么可怒的，这是最简单的因果报应，只是成人太健忘了，也可能是时间太长了吧。真正愤怒的是孩子，他已经难以想出办法了。大家能看到周围的很多成人，永远都从自己的角度去考虑问题，那是因为他没有从自我中走出来，他依然没有建构起自我，他就一直处于五六岁的状态。一个几岁的孩子如何为自己负责呢？而父母、老师或是国家根本上无法在你成人后为你负责，这是一个残酷的现实。你就拥有了不自知的抱怨和仇视。

一个根本未走出自我创造的成人，就永远会抱怨和仇视，抱怨是孩子的状态，仇视是无法自我创造的、焦虑的外在显示。“我之所以干得不好是领导的责任。”“我之所以不幸福，是你对我不好，你导致了我一辈子的不幸福，如果我重新找一个，我就有幸福了。”“你这个领导很坏，都是你不好我才变成这样。”你永远都在抱怨别人。实际上，你什么时候会抱怨别人呢？ 6 岁以前你会抱怨别人。小孩子的愿望达不到满足的时候，小朋友会这样说“我打死你”“坏妈妈”“我打死你”。长大以后就不敢打了，一打，别人会以为你有毛病啊。长大了以后就变成“都是你不好，是你导致了我的问题，我之所以这样都是你的原因”。我们只不过把一个 6 岁孩子的动作转换了一下。这就是人没有从自我中心中出来，他不可能有实现自我的愿望。

因此，我们才会说人生最大的恶莫过于一样，就是不让人成长。在没有爱、没有自由的环境里，一个儿童辛辛苦苦长到 18 岁，你以为他会开始服务于别人啊？绝不会。他的第一个愿望就是，“我要如何实现我，我如何把我塑造成我希望的那样”。我们在社会中，把此称为理想。你以为你的孩子没有理想是怎么导致的？是因为他的心理根本没有长到 18 岁，他的生命年龄可能还在 6 岁呢。他只是告诉你：“我要玩，你不让我玩，你就是坏爸爸、坏妈妈。”你就不断地压着他、骂他、斥责他……那压力很大的，但他依旧抵抗住你的压力，还要玩。你有没有想过原因是什么？原因只有一个，他还停留在 4 岁。一个 4 岁的孩子，你今天就算把他杀了，他也没有办法做成你希望的那样。除非你让他的心灵再继续成长，这是唯一的途径。

所以说，创造和形成自我很重要。破坏儿童内在的内驱力，为成人的目的服务，就是一种犯罪。因为，这样的教育会导致大量的社会问题。因此，我们要高度觉察我们自己是不是让孩子在按照“我”的意愿在成长。

当孩子长到青春期的时候，他开始对外在的世界产生想法；长到 18 岁的时候，他已经把自己完全建构好了，他开始去实现他的梦想了；到 30 岁的时候，把自我的一切要完成；等到 40 岁的时候，这个人开始重新考虑。一个 40 岁的人会考虑生命的价值和意义。他为什么考虑这个问题呢？原因只有一个，他已经把自己完成了，他已经证明他来到这个地球上要做的事情。当走完这一步的时候，40 岁，一个了不起的年龄，他在想他活着的意义究竟是什么，应该怎样活着才更有价值，这时候超越自我才成为可能。

很多心理学家和教育学家认为，40 岁的时候，人的成长才完全，一个循环到 40 岁完成，生命真正的意义才重新开始。这个人终于开始寻找真正的意义究竟在哪里，生命的意义究竟在哪里，而不是现实的意义究竟在哪里，这就是人类成长的一个历程。

因此，我们要说的是，生命有一个本性，就是他需要按照自己的意愿来思考，来行动，来成长。他来到这个地球上就是来学习的，就是来让自己进化的，而为什么现在他不爱学了呢？为什么他不求成长了呢？因为在他小的时候，成长到某一个阶段，成人把他掐住了，停止了。

爱孩子，就关心孩子的成长

我们说爱是什么呢？爱仅仅是一个条件和背景。我们这么多年讲教育的时候，都告诉家长我没有讲教育，我根本没有讲到教育的问题，我只是在讲我们人类生存的一个条件。我们都知道动物也爱它的孩子，我们知道动物对自己孩子的爱，可能在某种程度上要超越人类。但是我们人跟动物的差别究竟在哪里？就在于人类的爱关心儿童的成长，永无止境的成长是人类的特征。动物是不存在的。

你是否关心你孩子的成长？什么叫作关心人的成长？我看过一部电影：一个小女孩，大概到了十三四岁吧，有一天，她带了一个男孩回到家里。两个人坐在沙发上说话，说着说着，小男孩就想吻她一下，女孩不同意，两个人就争斗起来。争斗中打翻了台灯和桌上的东西，男孩跳起来，指着女孩大骂：“你妈有精神病，你也有精神病，你是一个精神错乱的人。”（小女孩的妈妈有精神病史，经常会被送到精神病院，治好了以后再回来。）骂完后夺门而走。听到这些话，小女孩没法承受了，也跑掉了。

小女孩的妈妈回家后，看到屋子一片狼藉，想了一会儿，开车去找孩子。

这个女孩蜷曲在一个地方，很绝望。晚上，妈妈找到了她，两人默不作声地上车。沉默了好一会儿，她妈妈边开车边问：“你带同学来家里了？”

小女孩没有吭气。

妈妈问:“你的同学骂你了?”

小女孩没有吭气。

妈妈说:“他骂你妈有毛病,你也有毛病,你也有精神病。”

这个小女孩诧异地抬起头来说:“你怎么知道?”

妈妈说:“有的时候,我们会碰到一个好人;有的时候,我们会碰到一个坏人。”

这句话一下子就解决了孩子心里的问题。这就是在帮助孩子成长,她知道帮助孩子的成长是最重要的,而且懂得怎样去帮助孩子。

而我们的问题出在哪里呢?我们对待孩子往往是“你不要给我惹麻烦”“你不可以这样做,你为什么这样做”。我们的焦点从未聚焦在成长的问题上。

一个妈妈知道儿子要去和一位在外地上学的女同学见面。妈妈说:“希望你能够收拾得整齐一点儿再去跟她约会。”男孩想想说:“好的。”然后男孩洗澡,换衣服,穿得很干净。

妈妈说:“拿上钱,有可能你要请她吃饭。”男孩准备好后就出去了。回来以后,妈妈和孩子也会自然地聊天。你们见面以后怎么样?是否一起吃饭了?等等。他会很愉悦,他会认为这是一个很正常的社交活动。因为未来他的一生,都会跟别人打交道。在这一生的过程中怎样跟别人相处,取决于早先他精神的向往。他对别人的喜欢是来自精神的向往,而不来自任何物化的东西。而在这个过程中,你怎样跟他说话,怎样帮助他,奠定了他未来怎么面对这个世界。

我们说,这就叫帮助孩子成长。而不是我们永远不断地在审问孩子,你怎么不按社会标准做事?你怎么没按我的期望做事?你所做的事情为什么会有错误?我们要告诉孩子,你做错了是正常的,所有的人在做这件事情的开始,做错的概率大于成功。我们要告诉孩子这样一个普遍的现象。

爱是我们生存、成长最基本的条件。就像一辆车要跑起来，爱就是汽油。你怎么样让你的孩子成长呢？你首先要爱孩子。

这是我们说的第一个，爱唤醒了儿童内在的感受，爱使孩子有崇高，有向往，有跟别人联结的愿望，有建设性的想法。

自由，就是自己做自己的主人

人的成长必须拥有两样东西，一样是爱，一样是自由。

自由就是自己做自己的主人。我经常问别人，你什么时候做你自己的主人呢？很多人说大学毕业、结婚了、退休了。有的人结婚纯粹是为了想做一回自己的主人，结果结了婚，发现还是不能做主人。有的人这样跟我说，我就期望退休了以后做自己的主人。你以为你做了一辈子的奴隶，到那时候你就会做主人了吗？这有些残酷！但是不做自己的主人，别人就是你的主人。

有一个故事，讲的是一个马戏团的演员，演出时常常捆缚住自己，在捆缚中完成各种高难度动作。演出结束后，他为了省事、省时，干脆就不解开绳子，捆绑着生活和睡觉。有一天，有动物要吃他，别人给他解开了绳索，他的手脚自由了，但他突然什么都不会做了……

因此，你难以想象一个在自由中的儿童有多么的优秀，你难以想象一个在自由中的孩子是多么善于管理自己，是多么的富有智慧，对这个世界有一个多么清晰的认识，而这就是我们的教育理念中最关键的两部分。

所以，我们说，自由是指儿童的行为、心理、意志、情感不受外力的支配和压迫。自由表达了儿童在环境中的独立性和自主性，以及儿童在人格和身体上的尊严。因此，自由是一个人成为人的标志。

你怎么样才能形成自己？谁都不知道你形成自己的模式是什么，因为自然界给了你一个内在的密码，你怎么样破译那个密码，你怎么样让自己的生命成为你自己，唯一的办法就是你必须拥有自由。你拥有了自由的时候，你才能成为你自己，否则的话，你就是别人的替代品。你可能是你妈妈，你爸爸，你的语文老师，你的数学老师，你的大学老师，你的领导，你周围所有的人，但你唯独不是你自己。

“自己”是跟这个世界联结的唯一的一个自我建构起来的系统，这个自己学会了管理你的情绪，管理你的身体，管理你的智慧，管理你的心理，管理你的精神。没有自我，可以这么说，你什么都不是。有一个词叫行尸走肉，因为你的内在没有住进你自己，就像一座房子一样，你的内在没有你，你会让它空着吗？不会的。如果你的内在不住进去，那个房子里就住进了其他的人。而这些其他的人，经常会在你的脑子里吵架。因为这个人说这样，另一个人说那样，而经常谁占上风，你就按权力斗争的取胜者的信条做。

这就是为什么我们经常在生活中看到很多这样的人，你告诉这个人应该这样养育孩子的时候，她觉得很有道理：“有道理，孙老师，你说得太有道理了，我就要这样做，我就要这样爱我的孩子。”但等到明天，家里老人对她说：“你这样不是惯孩子吗？你这样惯，迟早会把孩子惯到监狱里面去的。”她立刻就在想：“有道理，老人说得有道理。”一段时间后有人说：“无规矩不成方圆。有规有矩才能成才。人是被教育出来的，不教育如何成才。”她就说：“有道理，不可以给孩子太多的自由和爱。”等到大后天又遇到一个朋友说：“我告诉你，监狱里有一个人就是因为自由给多了，所以才胡作非为。”她就想：“也有道理。”这样的一生就像契诃夫小说里的人物一样，心就像一颗豆子一样，“咕噜噜”滚到这边，“咕噜噜”又滚到那边。人生是何等的焦虑呀！

为什么会这样？因为她内在没有自我。自我是一个连接内和外的系统，她会把有用的、真理性的东西，整合到她的生命中。整合是靠什么来整合呢？是靠童年内在的生命的密码，一种内在的驱动力。自我就像一个中轴一样，牢固得像一个人的脊椎，直立起来，让一个人成为真正的人，而没有自由是做不到的。

规　则

我们说爱和自由，那我们怎么样保证这个人能获得爱，能够在自由中成长呢？我们必须依靠规则而不是依靠权威和管制。

规则是干什么的呢？

我们知道，生命从出生起就有一个自然法则。但由于我们现有的文化、现有的教育，常常会认为人定胜天，我们很难去捕捉自然法则里的规律，因此我们往往夸大了人的作用。夸大了人的作用，我们就会从自然法则的那条真理路上被甩出来。当我们被甩出来的时候，我们就出现了一个问题。一切的标准，都有人来把握和控制了。关系的不平等就出现了，权力就出现了，而不是规则。教育就不再是普遍提高儿童的素质，教育就成为一种特权的筛选和淘汰。国民整体的素质就会出问题。

而我们怎样保证一个孩子在自由和爱中成长呢？就是所有的人都必须遵守这个规则，因为只有规则和秩序能保证人的平等。

我们必须依靠规则来保证每一个活动在规则范围中的人都必须遵守规则，这就是平等的初始。我们人人都清晰地知道规则是什么，即没有人独自掌握，权杖和判断的标准掌握在规则范围中的每一个人手里，一种公开的监督。

就像今天所在的这个剧院一样，假如突然之间，整个地球的其他部分全都没有了，只有我们这个剧院留下来，我们必须活在一起，谁都出不去了，我们必须公平地共享这个剧院里的所有资源。如果没有规则，弱者、智能低下者很快就成为不平等和暴力的对象，我们会沦为动物的弱肉强食的状态。那么我们怎么做，才能让这个房间里的大人、孩子、老人、强者、弱者、男人、女人、有权力者和没权力者，达到一种平等相处的状态呢？只有靠一样东西，就是规则。每个人都知道，只要你这样做，超出了这个范围，你就违背了规则，我就可以制止你，每个人都有权力来制止你。但是如果权力掌握在某个人的手里，来判断对与错，想想这个房间里会出现什么情况？我不知道大家是否看了《蝇王》这本小说，斗争一旦产生的时候，残酷就存在了。这就是哺乳动物的特征：弱肉强食，适者生存。

但是今天不同了，我们人类拥有最美好的精神，我们可以在规则的状态下建立一种平等，人与人之间的关系可以以爱和凝聚性的方式，准许每个人平等地生存下去，这就叫人权。

我们要建立这样一个外在社会和生存环境，必须依靠教育。我们让孩子生活在爱与平等、自由的状态下，我们的孩子将来出去，也会用同样的办法去对待别人，人与人的相处就会比较舒服，比较愉悦。因为地球上的资源是够我们生存的，我们不能让一个人一顿饭吃掉 10 万块钱，而让另一个人饿死在街头。我们人类拥有爱别人这样一个潜在的潜能，我们同时也拥有尊重别人、以爱去对待别人的这样一个基础。因此，我们要从哺乳动物的状态向人的状态去进化，而进化的历程就是扔掉权力斗争的模式，扔掉弱肉强食的模式，走向爱的模式和爱的连接。

这个时候我们才会变得愉悦，我们才会解除人类目前的战争，远离大量的疾病；解决我们的障碍；解决我们饥饿的问题；解决我们能源不够的问题；解决我们环境污染的问题；我们才能建立更好的学校、更好的教育；我们才能生活在比较舒服的、愉悦的、和谐的状态中；我们才能建设一个和谐的家庭，彼此支持；我们才能真正地达到和谐社会这一愿望。

而这样的一个愿望需要每一个爸爸妈妈从爱自己的孩子做起。只要我们每一个人都去做，去爱我们的孩子，做到这一步，我们就成功了。不是我们整个社会怎么做，而是父母都懂得蹲下来跟你的孩子说话，每一天孩子上学前，对你的孩子表达“我爱你，孩子”；每天回来后，给你的孩子一个拥抱，对他说“妈妈爱你”；当你的孩子遇到麻烦时，你要学会问一句话——“告诉妈妈为什么呢”，然后去倾听他的为什么。做到这一点，就已经足够改变我们的下一代。因此，教育是改变我们从动物状态走向人的状态一条最快的捷径，而这一切仰仗于爱、自由、规则与平等。

心理学里面有一个说法，就是不建立规则，就等于暴力。因为不建立规则的话，权力就掌握在了大人的手里。你就会依照你的情绪、你的看法来对待孩子。

你在单位里，别人问：“你孩子几岁了？”

“我孩子 4 岁，那你的孩子呢？”

“我的孩子也 4 岁，哎，我的孩子已经认识了 300 个字，你的孩子呢？”

“我的孩子一个字都不认识，那个学校说敏感期还没有到。”

“我告诉你，你已经输在起跑线上了，我们不能让孩子输在起跑线上，我孩子认识 300 个字，都能阅读了。”

好了，回家一进门，看见孩子在看电视，父母会说：“你怎么还在看电视，人家孩子都认识 300 个字了，你连 30 个字都不认识。”你只根据自己的情绪来对待孩子。

但是，如果你建立了规则，这个规则是 6 ～ 7 点可以看电视，那孩子看的时候你就要遵守规则，准许他这样做。你要靠规则来管理你自己，靠规则来管理你的孩子，靠规则来管理你的家庭，你要跟孩子有一个约定，夫妻两个人要有一个约定。在这个约定之内是不能走出去的。

这个约定是什么呢？就是要尊重自己、尊重他人、尊重环境。可能你不明白什么叫尊重，因为我们很多人不知道什么叫尊重，那就是孩子的行为不伤害健康、不伤害生命、不伤害道德，只要在这个范围内，儿童是可以使用自己所有的权利的。尤其是 6 岁以前的儿童，如果他的行为会伤害到别人怎么办？我们不是指责他，说“你看你又这样了”，而是把他抱起来走开。我们每一次把他抱起来走开，孩子的内在会整合，孩子会想：“我每次做这件事情，好像就不可以，我每次做这件事情，我妈妈就会把我抱走。”所以他下次就知道该怎么做了。

我们还知道规则是告诉孩子正确的做法。

有一位妈妈跟我说：“我真的特别感激我女儿。”我问她为什么？她说：“孩子的爸爸给孩子找牛肉干，孩子说：‘爸爸，我要牛腱，不要牛肉。’爸爸去了，给她拿了一块牛肉，然后孩子没有吭气。等到第二天，孩子就拿了两个一模一样的袋子说：‘爸爸，我想请你观察一下，牛腱是红色的，牛肉是橙色的，你发现了吗？’爸爸说：‘我发现了，我昨天给你拿错了，是吗？’孩子说：‘是的。’说完平静地走了。”

这位妈妈又说：“我真的特别感激我的宝宝，她用这么正确的方式来告诉爸爸，她知道寻找最好的机会告诉爸爸。而我昨天气不打一处来，我就对她爸爸说：‘让你拿个东西都能拿错了，你竟然还不知道拿错了。’”这个宝宝只有 4 岁多。

我们学校建立有 7 条规则，我们只是严格地遵守了这 7 条规则，剩下的一概自由。但是孩子们已经学会了怎样正确地帮助父母。

这 7 条规则是：

规则 1 粗野、粗俗的行为不可以。

范围包括行为领域和心理领域，任何侵犯个人“自我感”（包括伤害自己）的行为都是暴力行为。

规则 2 别人的东西不可以拿。

别人的东西不可以拿，同时自己的东西归自己所有，并有权利自由支配。不是自己的，就都是别人的。

规则 3 请归位。

从哪里拿的东西，使用完毕后，请归位到哪里。

规则 4 请等待。

公共物品谁先拿到谁先使用，后来者请等待。

规则 5 不可以打扰别人。

紧急情况下，一定要打扰时，请学会说：“对不起，打搅一下，可以吗？”

规则 6 请学会道歉。

有勇气向别人道歉，并且有权利要求他人道歉。学会知道每个人都拥有保护自己的权利。

规则 7 请学会说“不”。

建立有弹性的规则，并且在情景中进行。

规则可以使孩子拥有心理的力量，使孩子拥有安全感，使孩子有序地和环境及他人相处。

举一个例子。有一个小男孩的姥爷在家里很有权威，孩子的妈妈跟我说：“我爸爸是家长，我们家是家长制，我爸爸谁都不怕，我都这么大了，动不动就把我骂一顿。有一天，我爸爸训我的时候，我儿子站起来对我爸爸说：‘姥爷，你不可以这样训斥我妈妈，你伤害了她，所以你要给我妈妈道歉。’结果，我爸爸火冒三丈：‘什么？你还让我给她道歉……’我儿子就站在旁边一句话都不说，等到姥爷发完了脾气，他接着说：‘请你给我妈妈道歉。’我爸爸又气起来，又说了一通。说完了，我儿子又说：‘请你给我妈妈道歉！你必须给她道歉。’我爸爸真的没有办法了，他就道歉了。从此以后，我爸爸就被我儿子治住了，他被我儿子的公正、勇气和坚定震慑了，他谁都不怕，就怕我儿子。当然，我知道他爱我儿子。”

这个孩子 5 岁，无论你怎么发火……你发完了吗？好，请你给她道歉！你再发，发完了吗？还是请你给她道歉！总之，今天我就认定了你是粗野的行为，你做错了，你必须给她道歉。

大家能够透过规则发现一个秘密，规则不是桎梏孩子的，规则是保证每个孩子在生存环境中都能够获得爱和自由，获得尊重。只有这样，我们才能确保每个孩子的成长是有保障的。我们不能让孩子的成长成为偶然性，我们要让孩子的成长成为必然性。这样的必然性怎么完成呢？就是靠秩序和规则来把握，包括校长、老师、孩子都是这样。

这就是我们这个教育机构为什么要崇尚爱、自由、规则和平等，教育是这样，管理也必须成为这样。如果不成为这样的话，这种教育就没办法搞下去，就会被权威和权力斗争取代而僵化。

权力斗争中的人，无不被压抑。校长压抑老师，老师压抑孩子。简单地说，校长的气撒到老师们的身上，老师们的气往哪里撒啊？谁比他弱小——孩子。也就是我间接地把气撒到哪里？撒到了孩子们身上。我间接地做了，因为最容易被掠夺的人是孩子，他们没有自卫能力，所以我直接地透过电线，我的导体是校长、老师，直接导到孩子们身上。我伤害的是他们，他们更容易被伤害，并且更不容易表达和反抗。哪里有爱可言？哪里有生命的感觉？

因此，“爱与自由、规则和平等”贯穿于我们学校整个教学理论系统、教育方法系统、教师培训系统以及管理系统，贯穿在每一个细节中。这样才能保证教育的品质，这就是“爱和自由，规则与平等”。

我希望每个人都能从哺乳动物弱肉强食的状态走向人类真正的精神和文明，这是“爱和自由，规则与平等”。

第二十六讲

儿童成长中的自由

如果你想让孩子成为他自己，你必须给他一样东西，就是自由。只有把自由给他，他才能成为自己，否则的话他就要跟他的“自我”分离。这就是心理学中常说的一句话——“你这一生中唯一能做的事情，就是成为你自己”。你要成为你自己，而你成为你自己唯一的做法，就是你必须拥有自由。

精神胚胎

为什么要讲到精神胚胎呢？可以这么说，新教育的最关键的内容就是精神胚胎，这是它最核心的一个概念。如果这个概念不能够被完全地理解和接纳的话，新教育的哲学开端就没有了。

在我们以往的教育理念当中，认为儿童生下的时候是一无所有的，他所要拥有的任何东西都是成人后天给他添加的。这一添加，就出问题了。

假如你是我的孩子，我认为你一无所有，你所有的东西都要靠我来给你。你的吃喝依赖于我，包括你大脑里面的东西都要依赖于我。一个人完全依赖于你的时候，你们两人之间的关系，就会是一个依附与被依附的关系，强制与被强制的关系。这样的问题，自然就派生了出来，不是说你想这样做，而是自然就变成这样的模式了。

我们所知道的所有现代心理学的范畴都告诉我们，儿童出生的时候，他虽然对这个世界一无所知，但他是带着一样东西来的，这个东西是每个人生命中必不可少的，那就是成长的潜力。只不过大家都对他称谓不一。蒙特梭利把这个东西称为“精神胚胎”；弗洛伊德把它称为“生命的能量”；华德福教育把它称为“灵性”；在大量的心理学理论中，这个东西被称为“存在”“本体”；在某些学说里，它被称为“高我”；也有人把它称为“生命力”；还有另外一些人把它称为别的什么东西。不管它被称为什么，我们都知道，大自然在我们出生的那一刻或者在我们孕育的那一刻，已经在我们的内在，给了我们一样东西。

这个东西将要引领孩子。按照生命成长的自然法则而言，你应该根据它的引导，探索这个世界，并破译蕴含在它内部的成长密码，你只要按照它的模式的引领，你就能够创造和建构一个自我，你就会逐渐产生强大、愉悦和真实感。

有没有发现，我们的内在有很多的想法？这些想法在我们的内在产生着巨大的矛盾和斗争，原因是什么呢？是因为这些想法并不是你自己的，而是后天被别人强制进去的。当你按你的本性做事情的时候，你会发现你很愉悦。

一个儿童，在刚出生的时候，他是跟他的精神胚胎在一起的。婴儿出生的时候，他并不知道自己要干什么，那他怎么能知道他今天要选择的东西能使他高兴，能适合他呢？是精神胚胎在起作用。精神胚胎告诉他，他将选择只对他的生命有帮助的事情，而排斥其他。当成人告诉他无数个“不可以”时，在无数次的“不可以”的强制中，就把儿童和他的精神胚胎分离开了，他必须听成人的，他跟精神胚胎的分离越大，他就把自己丢掉得越深。

因此，如果你想要这个人成为他自己，让这个精神胚胎逐渐地变大，跟他的生命融为一体，你必须给他一样东西，这样东西就是自由。只有把自由给他，他才能成为自己，否则的话他就要跟他的“自我”分离，这就是心理学中常说的一句话“你这一生中唯一能做的事情，就是成为你自己”。你要成为你自己，而你成为你自己唯一的做法，就是你必须拥有自由。

何谓自由

引用一个思想家的概念，自由就是一个人不受制于另一个人，或另一些不因专断意志而产生的强制状态，即被称为个人自由或人身自由的状态。在这里，我们所说的自由，仅指涉及人与他人之间的关系。

一个孩子的成长，需要的是一位老师的教导吗？还是一个教育的体制作为保证？教师需要保证每一个孩子发展自己潜能的自由。儿童是能自我建构的。我们期望每个成人发现这个秘密。我们自己也应该发现，成长是一个生命内在发生的事情。我们学习的过程是一个依靠我们生命内部领悟的过程。教师的教是一个环境，但并不是关键所在。成长的过程不依靠老师来建构，尤其头6年。儿童是依靠老师提供的环境由儿童自己来建构的，这非常重要。这就是要给孩子自由的原因。

我们现在来看蒙特梭利本人对自由的认识。蒙特梭利认为，自由包含了两个内容：第一个内容是“自由就是活动”，第二个自由就是“自己做自己的主人”。

幼儿出生的时候，他一定是要受人照顾的，否则他活不下去。由于他必须受人照顾，因此他就跟成人产生了关系。这种关系只可能有两种情况：一种是自由平等，一种是强制，没有第三种关系。

自由，包含了对生命的尊重、对生命成长法则的尊重、对人的尊重。而强制关系中，几乎把所有的权力都放在了强势一方的手里。我们都读过一个寓言，一头狼跟一只羊在河边喝水，狼说：“我要把你吃掉。”羊说：“为什么？”狼说：“因为你喝水污染了我喝的水。”羊说：“你在上游，我在下游，我怎么会污染你喝的水呢？”狼还是把羊吃掉了。狼要吃羊需要理由吗？不需要！

一个强势的人，一个无内省能力的人，无形中就会发展成为狼，甚至是无知觉的。就因为他处在强势的状态中。一个强大的妈妈要揍她的孩子的时候，不需要理由，因为一切真理就天然地被她掌握了：“我打你，是爱你，你认识到你的错误了吗？”原因只有一个，就是我是你妈妈！不幸的是，这样会形成习惯。

我们说，对于儿童，自由就是他可以按自己的愿望活动，儿童必须透过感觉来学习。

我们成人的语言，抽象了很多概念，比如说“门”这个概念，我们为什么要给这个东西起一个名字叫“门”呢？因为我们在进化过程中，逐渐发现，如果我们大家都想更好地沟通，想更好地了解对方在说什么，我们必须给它一个抽象出来的概念，让大家都知道，一说“门”，大家都知道这个东西就是门，就这么简单。

儿童生下来的时候，知不知道这些？不知道。所以儿童必须用他的身体去感觉门，使用门，你不让他活动就等于不让他学习和思考。

在幼儿园里，一些刚来的孩子好动并混乱，一定是在家的时候没有活动的自由。让他自由地活动，几个月后他得到了满足，满足了以后就平静了，平静后生命内在的倾向和驱动力就显现了出来。就像你得到了满足以后，你也会放松下来。你会想：“做什么是我生命的需要呢？”当你不可以自由行使自己的意志时，你的焦点一定在如何冲破限制上。所以成长的焦虑，首先来自成长受到了限制，而不是别的。

活动对于儿童来说太重要了。不让儿童活动就等于不让儿童思考，儿童的成长就是借助于活动进行的。有活动的自由，孩子智力状态就会很高，心理状态就会很好，情感会成熟。

自己做自己的主人，这并不是我们以往认为想做什么就做什么，而是你可以按自己的意志，执行自己的计划，你的计划不被任何人破坏。

我们不喜欢让别人做我们的主人。黑人为了争取自由，进行了上百年的努力，他们愿意牺牲生命。今天我们在为孩子做自己的主人而努力。我们都要自己做自己的主人，在小的时候就要做。

自由是指儿童的行为、心理、意志、情感、精神不受外力的支配和压迫。怎么样保证你的自由不受侵害呢？这就是我们讲的“规则”，不把自由的权利掌握在成人的手里，而是用制度来保证自由。

我们在北京有一所幼儿园，有埃及小孩、德国小孩、法国小孩、瑞士小孩、加拿大小孩、美国小孩。这些父母选择幼儿园的标准是什么呢？他们会问你：“这里自由不自由？”我们说：“自由！”他们说：“我们需要观察观察，看是不是确实自由。”观察以后发现，确实自由。自由对他们如此重要吗？我们周围大部分家长的评判标准是：看幼儿园的条件是否好。

我记得一天早晨，两个外国妈妈靠着墙一坐，讨论了起来：“这个地方人还是原班人马，但教育机制变了。”

我们的孩子一摔倒，妈妈就会说：“你为什么没看好我的孩子？你为什么在他摔倒的时候，不把他接住，这是你的责任。”而这位德国妈妈，看到自己的孩子摔倒的时候，示意老师不要抱他。当老师抱起孩子时，这位妈妈就遗憾地说：“不，不，请不要抱他！”截然不同的两种文化、心态和价值观！

一个时代到来了，一个重新发现儿童秘密的时代，在这个时候，在我们的周边发生着变化。

我们必须解决我们的孩子内在的恐惧，你必须靠爱来让他在这个环境中不再恐惧，有安全感。我们还必须解决我们作为人的生命特征，创造一个自我。

有自由和无自由截然不同，有自我和无自我更截然不同。

有一天，两个男孩子趴在园长办公室的桌子下面，一位妈妈带着自己的孩子来报名。趴在桌下的小男孩突然爬出来说：“你走开，我不喜欢你。”这位妈妈说：“你为什么要这样对小姐姐说话呢？”这个孩子说：“我们俩在这下面睡觉，她用脚踢桌子下面的板子，所以我不喜欢她。”这位妈妈惊讶道：“他看上去这么小，怎么会表述得这么清楚？”表述得如此清楚，是因为孩子既清楚他的行为，又清楚他的心理。所以在放松自由的状态下，人的整体状态才会好。

什么是权威

借用弗洛姆的说法，权威分为两种：一种叫外显权威，一种叫匿名权威。外显权威指的是生理上的，是直接而未加掩饰的。匿名权威指的是心理上的。

外显权威，是指具有此种权威的人，往往会直截了当地对处于从属地位的人传达带有处罚性质的指令。比如说，应该怎样怎样去做！你得怎样去做，否则会受到惩罚。而匿名权威则是隐藏的，具有此种权威的人往往会装作没有权威存在的样子，让你觉得似乎可以依照个人的意愿行事，而实则在心理上控制你。

匿名权威虽然隐蔽，却无处不在，例如，“我相信你喜欢这样做，是吗？”

“对不听话者，我不再处罚你，但是我会告诉你‘你太给我丢脸了’。”

“老师知道你很听话，坐到那个凳子上。”

“你是不是一个好小朋友？来吧，你想不想得这个，来，坐下来。”

“我们这朵大红花，哪个小朋友做得好，才能发给他，好不好？”

使用诱导、诱惑、奖赏等方法，然后让他人的思维按照我们的模式改变。然后就控制了他人的心理，这就是匿名权威。

实际上我们控制别人的方式，无非就是这两种。有没有发现，我们的父母是两项权威都有？严重了打你一顿，不严重了说一些威胁你的话。基本上我们都这么长大的，所以我们难以想象在自由中的孩子是什么样的。我们只能以没有享受过自由的头脑，来想象自由，那是难以想象的，就像我们今天要想象火星人，我们想来想去也只能按地球人的模样去想象。

如果作为父母，继续保持而不反省自己对孩子的权威，孩子的真正自由是不存在的，因为判断对错的标准掌握在你的手里，孩子唯有服从和依附于你，而非服从内在成长的动力和精神密码。

新生命的诞生，是一个生命的喜悦，他将属于自己，成为自己，而不是成为任何一个比他强大的人。如果是，这个生命就无意义可言。这将是最残忍的事情。

解放的自由

这个概念同样来自蒙特梭利。她说：“解放的自由是指从拒绝权威控制的状态中所表现出的一种反应，意味着从压迫性束缚或对权威的服从之下得到解放，因而流露出无秩序，会有粗野、冲动的结果，这并不是真正意义上的自由。”

一个在不自由中，在压抑、控制中长大的小朋友，忽然到了自由的环境中，就变得混乱而无序，变得粗暴而无礼……他终于解放了，我们不把那种状态称为自由，我们把那种状态叫解放。他终于解放了，解放了以后就会有一系列破坏性的行为。如果想让他再回到自然法则的轨道上，就必须让他“解放”一个月、两个月……可能更长。等到解放释放了孩子的压抑，达到了某种程度的时候，回归就迈出了脚步。

我们都是在不自由中长大的，所以往往能够想象出的自由就是无法无天了。那只是解放，解放的目的是自由。解放不是人的正常状态，也不是真正自由的状态。而自由的真正目的是自我发展和自我创造，而不是破坏。

你能想象那些解放了的孩子吗？尤其是大孩子，搞破坏，对成人不信任，冷漠，麻木，防范，敌视。但是两个月之后，变化就开始了。

开开进来时 5 岁了，两个月后，有一天他趴在院子的栏杆上，用脚踹地下的一株花。老师告诉他：“不可以这样！”他还是踹。老师说：“它是生命，和你一样。请你尊重这个生命。”

开开说：“如果我继续踹，你会把我怎么样？”

老师说：“我不能把你怎么样。我会尊重你。但我会把你强行抱走，离开这个地方。”

开开点点头，转身走了。

这是他生命成长中的一个巨大的改变，因为他的经验告诉他，成人是要收拾和惩罚他的，所以他要问老师：“你能把我怎么样？”结果他确定老师不能把他怎么样，他就安心了。这只是在改变他惯有的经验，改变他的破坏。他的生命还没有变得柔软和敏感，但改变在爱和自由中已经开始了。

这样的孩子，真的很多。有的过弱，有的过强。头两周，过弱的在幼儿园里就像消失了，过强的好像到处都是他的踪影，到处上蹿下跳。对于孩子来说，改变是那么快。两三个月后，当他开始安静下来后，脸开始变得柔和，开始跟你有了联结，生命变得细腻和觉察了起来。

如果我们的孩子成长在控制中，父母一定会面临这样的问题。孩子一旦被解放，受到的压抑就会再还给父母。父母要有心理准备，给他真正的自由，给孩子规则要熬过这个时期。这是一个必然的过程，我们做老师的都能做到，做妈妈的也一定能做到。

真正的自由

什么是真正的自由？

儿童先天就具备了精神发展的模式，它是储存在我们生命里的密码，这个密码并不是每个人都能把它完全破译。这些密码能破译多少，依靠爱和自由。爱和自由并不是我们的终极目标，而是我们要破译这个密码所需要的条件。这个条件才能保证儿童把这个密码破译出来。

每个人都是独一无二的人。真正的自由就是把破解内在密码的权利和自由给你，让你破译你自己。你真的不知道人的天分有多高！你有没有想过有的人为什么会那么伟大、那么杰出？这取决于他自己童年所做的工作。这就是人的天赋。

什么是自由？蒙特梭利说：“自由是一种借由教育的帮助，而使潜在的导引力量得以发展的结果。”用一句简单的话来说，就是我们把那个精神胚胎破译了，这就是我们所要获得自由的全部内涵。

儿童的成长，应该拥有怎样的自由

第一，儿童拥有从环境中选择吸引自己的事物的自由。对什么有兴趣，他可以自由地选择。

第二，表现在行动上的自由，进出教室的自由。怎么判断一所幼儿园是否自由？儿童依据自己的愿望可以在教室里工作，也可以在教室外工作；儿童打破了我们以往认为的必须进了教室才叫工作，出了教室就不叫工作的做法。蒙特梭利说："有屋顶的是教室，没有屋顶的也是教室。"这完全取决于儿童自己对自己的把握，不取决于老师。所以蒙特梭利才说："头 6 年儿童生命的精力是一个自我创造的过程。"自我创造的过程，所以需要自由。

第三，儿童拥有安静时不受干扰的自由。儿童拥有独处的自由，选择空间的自由。以往在我们的经验中，我们认为，儿童时时刻刻都要有人盯着，他们不能有自己的空间，因为那样危险。但实际上，我们说，到了一定年龄的儿童，独处的时候，正好是自我创造的一个过程，所以儿童独处是他生命中最重要的一个特定的时间。

第四，儿童拥有自己发现问题、想出办法与计策，并且自己选择答案的自由。

这句话的含义是什么呢？按照我们以往的教学模式和经验，老师总是把过程告诉我们，把现成的答案告诉我们，这个过程就是被灌输的过程。我们没有发现的喜悦，没有探索的快乐，没有获得答案的成就感。儿童应该拥有这样的权利。"我这个时候不知道，但是我迟早会知道的。""我的鞋穿反了，总有一天我惊喜地发现，秘密原来在这里。"发现的时候，就会有成长的喜悦感。如果你告诉他："鞋又穿反了。"你永远都在跟他说他不行，他是笨的，小朋友都是笨的，只有大人是聪明的。

把发现的权利和惊喜还给儿童。因为他必然能发现！他的发现是必然的并不是偶然的，这只是一个过程。所以让孩子自己发现，自己想办法，自己解决。

第五，儿童拥有凭自己的意志将他的发现与人交换及分享的自由。

生命中最高的、最后的一个自由是这个自由。有没有发现，我们痛苦也罢，幸福也罢，都有一个愿望，就是与他人分享。最典型的就是我们谈恋爱的时候，如果真正爱上一个人，你一定要跟别人分享。而当我们痛苦的时候，我们也会找一个人分享，分享很重要。

是跟别人分享，不是宣泄、抱怨。我们需要在成长中练习分享，这样我们才不会去宣泄。

前几天，有一个孩子带了巧克力，不让别的小朋友吃，但不断地跟别的小朋友说："这是我爸爸给我买的。"目的是什么呢？目的就是后面的一句潜台词，你们看一看，我的爸爸对我的爱。这是在展示爱。

等到我们长大了，我们不再这样分享的时候，就会发现我们变得越来越孤独，对人越来越冷漠，跟别人的距离越来越远，对人的信任也就越来越少。但实际上，我们每个人都需要联结，有了联结，我们才不会孤独，我们跟人一体化，才能达到最高的状态。如果我们只是通过性爱来一体化的话，那是一个最原始的办法。但是，我们完全可以通过分享，来达到心理和心灵的联结，而达到一体化，这样人与人之间的关系才会舒服，才会愉悦。

教育的过程也是这样，需要给孩子空间，让他去分享。所以我们经常看到小朋友手上拿着好吃的、玩具或者他爸爸给他买的手表，不断地看，"老师你看，我爸爸给我买的手表"，没完没了地说，而且他要从早到晚地给你看时间……

这就是这个幼儿园给儿童提供的自由状态。一个自由运作的理想班级，每个孩子都是有效的、理性的，而又自动自发地行动，并且不会做出粗暴、野蛮的行为，儿童之间是疏离和分离的，不扎堆，大部分是一个孩子、两个孩子在一起，整个校园都是这样的景象。这就是我们说的自由。

附录

孩子应该怎样学习

令人担忧的现状

孙瑞雪老师（以下简称孙）：咱们和普通幼儿园合作办班有一段时间了，今天详细说一说这些班的情况。

薛梅老师（以下简称薛）：我发现很多家长忙于自己的事业，跟孩子在一起的时间很少。另外，很多孩子好像没有尝到过自由的感觉，不知道自己该干什么，事事听老师安排。

孙：你是说过去孩子做什么都是由教师安排的，现在把自由给了孩子，孩子却没有自主的能力？

薛：是这样。

孙：那他们的敏感期明显吗？

薛：我刚来的时候，发现这些孩子对食物最敏感，食物的需求量很大，是心理层面的需求。我还发现家长普遍认为孩子越听话越好。有个孩子，他妈妈是搞幼教工作的，整天用她头脑里的知识教育孩子，这个孩子的敏感期刚出现，就被家长压下去了。

孙：这种孩子多吗？

薛：不少。我们班的孩子，大部分都两三岁，正是一些敏感期开始出现的时候，但我从他们身上没有看到明显的表现。

我们班有个孩子，不会说话，但能发出字音，比如“ɑ”这个音他能发出来。叫“阿姨”时他会说“阿——姨”，叫“老师”时他会说“老——师”。他以前从来不说话。医院诊断这个孩子大脑发育不良，语言机制也由此受了影响。

孙：那你怎么看呢？

薛：我认为是心理原因，当初这个孩子来的时候我就分析过了。刚来时他一句话都不说，1 个月后，别的小孩下楼梯喊“一二一”，他也突然跟着喊“一二一”，但就喊了这一次，以后再也没有喊过。一天我让他穿鞋，他就不穿，并说“不，不”。

孙：那你分析过他的生活环境吗？

薛：分析过，主要原因是没人跟孩子沟通。这孩子是由老人带的，老人 70 多岁，没有精力或者说没有兴趣跟孩子沟通，是一位沉默的老人，他从不跟孩子说话。实际上，这孩子的智力发展和秩序感都没有问题。

孙：为什么秩序感和智力都没有受到破坏呢？

薛：老人虽然不说话，但从不限制他的活动，他有很多自由啊。

孙：现在他的情况怎么样？

薛：有进步。那天早晨吃早餐，他不想吃，只想玩。我对他说：“今天你要想喝牛奶，我就喂你喝。”我刚要过去，他突然冒出一句：“自己喝。”好像他从来就会说这句话似的，只不过发音不够连续。我跟他说：“你对我说‘好’。”他就说：“老——师——好。”以前他都在模仿别人说话，但那天他是自己说出来的，我特别激动。

孙：你认为孩子们的问题主要出在哪里?

薛：最大的问题是父母对孩子的关心不够，陪孩子的时间太少。而且，父母不知道孩子需要什么，他们特别爱给孩子讲道理，不知道怎么回事。他们固执地用他们的观念要求孩子。我总觉得北京这个班的孩子挺“成熟”的。

孙：这个“成熟”是什么意思?

薛：孩子都特能察言观色。

孙：让人忧心。大城市的父母因为压力太大，很多人把孩子送回老家，和孩子几乎没有沟通。等把孩子从远方接回身边，孩子和大人都丧失了沟通的能力。更要命的是，大人以为说教就是爱孩子，就是沟通——这一点在知识分子身上表现最明显。

薛：没错。我们班和另一个班上各有几个孩子都有轻微的孤独症，这几个孩子的家长都是高级知识分子。

如何学语文概念

薛：我们班的蓝玉，2 岁 11 个月的时候特别喜欢看《西游记》。有一天我们在外面玩，他问我：“薛老师，什么是大步流星？”我说走得很快又很着急的那种样子。他说：“噢，我知道，就是大步往前走。”不完全准确，但他起码理解这个意思。我当时给他表演了一下，他马上就理解了。

孙：你这个方法很好。知道孩子为什么焦虑吗？是一种无法深入了解语言内涵的焦虑。在小学，甚至在幼儿园，老师就在用概念解释概念。而对孩子来说，基本概念要通过感觉去理解。

传统的教育通常认为学习就是学书本上的知识，形式上是这样，但只有把语词和现实联系起来，才是本质上的学习。有一部分孩子“学得很好”，但细细考察会发现他们都是记忆力好的孩子。记忆当然重要，但学习的本质不是记忆。

薛：大部分学校都是这样的，不允许孩子有一个自己的空间和学习的过程，只想让孩子学习所谓的知识。

孙：对那些孩子来说，所有的知识都是大人教的，他们没有一个自我创造的过程，而是由别人来创造他们。这是不正常的。在他们看来，学习就是学书本，考试就是考书本，书本成为一个世界，与现实生活无关。但我们学校的孩子只要学了东西马上就在生活中用。孩子主动找实事去应用，按蒙特梭利的说法就是："他所形成的所有的一切都是他自己创造出来的。"这样的东西才能沉淀下来，组成孩子的人生。

薛：成人的东西都是错的吗？

孙：成人的东西无所谓对错，但只要他一教育儿童，那肯定是错的。因为他忘了，儿童拥有一套独特的跟这世界联系的系统。教孩子就会让他失去自我。失去自我的人肯定是成为别人，他会很痛苦。没有人想成为别人，这是永远不变的真理。成人要用爱帮助孩子成长，而不是代替他成长。

薛：解释概念主要有两种方法，一种是罗列，比如解释"杯子"，就把具体的杯子罗列在后面。另一种方法是用概念解释概念。解释驴子，就说驴子是一种像牛像马的、能叫出又大又长的声音的动物……孩子能理解吗？不能。

孙：了解概念主要通过这两种方法。我们主张用前者。什么是核桃？不要解释，把核桃给孩子，他立刻就知道。但是你要是这样解释：核桃是一种植物，有很硬的壳……孩子没见过，能了解吗？现在小学老师用的就是后一种方法。后面这种方法可以用，什么时候用呢？在孩子掌握大量的正确概念时才可以用，这至少要到小学四五年级。比如杯子、桌子、床、狗、马……这很多的东西儿童已经通过实物、通过生活掌握了，这时他就能用这些概念去理解另一些东西。最基础的东西不能用语言去理解，而只能用实物去理解……儿童的认识规律，特别像编撰一本真正的好词典。里面一定要有图，那是词典里基础的东西，是儿童阶段的东西。这本词典要解释“马”的时候，不用语言去解释，而是画一匹实物马，用实物的图像定义了“马”，就可以用“马”这个词去定义“马鞍”，再定义“马鞍形”。

词典里不用图会怎样？就会用词典里的一些词去定义另一些词。什么是金属？金属是金、银、铜、铁等。什么是金、银、铜、铁？金、银、铜、铁等是金属……这样就陷入了一个逻辑循环的困境。用这个解释那个，用那个解释这个，最后转了一圈，怎么也解释不清楚。儿童不是成人。儿童对实物的基本感觉和表象正在建立过程中。一些教师和家长对儿童说很多话，用话语教孩子，这是不对的，甚至是危险的。

薛：这是成人和儿童在认知方面最本质的差别。

孙：通过语言，就是用概念解释概念的方式教孩子，使一个孩子学习的进展速度看起来非常快，其实是满足成人的虚荣心。

事实上，概念跟概念的联系是儿童自己完成的，不需要成人的帮助。三至四年级时，语文课就专门有解释词语这个练习。比如“徐徐——风吹过的样子”，这是一种感觉，应该把孩子带到风里去体会。

再比如“水漫过小桥”，小孩问“漫过”是什么意思？我当时就说，把水倒满了就是漫过了。其实这是“溢出”，我讲错了。后来我这样讲：大海边，海水慢慢涨上来，漫过了海滩上的贝壳、沙子。但我依然觉得孩子还不能掌握，于是我就想，完全可以在一个盘子里摆上一些东西，比如玩具桥呀、房子呀，用橡皮泥捏出一条小河，灌满水，水灌满以后就开始溢出，桥、房子都漫过了。那是一个情境。从这个实验儿童立刻就会知道“漫过”是什么。

理解力与写作文

薛：为什么你给高琴迪、张继深读《天鹅的喇叭》时，他们两个非常喜欢听，但是给小学其他孩子读的时候，那些孩子不太爱听？

孙：那些不爱听的孩子是因为大量的概念没有建立。

什么是建立概念？比如，有报道说在非洲发现了一个类人猿的头骨。所有的人都认为这是一个幼年类人猿的头骨。但是我们从这个头骨上能够看出，它已经弥合得非常严实了，不可能再有任何的成长，这可能是个成年类人猿化石。琴迪就问："什么叫弥合？"琴迪的能力在于他能抓住话语中他不懂的概念。但是其他的孩子，你怎么说他好像只是听着，但抓不住概念。他不知道哪个概念他不懂，他对世界没有一个清晰的感觉和认识。

薛：张老师的孩子上三年级，她说孩子搞不清同义词，老师让他找出"高兴"的同义词，他却找出了"憎恨"这个词。

孙：噢，那就是因为概念问题。老师要让孩子抓住概念。比如你问高琴迪："你有什么特长？"高琴迪会反问你："什么叫特长？"他知道这句话里哪个概念他不知道。但其他孩子不知道，他听懂听不懂都抓不住，他没有这个能力。张老师的小孩写同义词却写了个反义词，显然他对同义词、反义词的概念不清楚。蒙氏教育出来的孩子自己能抓住概念。

薛：对儿童来说，感觉是最重要的。

孙：有篇课文写道："秋天来了，树叶黄了，一群大雁向南飞……"为什么不把这篇课文放在秋天的时候讲？把孩子带到郊外、带到公园去看。

我们过去总在说，首先是感性认识，然后再是理性认识。可是在现实中我们常常颠倒了。总是先从书本上学，用理性去认识，然后再感性认识。比如说秋天那篇课文，就被排到冬天去学了。

那年秋天，我特意让琴迪观察树。他观察后给我描述："噢，树叶突然往下掉，然后树叶就开始旋转，然后就俯冲。”我当时觉得他描述得真好，然后又带他到落满树叶的地方。琴迪说：“老师，我们的脚踏在树叶上，脆脆的。”然后，我们走到街上，琴迪又发现白杨树树叶落在地上，地上看起来花花的。琴迪那篇写秋天的作文是这样写的：“秋天来了，树叶从树枝上突然掉了下来，旋转着俯冲下来。我们走在树叶上，发出‘咔嚓，咔嚓’的声音。树叶落到地上像画画一样。”他的老师说：“我不相信孩子能写得这么好。”实际上，儿童对秋天的感觉和对秋天的观察远远超过成人。只有成人会麻木，儿童不会。

耐心等待孩子成长

薛：很多家长特别注重孩子的智力，总想让孩子变得聪明、更聪明。

孙：实际上我们早就发现，只要是正常的儿童，当他心智到了那个年龄，他就会有那个年龄孩子的正常智力。是大人把孩子的心智发展扭曲了。

薛：其实特别简单，成人只需要守护着、等待着孩子心智的成长。这是最主要的。

孙：儿童的智慧是天然的，让他不受打扰地成长，比成人有意塑造好得多。儿童用他的感觉系统认识世界，所学总能同他的生活联系起来。只要他所学的东西跟外界事物配上对，儿童的智能就会得到发展。如果小学 6 年，从 6 岁到 12 岁，孩子一直是在这样发展，那他成长起来后就不得了了。

薛：目前的主要问题是怎样把我们的小学办好。

孙：是啊。传统的一些理念太根深蒂固了，不管是受过多年“爱和自由”教育训练的老师，还是大学刚毕业的学生，一不小心就用自己成长的经验来教孩子。

薛：这就是您寻找一个新模式的原因。

孙：是的。一个新模式！这个新模式要让知识跟现实紧密结合，知识就是现实，现实就是知识。要让孩子因他自身的发展而充满创造性。人内心所有美好的情感都要被唤醒，要借助某些活动被唤醒。我们成人并不知道到底是什么活动唤起了儿童的感觉，但我们要去做，做一次就给孩子多一次机会。一旦这种内在的东西被唤醒，在生活中被运用，它就固定在了孩子身上，这就是儿童的潜力。当他长大成人，环境、氛围、机会一旦来临，这感觉就会从他心中腾飞而起。

你还记得不？琴迪特别喜欢玩那个叫“淘金”的游戏。我发现他玩到一定水平，就开始设计程序，不断设计，这就是一个再创造的过程。但这有一个前提，那就是他的内在兴趣跟外面的东西配上了对，而且固定了下来。一旦这样，创造力就随之而来。

但大部分儿童没有这个机会往深里走，因为成人不给这个机会。儿童只有不紧张的时候，全身心地、放松地去玩的时候，才会把所有的注意力放在配对的外界事物上。所谓“心有灵犀一点通”就是这个意思——当他内在的东西跟外在的东西配上对，刹那间他的心智就会有飞跃。这种机遇越多，儿童的心智就发展得越快，他的创造力就越强。

但是这里头有一个神秘的过程——儿童是如何把它转换的？这个奇妙的过程在大脑中完成，儿童自己使用这个转换机制。但是我不知道成人该如何把握这个机遇，所以我经常看琴迪玩游戏。我发现这个过程非常缓慢。别人看琴迪是在某一天突然开始设计程序的，但我知道通向这一天的过程非常缓慢，而且孩子不能有压力。一有压力，他的感觉就没有了。

当孩子能够把他的感觉跟世界配对，他就开始拥有两种东西，一是抽象，一是演绎。这样他就掌握了了解世界的武器，他就开始理解概念，创造概念。所有这些都由儿童自己来完成，不由成人来代理。

薛：成人的代理对儿童没好处，成人代理的词只是给儿童一些联想，儿童对成人给他的词进行另外一次联想。

孙： 儿童也会使用成人直接给他的概念，如果成人不断地强制孩子，不断给孩子说，儿童也能很快使用成人的这套语言系统，只是这套语言系统和孩子的生活没有关系。

琴迪学拼音的时候刚开始特别慢。我都着急了，怎么会这么慢？后来我发现，他一旦掌握这个规则就开始到处用。你叫他："琴迪吃饭。""b—u，bu！"他用拼音回答你。开始学写字了，有段时间他怎么都不会写，我就教他写半个字。写了两个晚上，他发现了规律。这个规律是他自己发现的，这下好了，所有的字他都分解。他问我："这个字是什么字？"我说："腰。""噢，这边是个月，上面是西，下面是女字。"他把这个字的分解掌握了。他用这个分解过程整整用了3个月。成人可以在5分钟内把规律教给他，孩子自己用几个月发现秘密，后者是儿童的智慧，一点一点沉淀在儿童身上。

薛： 我们班梁义就是这样的。他以前把"他"一直叫"我也"。后来有一天我给他讲故事，他说："薛老师，这个字不是'我也'，是'他'，以前我弄错了。"那会儿他刚3岁。

孙： 你知道，所有的儿童在认识新的事物、在掌握事物本质的时候，都有一个过程。超过他心智水平的东西他记不住，他只能记住和他的心智状态相匹配的东西。但过一段时间，他会突然发现新事物和他已经掌握的东西之间的差别，这种对差别的认识说明儿童的认识能力在逐渐上升。但这之前成人不能着急，要等待。

薛： 我们班文文经常一个人说话，而且是说一些不好的话。有时听他说话真会让你莫名其妙，因为话语完全没有同情景和环境配对。他在家也这么说。"打死你""小王八蛋""小背篓"，等等。我们班孩子没人说这些话。我问过他妈妈，他妈妈说孩子以前在舅姥姥家待过，可能老家的人这么说过他。这些话已经成为他的潜意识了，现在精神一放松就会使用这个潜意识。当然，这是放松了的表现，自然是好现象。

孙：越小的儿童，所说必定跟所做直接相关，要是不相关，问题就来了。人格的分裂就是从这里开始的。

薛：我有个朋友，她的行为是一个模式，语言是一个模式。你跟她接触就会发现，她说归说，做归做。

孙：你知道她是分裂的，她的言行、心没有合为一体。这种人格状态我们先不以好坏来论。但是你会发现，当人的语言、行为、思维三者合为一体时，这个人是稳定的，有力量的。对不对？

薛：是的。

孙：你看，三位一体的这个人必定是有自我的。我的意思是，这个人必定是通过自己建构自己。我们常说：让我们成为我们自己！这就是第一点。第二点，按照蒙特梭利的观点，专注力是解决一切问题的最好方法。因为这三样东西合为一体时，一个人的力量、能量就集中到一点。这样一来能量加大了，对事物的理解也就深入了，就能对这事物进行新的创造。

如果所思、所做、所说这三样分裂开来，一个人的能量必然被分散，他就可能神游。神游是什么？当薛梅你在讲一个问题的时候，我会紧紧地跟着你的语言和你的思路走，比如你说到这个杯子的时候，我也在想这个杯子，或者我会想这个杯子到底怎么回事，我就这个问题往更深里走。但是人格分裂的人，当你说到杯子的时候，他想的可能是花生，而且思路虚无缥缈。这样的人不可能集中精力，不可能专注。

薛：北京下了几场大雪，一下大雪我就带孩子们出去玩。别的班的老师说太冷，怕孩子们感冒，可冬天本来就是寒冷的。孩子们刚开始不敢玩，也不会玩，我和张老师就带着他们打雪仗，让他们抓雪，感觉雪。我们班有很多玩沙子的工具，我全拿出来让他们铲雪玩，孩子们越玩越高兴，最后都拽不进教室去。

孙：玩雪就是认识雪，看一棵树就是认识一棵树。面对一个自然的世界，孩子把自己的身心投放进去，去感知它的美妙。玩大概是孩子感知世界的最好方法。这不仅仅是认识雪，这么一个快乐、勇敢的过程，绝对也是帮助孩子建立人格的过程。

薛：我喊其他班的老师（传统教学的班级）赶快带孩子下来玩，趁着操场没人，让孩子们第一个踩下脚印。等我转一圈回来，发现那些孩子还在楼上。老师说外面太冷。

孙：重要的是老师的情绪。学校的教育思想不一样，再加上老师懒一点，他肯定选择让孩子们在教室里待着。对孩子要有感情，这是最重要的。要不这个教育搞不成。

孩子玩得越多，投入得越多，越能建立同世界的沟通关系，这种关系奠定了孩子未来从事什么的基础。

人们总认为在书本上看八大行星就是掌握了天文知识。然而，儿童一旦感知到某一世界，他的世界因此也扩大了，这种人类精神领域的认知会给儿童带来喜悦。这个扩大的世界就建构起儿童的人格。

薛：其实我觉得学习不仅仅是为了学习知识，它更是建设人格的一个工具。

孙：是的，当你用实物、用现实、用生活教儿童时，儿童学会的不光是知识，他更掌握了学习对象的本质。儿童首先想掌握本质，本质一旦掌握到手，他就开始把本质运用在各个方面。但是，这种孩子在小学很少看到。这种孩子有一个特点，他掌握本质的过程一开始很慢，但是会越来越快，到成人的时候就会变成一种潜意识，对本质的理解力会像闪电一样快。

我要感谢

如果这本书对您、对您的孩子有帮助，我想要代表您对以下的尊者表示感谢。

我要感谢我的大学同学，感谢我的朋友们。我永远记得那一幕：学校创办初期，他们有的拿出现金，有的搬来桌子、褥子、棉布、球、洗衣粉……鼓励我说："做吧！这是一件有意义的事。"是他们给了这个教育最先的帮助。

我要感谢30年前第一批送孩子来这里的家长。当时，还没有多少人理解这种科学的教育理念，他们坚定地将孩子送来，并从此和我们同呼吸共命运。他们给了我最高的道义上的支持。

我要感谢北京、广州、深圳、上海、昆明、山西、洛阳、厦门、青岛、西宁、郑州、武汉的家长们……尤其要感谢小欧、缇缇、丹丹的父母和豆豆的妈妈，他们从各方面给学校帮助，在精神上给予了我们巨大的理解和支持，这种支持给了我们希望和信心。

我要感谢全国各地的同人和那些给我写信、从未谋面的朋友，当你们在千里之外关注着"爱和自由"的教育，并为此而热情传播时，我们知道所有的付出是多么有意义，多么值得。

我要感谢30年来一直坚持这种教育理念的每一位教师以及在此期间离开的教师，是他们把自己从未经历过的理想变成了现实，为此他们付出了他人难以想象的爱心、耐心、时间、精力、青春、挑战和战胜自我的勇气，才使许多孩子受益。

我要感谢校委会的成员。他们是包哲兴、霍维洮、王银春、红亮、杨小舟、刘静芳、任智钢、赵宏，他们是这所学校的智囊团，在学校之外的不同岗位上工作，利用业余时间义务为学校工作长达10年以上，没拿过一分报酬；还有王瑞君、王瑞琼、薛梅，她们在这个教育的发展和建构中，持续地贡献着自己的智慧和才能。我对校委会的每一位成员心怀感激，难以言表。

我要感谢孩子们，我如此地爱他们、崇拜他们，小心翼翼仰视他们。是他们的成长给了我们战胜困难的决心，是他们引领我们回到了心灵的故乡，给了我们无尽的爱和满足感。当千万个孩子从这里走出，我知道，未来的人生路途坎坷，该经历的他们都要经历，但是我不担心——一个人格完整的人，在任何一个社会环境中都能找到自己的位置。

最后，我要感谢您——亲爱的读者，如果这本书能使您更爱您的孩子，就请您把这份爱带给您见到的每一个孩子。这样，我们的孩子就有了一个爱的环境，这样长大的孩子，将来一定会勇敢、坚定、乐观、充满自信，拥有这样一个孩子，幸福会像空气一样包围着我们。

孙瑞雪

每一个婴儿的诞生，都是带着精神胚胎而来，精神胚胎蕴含了生命成长的所有密码。新教育认为，儿童成长不是教育和灌输的过程，而是儿童在探索世界的过程中，不断破译生命的密码，创造自我的过程。

给孩子“爱和自由，规则与平等”的环境，让孩子按照生命成长的自然法则，破译生命的密码。这期间，需要很好地完成各个敏感期的发展（请参看最新版《捕捉儿童敏感期》），并充分利用0～6岁儿童的特质——吸收性心智。

这是一个包括身体、感觉、情绪、认知、心理、精神在内的完整的成长，从而形成和创造出一个自我，成为一个完整的人（请参看《完整的成长》），这有别于以往教育只注重认知的状态。

“爱和自由”是教育的环境，形成完整的人是教育的目的。这是一个教育的新纪元！

图书在版编目（CIP）数据

爱和自由 ：二十周年全新修订版 / 孙瑞雪著. -- 2 版. -- 北京 :中国妇女出版社，2024.7
ISBN 978-7-5127-2319-1

Ⅰ.①爱… Ⅱ.①孙… Ⅲ.①学前儿童－家庭教育 Ⅳ.①G78

中国国家版本馆CIP数据核字（2023）第182552号

项目统筹：廖晶晶
责任编辑：赵　曼
封面设计：介末设计
责任印制：李志国

出版发行：中国妇女出版社
地　　址：北京市东城区史家胡同甲24号　　邮政编码：100010
电　　话：（010）65133160（发行部）　　65133161（邮购）
网　　址：www.womenbooks.cn
邮　　箱：zgfncbs@womenbooks.cn
法律顾问：北京市道可特律师事务所
经　　销：各地新华书店
印　　刷：北京通州皇家印刷厂

开　　本：170mm × 230mm　1/16
印　　张：18.25
字　　数：260千字
版　　次：2013年4月第1版　　2024年7月第2版　　2024年7月第1次印刷
定　　价：49.80元（软精装）